JN102463

レクチャー国際取引法〔第3版〕

松岡　博　編

法律文化社

第３版はしがき

本書の第２版が公刊されてから，４年以上が経過した。幸いにして，本書第２版も一定の読者を得ることができ，内容をアップデートした第３版を公刊することとした。第３版では，第２版公刊後に生じた実務の変化や，新たな立法・重要判例などによる法内容の変化を反映させた。

本書の構成も，「国際経済法」を別個の授業科目とする大学等が増えていることを考慮し，国際取引に対する公法的規制を扱う頁数を減少させ，その分を私法的規制に当てるように変更した。具体的には，第２版の「第７章　国際的企業活動⑵Ｉ　投資」，「第10章　国際競争法」および「第11章　WTOと国際取引」の部分を，第３版では「第11章　国際取引と公法――貿易・投資・競争」として統合した上で，新たな執筆者に担当を依頼した。もっとも第３版の内容も，第２版の内容を基礎とするものであり，このような変更許諾を賜った馬場文・帝塚山大学准教授（第２版第10章担当）および内記香子・名古屋大学教授（同第11章担当）には，心より厚く御礼申し上げたい。

また，第３版では，新進気鋭の新たな執筆者に加わっていただいた。掲載担当順にあげれば，小池未来・関西学院大学講師，山口敦子・名城大学准教授，松永詩乃美・熊本大学准教授，藤澤尚江・筑波大学准教授，小野木尚・明治学院大学准教授，後友香・神戸市外国語大学講師の６名である。また，最近の国際取引法務を反映するため，シャープ株式会社の山崎理志氏にも新たな執筆者に加わっていただいた。

松岡博先生が「初版はしがき」で示された通り，「本書が国際取引法のわかりやすく，利用しやすい標準的な教科書」として，学生諸君や実務家の皆さんのお役にたてるよう引き続き努力することが，松岡先生からいただいた学恩に報いるために我々ができることであると考え，第３版へのアップデートを行った。その意味で，今回の改訂も，松岡先生の御指導・編集の下で行われたものである。

最後に，索引・参考文献などの改訂において，池田泉さん（同志社大学大学院博士後期課程）に大変お世話になった。また，法律文化社の舟木和久氏の御尽力なくして，今回の改訂も実現できなかった。心から御礼を申し上げる。

2022年７月25日　松岡先生のご命日にて

執筆者一同

初版はしがき

経済のグローバル化に伴い国際取引は今日ますます活発化し，かつ複雑化している。そのため，国際取引から生じる法律問題を総合的に研究・教育する国際取引法の重要性は，従来にも増してますます高まっている。すでに多くの学部，大学院，ロースクールのカリキュラムに，国際取引法が正式科目として取り入れられているのもこうした事情を反映するものであろう。

国際取引法は，憲法や民商法などの伝統的科目とは異なり，「国際取引法」という単一の制定法（法典）が存在しているわけではない。そのためもあって，現状では国際取引法の対象や内容はきわめて多様性に富んでおり，これまで刊行された教科書の構成もさまざまである。

本書は，国際取引法を「国際取引，すなわち，国境を越えた，物品・資金・技術の移転，役務の提供から生じる法律問題を規律する法をいう」と定義したうえで，かつて私が編者をつとめた法律文化社の『NJ 現代国際取引法講義』の基本的構成に従い，問題指向型アプローチをベースにしながら，初学者にもわかりやすく，利用しやすい，バランスのとれた入門テキストを目指そうとしている。そしてその趣旨を反映させるために，いくつかの工夫をした。まず，ケースを使った具体的叙述に心がけるようにし，１章に３つ程度の設例を使うことを原則としている。つぎにコラムを使って，判例，条約，論点などの解説を行うとともに，簡単な契約書のひな形なども適宜取り入れることとした。

本書が国際取引法のわかりやすく，利用しやすい標準的な教科書として，広く学生諸君や実務家の皆さんに利用されることを期待している。

執筆は，関西を中心に，それぞれの分野に造詣の深い方々にお願いした。お忙しい中をこころよくご執筆頂いた皆様に厚く御礼を申し上げたい。また企画当初から編集その他に多大のご協力，ご支援を頂いた法律文化社の秋山泰氏と小栢靖子氏に心から謝意を表したい。

2012年４月

松　岡　　博

目　次

第1章 国際取引法総論

I 国際取引法とは

国際取引法は比較的新しい法分野であり，その定義，内容，範囲については意見が一致しているわけではない。本書では，「国際取引法（Law of International Business Transactions）とは，国際取引，すなわち，国境を越えた，物品・資金・技術の移転，役務の提供から生じる法律問題を規律する法をいう」と定義しておく。

また，国際取引法には，「民法」「商法」「民事訴訟法」などの制定法と異なり，「国際取引法」という単一の法典は存在していない。国際取引法の定義が一義的でないのもこの点にその一因がある。それでは単一の法典がないにもかかわらず，国際取引法という科目が設けられるようになったのはどのような理由によるものであろうか。

国際取引法が1つの独立した教育，研究分野として取り上げられるようになったのは，1950年代以降の米国においてである。その理由は，国際取引が活発化，複雑化するにつれて，そこから生じる法律問題を，すでに確立された複数の法分野にまたがって総合的に考察する必要が生じたからである。現在では経済のグローバル化に伴って国際取引は益々活発化し，複雑化している。そのため国際取引から生じる法律問題を総合的に教育，研究する国際取引法の重要性はいっそう高まっているといってよい。

本書では，上のような現状と問題意識に基づいて，国際取引から生じる法律問題についての基礎的理解を深めるとともに，これによって得られた知見を基礎として，具体的な国際取引をめぐる法律問題の争点が何であるかを発見し，これを解決する能力の基本を養うことを目標とする。

Ⅱ 国際取引法の範囲

それでは，具体的にどのような問題または法領域が国際取引法の名で取り上げられているか。これまでのわが国の教科書などの書物では，「国際取引法」の範囲はさまざまである。

1 私法と公法

まず問題となるのは，国際取引の対象とする法分野は，私法と公法のいずれに属するかである。たしかに国際取引を規律する法規範としては，民法，商法，民事訴訟法，国際私法などの私法が重要であることはいうまでもない。しかし他方，関税・輸出入規制法，独占禁止法，税法，ダンピング規制法などの公法的規制立法もまた，国際取引を規律する法として重要である。したがって，その両者を含むものでなければ，国際取引に関連する法律問題を総合的，機能的に把握することはできない。ただ本書では，国際公法の１分野として理解されることの多い，「国際経済法」との重複を避けるために，主として私法的規制に重点をおくことにする。

2 国際法と国内法

つぎに国際取引を規律する法規範が，条約を中心とする国際法と国内法のいずれをも含むものであることはいうまでもない。

国際取引を規律する国際法としては，国際連合，とりわけUNCITRAL（国際商取引法委員会）で採択された諸条約，ハーグ国際私法会議で採択された国際私法・国際民事訴訟法に関する諸条約のほか，私法統一国際協会（UNIDROIT），世界貿易機関（WTO），などの国際機関で採択された条約などが重要である。

また条約ではないが，各種の国際民間団体などの作成する援用可能統一規則（国際統一規則ともいう）や標準契約書も，国際取引に適用される法的ルールとして現実には重要な機能を果たしている。

他方，国際取引を規律する国内法としては，民法，商法，民事訴訟法，国際私法などの私法と，関税・輸出入規制法，独占禁止法，税法，ダンピング規制法などの公法的規制立法がある。これらも国際取引法の重要な法源である。

3　実質法と抵触法

さらに問題となるのは，国際取引法は実質法か，抵触法のいずれに属するかである。ここで実質法とは，当事者の権利義務を直接規律する，民法，商法などの法をいい，抵触法とは，当事者の権利義務を直接規律しないで，国際取引に適用される法を指定する法（国際私法ともいう）を意味する。

学説上は，国際取引法の対象を国際的な取引関係に適用される実体的な法規範である実質法に限定する見解もある。しかし国際取引法の対象から，国際取引に適用される法を指定する抵触法（国際私法）を排除することは，国際取引を規律する法を総合的，機能的に把握しようとする国際取引法の存在意義からみて適切ではない。また国際取引に関連する国際裁判管轄や外国判決の承認・執行など手続上の問題（これを国際民事手続法ということもある）を国際取引法の範囲から除外することも国際取引を規律する重要な法規範が欠落することとなり，妥当ではない。

このように考えると手続法を含んだ意味での「国際私法」が国際取引法の重要な部分を占めることは明らかである。しかし国際私法はすでに確立した教育，研究の法分野として存在していることからすると，国際取引法における国際私法問題への言及は適切な範囲に限定する必要があろう。

4　問題指向型アプローチ

いずれにしても，国際取引法へのアプローチとしては，公法か私法か，国際法か国内法か，実質法か抵触法かといった分類学は，単なる整理以外にはあまり実質的な意味はない。したがって本書では，公法か私法か，実質法か抵触法か，国際法か国内法かという分類にこだわることなく，むしろ問題指向型の構成を採用する。

具体的には以下の問題を国際取引法の範囲とするとともに，それぞれの項目中に，私法・公法，国際法・国内法，実質法・抵触法を適宜その問題領域における重要性に応じて説明することとしたい。

1	国際売買	**第2章**
2	CISG（ウィーン統一売買法）	**第3章**
3	国際運送・保険	**第4章**
4	国際的支払・信用状・外国為替管理	**第5章**
5	国際金融取引	**第6章**
6	国際的企業活動——生産物責任，代理店・販売店——	**第7章**
7	外国会社と多国籍企業	**第8章**
8	国際技術移転とプラント輸出	**第9章**
9	国際知的財産	**第10章**
10	国際取引と公法——貿易・投資・競争——	**第11章**
11	国際取引紛争の解決手続	**第12章**
12	国際取引法務	**第13章**

Ⅲ　国際取引における私法の適用

国際取引に対する法規制のあり方として，私法的側面からみると，つぎの3つの方法・態様がある。①統一私法条約による方法，②援用可能統一規則による方法，③国際私法による法規制の方法の3つである。

1　統一私法条約

総　論　国際取引に対する法規制の方法としては，まず特定の分野において条約により，統一私法が形成されている場合には，締約国間ではこの統一私法によって国際取引を規律するという方法がある。

この方法にはさらに，①各国の国内私法を文字通り統一し，問題となっている法律関係が内国的なものであろうと，国際的なものであろうと，すべての法律関係に適用される統一私法（世界法型統一私法）を条約により制定する方法と，②内国的な法律関係に適用される法規はそのままにし，国際的な法律関係にのみ適用される統一私法（万民法型統一私法）を制定する方法とがある。

前者の例としては，「為替手形及び約束手形に関する統一法を制定する条約」(1930年)，「小切手に関する統一法を制定する条約」(1931年）などがあり，統一私法条約による解決としてはより徹底した方法である。

後者の例としては，「船荷証券に関するある規則の統一のための条約」（1924年），「国際物品売買契約に関する国際連合条約」（1980年，ウィーン売買条約，CISG），「国際航空運送についてのある規則の統一に関する条約」（1999年，モントリオール条約）などがある。

上のような統一私法条約が存在し，問題となっている法律関係がその適用範囲にあるときは，その統一私法を適用して問題が解決されることとなる。そしてこのような統一私法条約による解決が，国際取引に対する法的規制の方法として，関連諸国間で統一私法が適用される限りにおいて，どこで訴訟が提起されようと同一の結果に到達するという意味で，判決の国際的調和の確保という観点からみて望ましいことはいうまでもない。また後者の統一私法については，国際取引を固有の規律対象として採択されたものであるから，本来国内取引のみを念頭において制定された国内法を国際取引に適用する場合と比較すると，国際取引から生じる紛争の解決にとってより合理的であるといえるであろう。

しかしながら，国際取引の分野において，このような統一私法条約が成立している分野は限られており，また統一私法条約が採択されていても，必ずしもすべての国がこれを批准しているとは限らない。さらにまた統一私法は，一般に国家の裁判所で直接的に適用されるのではなく，条約を批准した国家の国際私法を介してその国の国内法として適用される場合も多く，しかも統一条約を国内法化するにあたっては，各国がそれぞれ異なった国内法を制定する場合も少なくない。その意味で国際取引に関する規制として，統一私法条約による方法は，その効用が限られており，少なくとも国際取引を規律する原則的，一般的方法とはいえないことは明らかであろう。

主要な統一私法条約　国際取引に関連する統一私法条約として採択された重要なものを主要な国際機関ごとに列挙すると以下の通りである（個々の条約の解説については，それぞれ各論の該当箇所を参照）。

(1)　国際連盟下の条約としては，「為替手形及び約束手形に関する統一法を制定する条約」（1930年），「小切手に関する統一法を制定する条約」（1931年）などがある。

⑵　国際連合（UNCITRAL を含む）下で採択された条約としては，「万国著作権条約」（1952年），「国際物品売買における時効期間に関する国際連合条約」（1974年），「海上物品運送に関する国際連合条約」（1978年），「国際物品売買契約に関する国際連合条約」（1980年），「国際複合物品輸送に関する国際連合条約」（1980年），「国際為替手形及び国際約束手形に関する国際連合条約」（1988年），「国際取引における運送ターミナル・オペレーターの責任に関する国際連合条約」（1991年），「独立保証状及びスタンドバイ信用状に関する国際連合条約」（1995年），「国際取引における債権譲渡に関する国際連合条約」（2001年），「国際契約における電子通信の使用に関する国際連合条約」（2005年），「全部又は一部が海上輸送による国際物品輸送契約に関する国際連合条約」（2008年）などがある。

⑶　私法統一国際協会（UNIDROIT）によるものとしては，「国際物品売買についての統一法に関する条約」（1964年），「国際物品売買契約の成立についての統一法に関する条約」（1964年），「国際物品売買における代理に関する条約」（1983年），「国際ファイナンス・リースに関するユニドロワ条約」（1988年），「国際ファクタリングに関するユニドロワ条約」（1989年），「盗取され又は不法に輸出された文化財に関するユニドロワ条約」（1995年），「可動物件の国際担保権に関する条約」（2001年，ケープタウン条約），「間接保有証券の実質法に関するユニドロワ条約」（2009年）などがある。

⑷　その他の条約としては，「工業所有権の保護に関する条約」（1883年，パリ条約），「文学的及び美術的著作物の保護に関する条約」（1886年，ベルヌ条約），「船舶衝突についての規定の統一に関する条約」（1910年），「海難における救援救助についての規定の統一に関する条約」（1910年），「船荷証券に関するある規則の統一のための国際条約」（1924年），「海上先取特権及び抵当権に関するある規則の統一のための条約」（1926年），「国際航空運送についてのある規則の統一に関する条約」（1929年，ワルソー条約），「海上航行船舶のアレストに関する国際条約」（1952年），「海上航行船舶の所有者の責任の制限に関する国際条約」（1957年），「海上旅客運送についての規則の統一についての国際条約」（1961年），「原子力船の運航者の責任に関する条約」（1962年），「原子力損害の民事責任に関する条約」（1963年），「油による汚染損害についての民事責

任に関する条約」(1969年),「海事債権についての責任の制限に関する条約」(1976年)「海難救助に関する条約」(1989年),「集積回路についての知的財産権に関する条約」(1989年),「海上先取特権及び抵当権に関する国際条約」(1993年),「船舶のアレストに関する国際条約」(1999年),「国際航空運送についてのある規則の統一に関する条約」(1999年, モントリオール条約),「燃料油による汚染損害についての民事責任に関する条約」(2001年) などが重要である。

2　援用可能統一規則

つぎに国際取引に適用される法的ルールとしては, 援用可能統一規則 (国際統一規則ともいう) がある。援用可能統一規則とは, 当事者が援用することによって国際契約に適用されることを予定した定型的な取引条件や契約内容に関する国際的な規則をいう。国際商業会議所が作成した定型取引条件の解釈に関する「インコタームズ」や信用状取引に関する「荷為替信用状に関する統一規則及び慣例」, 国際法協会による CIF 条件による売買契約についての「ワルソー・オックスフォード規則」, さらには万国海法会によって採択された共同海損に関する「ヨーク・アントワープ規則」などがその代表的な例である。

これらの援用可能統一規則は, 条約でも国家法でもなく, 厳格な意味での「法」といえるかどうかは疑問である。しかし上のような国際的な民間組織などが作成する統一規則が一定の範囲で当事者間の紛争を予防し, またはそれを解決する規準である法的ルールとして実際上, 重要な機能を果たしていることは十分に評価する必要がある。

しかしながらこのような援用可能統一規則も必ずしも国際取引の多くの分野に及んでいるとはいえず, またこれらが契約準拠法所属国の強行法規などに反する場合においては, その効力を認められるとは限らない。したがってこの方法による国際取引に対する規制方法は必ずしも一般的, 原則的なものとして機能しているとはいえない。

3　国際私法による法規制

以上のような現状を考えると, 国際取引に対する最も原則的で一般的な法的規制の方法としては, 国際私法による法規制, つまり, 国際取引に関連を有する複数の国の法の中から，その取引を規律するのに最も適切と思われる法を選択して，その取引から生じる問題を解決するという方法に最終的に頼らざるをえない。

この国際私法の法選択規則による法規制と，統一国際私法条約，援用可能統一規則との関係をどのように理解するかは，国際取引の法規制のあり方にとって重要な課題である。しかしいずれにしても国際私法による法規制と，統一国際私法および援用可能統一規則による法規制とは国際取引を規律する法規制の方法としては，車の両輪のごとく，互いに相補うべき相互補完的な機能を担うものであって，決して相互に排斥するものではないという点を認識する必要がある。

4　各国国際私法の統一

国際私法が対象とする生活関係が国際的なものであるにもかかわらず，それを規律する国際私法は，現実には各国の国内法として成立しているのが原則である。日本では「法の適用に関する通則法」であり，各国はそれぞれ独自の国際私法を有している。そのため訴訟がどこの国の裁判所に提起されるかによって，適用される法が異なり，結果の統一性，判決の国際的調和が達成されないこととなる。したがって当事者による法廷地漁りを防止し，判決の国際的調和を確保するためには各国の国際私法を統一する必要がある。このため国際私法の統一運動が積極的に展開されてきた。

ハーグ国際私法会議　国際私法の世界的な統一の母体として最も重要なのはハーグ国際私法会議である。1893年，オランダ政府の発議によりヨーロッパ諸国の代表がハーグに集まって国際私法の統一のための会議を開いたのが最初である。会議はその後の中断があったものの，現在では原則として４年ごとに通常会議を開く。構成国はヨーロッパが中心であるが，日本，米国，カナダ，中国，オーストラリア，エジプト，韓国など多数にのぼる。この会議で採択された条約はハーグ国際私法条約とよばれ，第二次世界大戦後でも多数にのぼる。国際取引に関連する条約としては以下のものがある。

⑴　まず，国際取引の準拠法に関するものとしては，「有体動産の国際的売買の準拠法に関する条約」(1955年)，「有体動産の国際的売買における所有権移転の準拠法に関する条約」(1958年)，「生産物責任の準拠法に関する条約」

(1973年),「代理の準拠法に関する条約」(1978年),「信託の準拠法及び承認に関する条約」(1985年),「国際物品売買契約の準拠法に関する条約」(1986年),「口座管理機関によって保有される証券についての権利の準拠法に関する条約」(2006年) などが重要である。

(2) つぎに管轄および外国判決の承認・執行に関する条約としては,「有体動産の国際的売買における管轄合意に関する条約」(1958年),「裁判所の選択に関する条約」(1965年),「民事及び商事に関する外国判決の承認及び執行に関する条約」(1971年),「管轄合意に関する条約」(2005年),「民事上又は商事上の外国判決の承認及び執行に関する条約」(2019年) などがある。

(3) 司法共助に関する条約としては,「民事訴訟手続に関する条約」(1954年),「外国公文書の認証を不要とする条約」(1961年),「民事又は商事に関する裁判上及び裁判外の文書の外国における送達及び告知に関する条約」(1965年),「民事又は商事に関する外国における証拠の収集に関する条約」(1970年),「裁判の国際的な援助に関する条約」(1980年) がある。

国際連盟・国際連合など　国際連盟や国際連合の下でもいくつかの国際私法統一条約が成立している。たとえば,「仲裁条項に関する議定書」(1923年),「外国仲裁判断の執行に関する条約」(1927年),「為替手形及び約束手形に関し法律のある抵触を解決するための条約」(1930年),「小切手に関し法律のある抵触を解決するための条約」(1931年),「外国仲裁判断の承認及び執行に関する条約」(1958年, ニューヨーク条約),「条約に基づく投資家対国家仲裁の透明性に関する国際連合条約」(2014年, モーリシャス条約),「調停による国際和解合意に関する国際連合条約」(2018年, シンガポール条約) などである。このほか, 世界銀行の下で「国家と他の国家の国民との間の投資紛争の解決に関する条約」(1965年, ICSID 条約) が成立している。

5 日本の国際私法──「法の適用に関する通則法」

概　説　日本の国際私法の主要法源は, 平成19年１月１日から施行された「法の適用に関する通則法」(以下「通則法」という) である。

そのうち, 国際取引に関連する通則法の規定としては, 行為能力 (４条), 契約 (７条～12条), 物権 (13条), 事務管理・不当利得・不法行為 (14条～22

条），債権の譲渡（23条）がその主要な規定である。また通則法以外では，まず国際裁判管轄に関する民事訴訟法（3条の2以下）の規定，ついで外国判決に関する民事訴訟法118条，民事執行法24条の規定のほか，「外国等に対する我が国の民事裁判権に関する法律」などが重要である。

以下には国際取引においてとくに問題となることの多い，契約の準拠法に関する例を取り上げる。

【設例1－1】 日本会社Yの代表者は，S国人弁護士Xに対しS国でのS国会社との取引に関し，XがYを代理して交渉，契約書の作成などの法律業務を委任する契約をS国のXの事務所で締結した。XはYのため交渉にあたったが，不成功に終った。Xがその報酬を求める訴訟をわが国の裁判所に提起したのに対し，Yは，Xが弁護士報酬の請求権を5年間行使しなかったため，日本民法166条により，Xの債権が時効によってすでに消滅したと抗弁した。これに対しXは，契約の準拠法がS国法であり，消滅時効期間が6年であると主張した。Xの請求は認められるか。なお，この契約中には「契約から生じるすべての問題はS国法による」との明示の準拠法約款があるとせよ。

【設例1－2】 上の設例で契約中に明示の準拠法約款がない場合にはどうなるか。

契約の準拠法

(1) 当事者自治の原則　　通則法7条は，「法律行為の成立及び効力は，当事者が当該法律行為の当時に選択した地の法による」と規定し，いわゆる当事者自治の原則を採用する。したがって**【設例1－1】**におけるように，契約の当事者が自分たちの意思によって，特定の国の法律が適用されるべきことを明示に指定したときは，その契約の成立と効力はこの法によることになる。

(2) 当事者による選択のないとき　　通則法8条は，当事者による準拠法の選択のない場合における契約の準拠法について，つぎのように規定する。

「1　前条の規定による選択がないときは，法律行為の成立及び効力は，当該法律行為の当時において当該法律行為に最も密接な関係がある地の法による。

2　前項の場合において，法律行為において特徴的な給付を当事者の一方のみが行うものであるときは，その給付を行う当事者の常居所地法（その当事者が当該法律行為に関係する事業所を有する場合にあっては当該事業所の所在地の法，その当事者が当該法律行為に関係する２以上の事業所で法を異にする地に所在するものを有する場合にあってはその主たる事業所の所在地の法）を当該法律行為に最も密接な関係がある地の法と推定する。」

通則法８条の規定を**【設例１－２】**の弁護士との法律業務委任契約に適用するとどうなるか。弁護士業務については，おそらく契約の特徴的な給付は委任された法律業務の履行義務であるから，通則法８条２項によれば，Ｓ国法の適用が推定されることになろう。また，その主要な部分の履行が弁護士事務所の所在地でその地の法律を考慮して行われるから，通常は弁護士事務所の所在地が最も重要な意義を占めること，**【設例１－２】**では日本会社の代表者がＳ国の弁護士事務所に出向いて契約を締結したこと，履行される法律業務がＳ国内で行われること等の事情を考えると，本件契約債権の消滅時効の問題に日本民法よりも長期の消滅時効期間を定めるＳ国法を適用しても，日本会社Ｙにとって予測不能であって，不公正であるとまではいえない。したがって最密接関係地法もおそらくＳ国法であり，その債権は消滅していない。

❖コラム１-１　契約債権の消滅時効の準拠法

徳島地判昭和44・12・16判タ254号209頁も，**【設例１－２】**と同様の事案において，ニューヨーク州法（法例７条２項により行為地法として）を契約準拠法と判示した。なお，本件は通則法の制定前の「法例」を適用した事例であり，法例７条２項は「当事者ノ意思カ分明ナラサルトキハ行為地法ニ依ル」と規定していた。

Ⅳ　国際取引における公法的規制立法の適用

つぎに後述する**【設例１－３】**のような国際取引における公法的経済規制立法の適用が問題となる。国際取引に対する公法的規制の方法としては，条約による規制と国内法による規制とが問題となる。

条約による公法的規制

国際取引を円滑に促進し，抵触する国家間の利害を調整するために，各国は国際取引の公法的な側面についても二国間または多国間の条約を締結している。

(1)「関税及び貿易に関する一般協定（GATT）」,「世界貿易機関（WTO）」

第二次世界大戦後の国際貿易体制を可能な限り自由で多角的なものとするための機構として，国際貿易機構（ITO）の設立が構想され，ガットはその成立までの暫定的な協定として締結された。ガットの基本理念は，国際貿易の拡大による国際経済の発展である。具体的には，自由・無差別の原則，輸入制限の撤廃，関税率の引き下げ，ダンピングの規制などである。

世界貿易機関（WTO）は，ガットに代わる正式の国際機関として，1994年において開催されたガットのウルグアイラウンドにおいてその設立が合意され，1995年１月に発足した。WTOの主要な任務は，WTO協定・多国間貿易協定の実施と運用の円滑化と複数国間貿易協定の実施と運用のための枠組みの提供，多国間貿易関係に関する交渉のための場の提供，紛争解決手続・貿易政策検討制度の運用などである。

(2) 国際通貨基金協定（IMF）（1945年）　通貨に関する国際協力と為替の安定，自由化を通じて，国際貿易の均衡のとれた発展を図ることを目的として設立された政府間国際機構である。1947年に国連の専門機関となった。GATT・WTOとならんで第二次世界大戦後の世界貿易秩序を支える２本柱である。

(3) 通商航海条約　締約国間の通商経済関係を規律する国際条約をいう。その内容はそれぞれの条約によって異なるが，一般的な規律事項は，通商・航海の自由，入国・居住・移転・営業の自由，財産権の保護，納税その他の義務，領事の権限，裁判権，船舶の取り扱いなどきわめて多岐にわたる。これらのうち，関税については最恵国待遇，自由権の保証と納税については，内国民待遇を規定しているものが多い。わが国は，米国，英国など多くの国と通商航海条約を締結している。

国内法による公法的規制　各国は，自国における貿易の振興，競争秩序の維持，国内産業の保護育成，国際収支の均衡など公益的な目的を達成するために，国際取引に対してさまざまな公法的規制を行っている。これらの規制は，その実効的な執行のために，罰則などの制裁を科し，取引の当事者にその遵守を要求している。

これらの公法的規制は，そのときどきの経済政策を反映してきわめて多様であるが，一般的には，独占禁止法，輸出入取引法，輸出検査法などの規制が重要である。

国内法である公法的経済規制立法の域外適用

上のような国家の経済的な公法的規制立法が，外国で行われた行為や外国人・外国法人に対してどこまで適用されるかが問題となる。これを公法的経済規制立法の域外適用問題という。

【設例1－3】 ヨーロッパのアルミメーカー数社が，共同でスイスに子会社を設立し，この子会社が親会社各社の生産数量を決定し，これを割り当てた。そしてこの割当数量を超えて生産した企業は子会社にペナルティを支払うこととされた。この割当数量の中に，各企業が米国に輸出した分を含めることになっていたので，各企業が米国に輸出すると，それだけ早く割当量に達してしまうこととなり，この協定は参加各企業が米国に輸出しないという効果を有するものであった。これらの協定はヨーロッパで交渉，締結された。この協定が米国のシャーマン法に違反するとして，米国当局はそれを適用することができるか。

❖コラム1-2　アルコア事件

United States v. Aluminium Co. of America, 148 F. 2d 416 (1945)

本件は，独占禁止法（競争法）の分野で厳格な属地主義を採用した先例に従わず，いわゆる効果主義を宣言した米国第2巡回区裁判所の判決である。本件で裁判所は，国家は，外国人の外国における行為が国内に違法な結果をもたらす場合には，その責任を追求できるのであり，これは確立した法原則であるといえる。もし，商品供給制限の効果（effect）が米国市場に及び，かつ，その効果が意図（intended）されている場合には外国人が外国で締結したカルテル協定であっても，シャーマン法の適用範囲に入る，としてシャーマン法の域外適用を肯定した。

公法の適用原則——日本刑法の国際的適用

一般に公法の適用範囲の原則を示したものとしては，わが国刑法1条以下の規定が注目される。すなわち，刑法1条1項は，「この法律は，日本国内において罪を犯したすべての者に適用する。」と規定し，わが刑法は原則としてわが国で行われた犯罪について適用されるとの属地主義（領域性原則ともいう）を宣言している。つぎに同3条は，「この法律は，日本国外において次に掲げる罪を犯した日本国民に適用する。」と定め，一定の犯罪については，日本国籍を根拠に日本刑法が適用されるとの属人法主義（国籍原則ともいう）を採用する。さらに同2条においては，「この法律は，日本国外において次に掲げる罪を犯したすべての者に適用する。」として，一定の犯罪については，外国人が外国で行った犯罪についても日本刑法の適用を認めている。これは日本の国家利益の保護を目的とする保護主義の原則に立脚するものである。

これらの日本刑法の規定は，国際事件における刑法の適用原則を宣言したものであり，国際取引における経済的規制立法の適用範囲を考える上で参考となろう。

米国対外関係法第4リステイトメント（2019年）の国際事件における法適用原則

もっと一般的に国際事件における法の適用原則を宣言したものとして注目されるのは，2019年の米国法律協会の米国対外関係法第4リステイトメントの第4編（管轄権，国家免除及び判決）第1章（規律管轄権），とくにその402条の規定である。

第402条

第402条（規律管轄権に関する米国の国家実行）

「(1) 米国は，第403条に定める憲法上の制限の範囲内で，次の事項に関する規律管轄権を行使する。

(a) 領域内の人，財産及び行為

(b) 領域内に実質的な効果を有する行為

(c) 米国の国民及び居住者の領域外における行為，利益，身分及び関係

(d) 米国の国民を害する領域外での一定の行為

(e) 米国の国民又は居住者でない者による領域外での一定の行為であって，米国の安全保障又はその他の限定された種類の米国の基本的利益を害しようとするもの

(f) 海賊行為，奴隷的使役，強制労働，人身売買，児童兵募集，拷問，裁判手続によらない殺人，集団殺害及び一定のテロ行為などの普遍的な関心事項である一定の法違反（規律される人又は行為と合衆国の間に特定の関連の有無を問わない）

(2) 米国は，規律管轄権を行使するにあたり，規律に関する国際礼譲として他国の正統な利益を考慮する。

(3) 連邦裁判所は，連邦法の地理的適用範囲が明白ではない場合には，第404条から第406条に定める解釈原則を適用する。」

この402条1項(a)の規定は，いわゆる属地主義の原則を宣言したものであり，「領域内の人，財産及び行為」について，国家の規律管轄権（それには国家が自国法を適用することを含む）を認める。(b)は，効果主義を認めた規定であ

り，「領域内に実質的な効果を有する行為」について，国家が自国法を適用することを肯定する。独占禁止法（競争法）の域外適用に関する（**【設例1－3】**の事例は，これに該当するであろう）。

(c)と(d)は，属人法主義をとり，自国民・自国居住者の行為や自国民を害する一定の行為については外国で行われた行為であっても，国家は自国法を適用することができる。

さらに(e)は，規律管轄権の特別の基礎となる保護主義を述べたものである。国際法は，国家がその領域外で外国人によってなされた，たとえば，通貨の偽造のような限られた種類の違法行為を罰することを認めている。また，(f)は，普遍主義を示すものである。国際法上，普遍的な懸念事項である一定の行為については，刑事責任と民事責任のいずれについても規律管轄権を行使することが認められる。

なお，複数の国家が同一の人，財産または行為に関して規律管轄権を有することがありうること，それによって規律管轄権を行使することが相当で（reasonable）ない場合が考えられる。この点について，現在の第4リステイトメント405条も，制定法の解釈原則として相当性の原則を規定しており，自国法の適用が不相当な場合には，国際礼譲に基づきその適用を制限するということになろう。**【設例1－3】**に即していえば，402条1項に掲げる管轄権の基礎が存在する場合であっても，他国の正統な利益を考慮した上で，自国法の適用について相当性または合理性のチェックを受けることになろう。

まとめ　上に掲げた米国対外関係法第4リステイトメントの内容は，国際事件における法の適用に関する柔軟な一般原則を述べたものであり，具体的事件への適用は容易ではない面があることはたしかである。しかしこの原則は，国際事件において，独占禁止法，証券取引法，知的財産法などの経済的な規制立法の適用範囲を決定するにあたって，その解決方法を包括的に提示する点からいって，一般理論として十分に評価することができよう。

本書の構成　本書は，先に述べたような構成により（→第Ⅱ節**4**），国際取引法を概説する。まず，**第2章・第3章**で国際取引の中で最も典型的で，伝統的な取引である国際売買から始める。

第2章
国際売買

I　国際売買と関連する取引

国際売買は，国際取引の中でも，最も典型的で伝統的なものである。その形として，営業所が異なる国に所在する売主と買主の間で締結された国際売買契約に基づき，売買の目的物が国境を越えて移動する場合が一般的であるが，売主と買主の営業所が同じ国に所在する場合もありえるし，あるいは目的物が移動しない場合もあろう。このうち，目的物が国境を越えて移動する場合は当事国からみれば輸出入であり，このような取引はいわゆるモノの貿易である。

国際売買では，売主と買主の間の国際売買契約が中心的な存在であるが，取引を完成するためには，いくつかほかの契約が必要である。まず，物品の運送のために運送人との間で国際運送契約が結ばれる。従来の国際売買では，輸送距離が長く，また貨物の量も大きいことから，海上運送を利用することが多く，船積・荷降作業中の事故や，船の座礁・沈没や積荷の潮濡れなど国内運送にはあまりみられない特有の危険があった。航空運送，コンテナ運送の増加や，航海技術と船舶技術の発達により，過去に比べて国際運送に特有の危険が薄れてきたが，輸送経路が長いため，危険の移転時期を売買契約において予め決定しておくことが大切である。そして，運送中の事故等による物品の滅失・毀損に備えるために，国際貨物保険を利用することが多く，保険会社との間で保険契約が締結される。さらに，売買契約の当事者が異なる国と地域に所在するケースでは，売買代金の支払は銀行を通じた国際的な支払手段を利用することになり，そのために銀行との銀行取引契約が必要である。つまり，国際売買に関連して，国際運送と保険（→**第4章**），国際的支払（→**第5章**）も生じ，それぞれの取引における契約の締結と履行により，はじめて国際売買契約における物品の引渡しと代金の支払が実現でき，国際売買取引が完結する。

国際運送，国際保険，国際的支払にかかわる諸契約は，それぞれ運送人，保険会社，銀行との間で締結されるが，売主と買主のどちらが運送人を手配し，運送契約を締結するか，どちらが保険契約を締結するか，そして支払は具体的にどのような方法をとるかは，売主と買主の間で合意する事項であり，国際売買契約において規定すべき問題である。

Ⅱ 国際売買契約とインコタームズ

【設例2－1】 日本会社の買主Xと S 国会社の売主Yとの間に締結された羊毛の国際売買契約に，「US ＄20,000 FOB Sydney」という価格条項と，「本契約中における FOB の用語の解釈は Incoterms 2020による」という条項がある。その後，羊毛を船でシドニーから日本へ運送する途中，悪天候によってその一部が毀損した。この場合，買主と売主のどちらがその危険を負うか，売主Yに保険契約を締結する義務があるか。

また，もし契約で用いたのは FOB 条件ではなく，CIF 条件であれば，結論はどのように変わるか。

1 国際売買契約と貿易条件

国際売買契約の各契約条件は，売主と買主の合意によって決定するため，その内容は多様であるが，最も基本的な契約条件として，売買の目的物（仕様・品質など），数量，価格・支払条件，運送・引渡条件，保険条件，目的物の検査・保証条件，紛争解決条件（準拠法・管轄合意ないし仲裁）などをあげることができる。

売主と買主が交渉して独自の契約条件を合意し，その合意を反映した詳細な国際売買契約書を作成することは無論可能である。しかし国際貿易では古くから，運送と保険の手配（運賃と保険料の支払を含む），通関手続の負担，目的物の引渡地，危険の移転時期などの契約条件について，売主と買主の権利義務をいくつかのパターンに定型化し，それぞれのパターンについてある専門用語を用いて表現し，そして国際売買契約書では詳細な条件を定める代わりに，売主と買主が合意したパターンに対応する専門用語を使用することによって契約書を簡略化する方法がとられている。たとえば，買主が運送と保険を手配し，売主が目的物を買主の指定した運送のための船（これを本船という。本船に物品を積み込む際に用いられる艀（はしけ）と区別される）の上で引き渡し，危険は目的物が本船船上に置かれた時点に売主から買主に移転することなどが，1つの権利義務関係のパターンとして，FOBという用語で表している。そうすると，売主と買主が国際売買契約書にFOBという用語を用いることによって，その用語が表す権利義務関係を簡潔明瞭に規定することが可能になる。このような用語は，一般的に貿易条件とよばれる。

2　インコタームズとは

貿易条件は，いくつかの事項に関する売主と買主の権利義務関係を簡単な用語で表すため，国際売買取引に参加する当事者がこれを理解すれば，効率よく国際売買契約の交渉を進めることができ，より簡潔な契約書をまとめることができる。その意味で貿易条件を利用することは，コストと時間を節約する手段にもなる。しかし，国際売買取引の当事者は，世界中の国・地域の業者を相手に取引をするものであり，仮にFOBのような貿易条件に関する解釈が国ないし地域によって異なることがあれば，契約内容に関する誤解を招くことになりかねない。そのため，貿易条件の解釈を統一する必要性は早くから認識され，1930年代から貿易条件の解釈に関する統一規則がいくつかの国際的な業界団体などによって作成されてきた。たとえば，国際法協会（ILA）による1932年のいわゆるワルソー・オクスフォード規則や，全米貿易協会などによる1941年の改正米国貿易定義があったが，現在ではほとんど利用されていない。また米国統一商事法典第2編にも貿易条件の解釈に関する規定があったが，2001年改訂版においては削除された。結局現在日本を含め，世界で最も利用されている貿易条件の解釈に関する統一規則は，インコタームズとよばれるものである。

インコタームズとは，フランス・パリに本部をおき，民間企業の世界ビジネス機構として活動する国際商業会議所（International Chamber of Commerce：ICC）が，1936年に作成した貿易条件の統一した解釈に関する「貿易条件の解釈のための国際規則」(International Rules for the Interpretation of Trade Terms, 略称インコタームズ Incoterms）である。同規則は，貿易実務の変化に応じて改定が行われ，これまでそれぞれ1953年，1967年，1970年，1980年，1990年，2000年，2010年の改正を経て，現在の最新版は11の貿易条件の解釈を定めた2020年のインコタームズ（インコタームズ2020または Incoterms 2020）である。

3 インコタームズの援用

民間団体である ICC によって作成されたインコタームズは，国際売買に参加する取引当事者の利用に供する民間の統一規則（uniform rules）である。統一規則は法ではないので，当然に適用されるものではなく，その適用には，国際売買契約の当事者が契約中に同統一規則を援用する必要がある。要するに，契約当事者が契約自由の原則に従い，売買契約中に用いる貿易条件を合意し，その解釈をインコタームズによることを合意することである。そうすることによって，援用されたインコタームズに規定された当該貿易条件の解釈が，国際売買契約の一部を構成することになる。

このような統一規則の援用は，準拠法が認める契約自由の範囲内で行う契約内容に関する合意であるため，任意規定しか有しない CISG（**次章**参照）が適用される売買契約においては，CISG の規定に優先して適用される。しかし，特定事項に関する統一規則の適用が，契約当事者間のほかの合意と同様に，契約準拠法上の強行法規に反する場合には，当事者による援用にかかわらず統一規則の適用が排除される。もっとも，統一規則は貿易慣行と実務をベースに作成されたものであり，その適用が強行法規に反するとされる場面は，あまりみられないであろう。

インコタームズを援用する際に注意すべきは，改定によって新しいバージョンの規則が作成されたからといって，それ以前の規則が直ちに使えなくなるわけではなく，当事者は契約において，設例のように，どの年に作成されたインコタームズを選択したかを明示する必要がある点である。なお，貿易条件の後に表示する「指定場所」は，引渡地，仕向地，船積港，仕向港など，使用する条件によって意味が異なる（**図表2-1**参照）。

4　インコタームズ2000における貿易条件の伝統的な分類

インコタームズ2000は，計13種類の貿易条件を定め，これらの貿易条件には，それぞれローマ字３文字の略号が与えられ，さらに略号の１文字目に応じて４つのグループに分類されていた。それぞれ，Ｅグループの EXW，Ｆグループの FCA・FAS と FOB，Ｃグループの CFR・CIF・CPT と CIP，およびＤグループの DAF・DES・DEQ・DDU と DDP である。

このうち，Ｅグループは売主の施設で目的物を買主に引き渡すものである。Ｆグループは買主の手配した運送人に，Ｃグループは売主自らが手配した運送人にそれぞれ目的物を引き渡すものである。Ｄグループは売主が目的物を買主の国で引き渡すものである。

この分類方法は，インコタームズ2010以降では使用されていないが，引渡地がどこにあるか，売主と買主のどちらが運送を手配すべきかなどが端的に把握できる点において，今でも役立つものである。

5　インコタームズ2010における改定の要点

インコタームズ2010における主な変更点は，つぎのところである。

貿易条件の分類方法の変更　諸条件は，いかなる単数または複数の輸送手段にも適したもの（EXW・FCA・CPT・CIP・DAT・DAP・DDP）と，海上および内陸水路輸送のためのもの（FAS・FOB・CFR・CIF）という２つの異なるクラスに分類されている。前者は，船による輸送がまったく無くても，あるいは輸送の一部に船が使用される場合にも使うことができる。これに対して，後者は，輸送手段が船舶の場合にしか使えない。

また，後者に分類される条件では，物品が本船の船側か船上で引き渡されることが前提であるため，物品が入ったコンテナをターミナルで運送人に引き渡すような場合に使用するのは不適切であり，代わりに前者のクラスに分類される FCA，CPT または CIP 条件を使用すべきとされている。

Ｄグループ条件の再編　Ｄグループ条件の DDP（関税込持込渡）はインコタームズ2010においても維持されているが，DAF（国境持込渡）・DES（本船持込渡）・DDU（関税抜き持込渡）が DAP（仕向地持込渡）という新しい条件に統合された。また，DEQ（埠頭持込渡）は DAT（ターミナル持込渡）に変更された。再編に伴いインコタームズ2010に定める貿易条件は13から11に減少した。

FOB・CFR・CIFにおける危険移転時期の変更

本船上で物品が引き渡されるFOB・CFR・CIF条件について，危険移転時期は本船の手すりを通過した時点から，本船の船上に置かれた時点に変更された。「本船の手すり」という危険負担の分岐点はインコタームズの長い伝統的ルールであったが，危険が想像上の垂直線を横切って行き来するというイメージは，あまりにも時代遅れと考えられるようになったからである。

以上の主な変更点以外に，インコタームズ2010では，物品の海上輸送中の転売に対応した規定が新たに導入され，また規則が国際取引と国内取引の双方に適用可能であることが明記されるようになった。

6　インコタームズ2020における改定の要点

インコタームズ2020はインコタームズ2010を大きく改定するものではない。主な変更点は，①DAT（ターミナル持込渡）をDPU（荷卸込持込渡）に改称し，仕向地は「ターミナル」に限定せず，いかなる場所でも可能とした上で，掲載順を荷卸しの前に引渡しが行われるDAPの後にしたこと，②FCAにおいて買主が，DAP，DPU，DDPにおいて売主が運送を第三者に外注することなく，自己の運送手段を用いることを想定し，運送契約の締結のみならず，必要な運送を単に手配することも許容する旨を明記したこと，③FCAにおいて，海上運送が行われる場合，信用状等決済のために買主が（本船への）「積込済みの付記のある船荷証券」を売主宛に発行するよう運送人に指示し，売主は銀行を通じてこれを買主に提供することを合意できる仕組みを新たに用意したこと，④CIPにおいて，売主が取得すべき保険補償の水準が引き上げられ，その結果CIFのそれよりも高くなり，両者間に相違が生じたことなどである。

7　インコタームズ2020の各貿易条件に関する規則の概要

インコタームズ2020に定める貿易条件のうち，日本の従来の貿易実務上よく利用されるのはFOB，CFRとCIFであるが，増加するコンテナ輸送に適するFCAがますます重要となっている。以下ではこれら4つの条件に重点をおき

図表 2－1　インコタームズ2020の各貿易条件に関する規則

クラス	貿易条件（指定場所）	売主の主な義務	買主の主な義務	危険の移転
いかなる単数または複数の輸送手段にも適した規則	EXW＝EX Works 工場渡（指定引渡地）	・指定引渡地で物品を買主の処分に委ねる＝引渡し	・輸出入通関	すべて引渡時
	FCA＝Free Carrier 運送人渡（指定引渡地）	・輸出通関 ・指定引渡地で物品を運送人等に引き渡す	・輸入通関 ・運送の手配	
	CPT＝Carriage Paid To 輸送費込（指定仕向地）	・輸出通関 ・指定仕向地までの運送契約の締結 ・物品を運送人に引き渡す	・輸入通関	
	CIP＝Carriage and Insurance Paid To 輸送費保険料込 （指定仕向地）	・輸出通関 ・指定仕向地までの運送契約の締結 ・指定仕向地までの保険契約の締結 ・物品を運送人に引き渡す	・輸入通関	
	DAP＝Delivered at Place 仕向地持込渡 （指定仕向地）	・輸出通関 ・指定仕向地までの運送の手配 ・指定仕向地において，荷卸しの準備ができている運送手段の上で物品を買主の処分に委ねる＝引渡し	・輸入通関	
	DPU＝Delivered at Place Unloaded 荷卸込持込渡 （指定仕向け地）	・輸出通関 ・指定仕向地までの運送の手配 ・指定仕向地において，物品を運送手段から荷卸しの上，買主の処分に委ねる＝引渡し	・輸入通関	
	DDP＝Delivered Duty Paid 関税込持込渡 （指定仕向地）	・輸出入通関 ・指定仕向地までの運送の手配 ・指定仕向地において，荷卸しの準備ができている運送手段の上で物品を買主の処分に委ねる＝引渡し		

海上および内陸水路輸送のための規則	FAS＝Free Alongside Ship 船側渡（指定船積港）	・輸出通関 ・指定船積港で物品を本船船側に置く＝引渡し	・輸入通関 ・運送の手配	
	FOB＝Free On Board 本船渡（指定船積港）	・輸出通関 ・指定船積港で物品を本船の船上に置く＝引渡し	・輸入通関 ・運送の手配	
	CFR＝Cost and Freight 運賃込（指定仕向港）	・輸出通関 ・指定仕向港までの運送契約の締結 ・物品を本船の船上に置く＝引渡し	・輸入通関	
	CIF＝Cost, Insurance and Freight 運賃保険料込（指定仕向港）	・輸出通関 ・指定仕向港までの運送契約の締結 ・指定仕向港までの保険契約の締結 ・物品を本船の船上に置く＝引渡し	・輸入通関	

つつ，各貿易条件に関する規則の概要を説明する（**図表2－1**も参照）。

EXW

EXWでは，売主の義務は最小限のものである。売主は指定引渡地（通常は売主の工場ないし倉庫）で，物品を買主の処分に委ねたときに，引渡義務を果たしたことになり，引渡後の一切の費用と危険を負担しない。売主は買主に対して物品を積込む義務を有せず，買主自身が物品を引き取るための運送契約を締結しなければならない。

また売主が輸出通関の手続を行わないのはEXWのみである。買主が物品を指定地の国から輸出しようとする場合に，自ら輸出手続を行う必要があり，そのような手続を行えない場合には，EXWではなく，FCAなどその他の条件を利用すべきである。

FAS・FOBとFCA

FAS・FOBとFCAに共通する特徴は，指定場所から仕向場所までの運送費用が売買代金に含まれず，売主によって支払われない点である。運送契約は買主が締結するため，運送人ないし船会社を売主に正確に指図することが重要である。

この3つの条件のうち，FASとFOBは海上または内水輸送にのみ使用できる。FOBは，最も歴史の古い貿易条件であり，FOBを利用する場合に，指定場所は船積港を意味する。買主は売買契約に定められる船積期間に船積港に到着できる船を手配し，売主は船積期間内に船積港で物品を本船の船上に置くことによって，引渡義務を果たすことになり，それ以降の費用と危険を負担しない（なお，FASでは物品を本船の船側に置くことによって引渡義務が果たされる）。運送に定期船を利用する場合，通常，海運同盟によって運賃が同じであるため，売主が船積時期を管理しやすい後述のCFRとCIFがよく利用されるが，買主がある船会社と特別な関係にあり，より安い運賃で運送契約を手配できる場合や，発展途上国向けの輸出において，輸入貨物に自国船の使用を義務づける途上国の政策がある場合に，FOBが利用されることが多い。

これに対して，FCAはコンテナ輸送という当時盛んになってきた新しい貨物取扱方法に対応するために，インコタームズ1980ではじめて規定された貿易条件であり（そこではFRCとよばれていた），コンテナ輸送，航空運送，複合運送などすべての輸送手段に対応することができる。売主は指定場所である引渡地で物品を運送人に引き渡すことによって，引渡義務を果たすことになり，それ以降の費用と危険を負担しない。引渡地が売主の施設である場合に，EXWと異なり引渡しは物品がトラックなど買主の運送手段に積込まれた時に完了する。

CFR・CIFとCPT・CIP

FAS・FOB・FCAとは反対に，CFR・CIF・CPTとCIPに共通する特徴は，指定場所である仕向場所までの運送契約は，買主ではなく売主が締結し，運送費用も売買代金に含まれ，売主によって支払われる点である。これらの条件における引渡義務の履行や危険負担の移転は，FOB・FCAとほぼ同様であり，売主は運送中の危険を負担しない。つまり，ほかの条件では危険移転の分岐点と費用分担の分岐点が一致するが，CFR・CIF・CPTとCIPでは危険移転の分岐点（引渡時）と費用分担の分岐点（仕向場所）が一致しない。さらに，CIFとCIPの場合は，仕向場所までの保険料も売買代金に含まれており，売主は保険契約を締結し，保険料を支払わなければならない。

これら4つの条件のうち，CFRとCIFは海上または内水輸送にのみ使用でき，CPT，CIPはすべての輸送手段に対応することができる。

CIFにおいて，物品の引渡しと危険の移転時期はFOBと同様である。CIFの後に表示する指定場所は，仕向港を意味する。売主が仕向港までの運送契約

図表2－2　FOB，CFR，CIF，FCA の比較表

条件	危険の移転時期	運送契約の手配	保険契約の手配	輸送手段
FOB	本船の船上に置いた時	買主	買主	海上および内水輸送
CFR	同上	売主	買主	同上
CIF	同上	売主	売主	同上
FCA	指定地で運送人に引渡した時	買主	買主	すべての輸送手段

を締結し，物品を本船の船上に置き，さらに仕向港までの保険契約を締結する。しかし，危険は船積港において物品を本船の船上に置いた時から買主に移転するため，運送中の危険は買主が負担し，保険契約に基づいて保険者に保険金を請求するのも買主である。

売主が手配する保険は，買主との別段の合意がなければ，少なくともロンドン保険業者協会が定める最低限の補償範囲を満たす貨物保険でなければならない。

CFR 条件は，CIF と比べて異なるのは，売主が保険契約を締結する必要がない点である。輸入業者に対して自国の保険者との保険契約を義務づける政策をもつ国向けの輸出に用いられることが多い。

DAP・DPU・DDP

「持込渡」条件である DAP・DPU・DDP では，売主は仕向国での引渡しが要求され，より多くの義務を負担する。売主は仕向国の指定場所までの運送契約を締結し，指定場所で物品を買主に引き渡すことによって，はじめて引渡義務を果たすことになる。それまでの一切の費用と危険は，売主によって負担される。したがって，売主は運送費用を負担するだけでなく，運送中の危険も引受けなければならない。さらに，DDP 条件の場合，売主は輸入手続も行わなければならない。

これら3つの条件は，すべての輸送手段に対応することができる。

【設例2－1】では，いずれの場合にも，買主 X が危険を負担する。FOB 条件を使用した場合に，売主 Y は保険契約を締結する必要はないが，CIF 条件を使用した場合に，Y は X のために保険契約を締結する義務を負う。

Ⅲ 国際売買契約の準拠法

> **【設例２－２】** Ｓ国に営業所を有する売主と，日本に営業所を有する買主との間に機械に関する売買契約が締結された。同契約の交渉と締結は東京でなされ，契約によれば，売主は日本における買主の工場で機械を引渡し取り付けることになっている。また当事者間で準拠法に関する合意はなされていない。この売買契約の準拠法はどの国の法か。

1 国際売買に対する私法的規律

第1章で述べられたように，国際取引に対する法規制のあり方として，①特定分野における統一私法条約によって，各国の私法を統一する方法，②取引当事者が民間の国際組織によって作成された援用可能統一規則を援用することによって，契約内容の解釈を統一する方法と，③国際私法によって国際取引に関連する複数の国の私法の中から，適用すべき準拠法を決定する方法がある。国際売買契約に関していえば，前節で紹介したインコタームズは②の援用可能統一規則の例であり，次章で取り上げるCISGは①の統一私法条約の例である。

しかし，インコタームズの内容自体は限られた事項にしか及ばない上，その性格も既述のように，厳格な意味でいう「法」ではなく，その援用は契約自由の原則に基づいて行う契約内容の合意であるため，契約準拠法の強行法規に反することはできない。またCISGも条約である以上，締約国以外の国で適用される保証はなく，さらに適用除外の売買契約があることや，条約の内容に強行規定が含まれないなど，国際売買契約を規律する一般的な法規範としては不十分である。したがって，今日においても，国際売買契約をめぐって，インコタームズやCISGのみでは解決できない諸問題が生じる可能性があり，国際私法によって契約準拠法を選択する方法に，最終的に頼らざるをえない。

国際私法は各国の私法の不統一（これを法の抵触という）を解決するための法規範であるが，その性質自体は国内法である。日本の国際私法の主な法源は，通則法であり，裁判所において強行的に適用される。

契約準拠法に関して，通則法は法律行為の成立と効力（７条～９条）と，法律行為の方式（10条）に関する規定に加えて，消費者契約の特則（11条）と労働契約の特則（12条）を設けている。ここでは，国際売買契約に関してとくに重要である7条と8条を中心に，契約準拠法の決定方法を説明する（**第1章**第Ⅲ節**5**も参照）。

2　7条の当事者自治の原則による契約準拠法の決定

通則法7条は，「法律行為の成立及び効力は，当事者が当該法律行為の当時に選択した地の法による」と定め，契約準拠法の決定を，第一義的に契約当事者による合意に委ねている。このように，当事者の意思に従い準拠法を決定することは，当事者自治とよばれる。

契約準拠法の決定における当事者自治の原則は，国際私法への私的自治の原則の反映という点に根拠を見出せるだけでなく，多くの国の国際私法で当事者自治の原則を採用していることから，日本法が同原則を取り入れることによって，国際契約から生じる紛争がどの国で裁判されても，同じ契約準拠法が適用されるという国際的調和にも資することができる。

ここでいう当事者自治に基づく準拠法合意は，契約自由に基づくインコタームズの援用とは異なり，契約準拠法所属国の強行法規を含めた私法秩序全体を選択することを意味する。

準拠法合意の独立有効性　当事者が契約準拠法につき合意に達したときに，その旨の条項（たとえば，「本契約は○○国法に準拠するものとする」）を主契約に挿入すれば，指定された国の法が契約の準拠法になる。このような条項を準拠法条項ないし準拠法約款という。

準拠法の合意が，主契約の一部分として存在するとしても，法的には主契約から独立した1つの契約として扱われるため，主契約に無効原因が存在し，もしくは取り消されたとしても，準拠法合意自体に瑕疵がない限り，主契約にかかわらず当然には無効にならない。したがって，主契約の無効・取消しに伴う契約上の問題は，合意された契約準拠法によって判断される。

選択できる法の範囲　準拠法の合意によって当事者が選択できる法の範囲について，過去には，契約締結地法，契約履行地法，当事者の住所地法など当該契約と何らかの客観的関連を有する法に限定して選択を認める説（量的制限説）が主張されていたが，中立的な第三国の法や，当該契約の分野において優れた法整備がなされている国の法など，契約とは客観的関連を有しない国の法を選択する実務上の需要があることから，現在では支持されていない。またほかにも，質的制限説や法律回避論など，当事者自治を制限する立場が主張されてきたが，当事者の意思を最大限に尊重するという基本的立場から，現在ではいずれも支持されていない。結局，弱者保護が必要な消費者契約・労働契約では特別な配慮がなされているが，対等関係にある当事者間の国際契約について，原則として当事者自治が広く認められている。

黙示の準拠法選択

当事者が明示的に準拠法を選択しなかったときに，裁判所は当事者の黙示の意思による準拠法選択を認定する必要があるか。2007年に通則法が施行した以前の旧国際私法である「法例」の時代では，学説・判例は積極的に当事者の黙示意思を探求する立場をとっていた。その背景には，当事者による準拠法の選択がなければ，一律的に行為地法（契約締結地法）を契約準拠法とする旧規定の機械的適用を回避する目的があった。しかし，通則法の下では，行為地法を適用する規定は改められ，後述の8条によって契約の最密接関係地法が適用されるため，従来ほど当事者の黙示の意思を広く認定する必要はなくなった。他方，7条の文言上，準拠法の選択を明示的なものに限定しておらず，また当事者の意思をできるだけ尊重する立場からも，当事者の黙示的な選択を完全に排除する解釈は適切ではない。結局，当事者による黙示の準拠法選択も有効であるが，その意思は現実的な意思に限定され，裁判所が合理的に推定する当事者の仮定的な意思までは含まないとするのが多数説の立場である。

選択できる準拠法の数

当事者が争点ごとに複数の契約準拠法を選択することは可能か。これは，たとえば，契約の成立は日本法によるが，効力その他の問題はS国法によるというようないわゆる準拠法の分割指定の可否の問題である。

伝統的な理論によれば，国際私法が契約の成立と効力を単一の法律関係として定めた以上，当事者がこれを分割して複数の準拠法を選択することは許されない。これは準拠法単一の原則とよばれる。また，複数の準拠法の間で矛盾が発生するおそれがあり，適用関係が複雑になるという理由から分割指定を否定する立場もある。しかし，近時の多数説は，当事者の正当な期待を保護でき，当事者自治の原則の趣旨に合致すること，国際取引実務上の要請にも応えられることを理由に，分割指定を肯定すべきとしている。ECの契約債務準拠法条約（ローマ条約）なども分割指定を認めている。

3 8条の最密接関係地法主義による契約準拠法の決定

当事者が明示的にも黙示的にも契約準拠法の合意をしなかった場合に，通則法8条によって客観的に準拠法を決定しなければならない。8条1項は，7条による選択がないときに，契約締結の当時において当該契約に最も密接な関係がある地の法（最密接関係地法）を契約準拠法と定め，さらに2項では最密接関係地法の推定規定をおいている。

最密接関係地法の判断要素

通則法8条1項が契約準拠法を客観的に決定する方法として，従来の硬直した行為地法主義の立場を撤廃し，最密接関係地法という柔軟なアプローチを採用した趣旨は，具体的妥当性を最大限に確保することにある。したがって，個々の契約における具体的な事情を考慮し，ケース・バイ・ケースに最密接関係地法を判断すべきである。その際に，国籍・常居所・営業所所在地など当事者の属性，契約の交渉地・締結地・履行地，目的物所在地など契約をめぐる客観的要素，管轄合意や仲裁合意など当事者の主観的要素，当事者間の慣行や業界の慣習など，あらゆる要素と事情を考慮すべきであろう。

特徴的給付の理論による最密接関係地法の推定

8条1項における契約の最密接関係地法の判断が，必ずしも容易ではなく，不明確な点があることから，2項では最密接関係地法を推定する規定がおかれ，できるだけ法的安定性と予測可能性を向上させ，具体的妥当性とのバランスを図った。その規定の内容とは，契約において特徴的な給付を当事者の一方のみが行う場合に，その給付を行う当事者の常居所地法を最密接関係地法と推定するものである。これはいわゆる特徴的給付の理論であり，スイス国際私法やローマ条約などが採用した理論である。

この理論を適用する際に，具体的には，まず契約の特徴的給付，すなわち当該契約を特徴づける給付を探求する。そして一般的な商事契約では，金銭給付

❖コラム2-1　PICCと非国家法の準拠法適格

PICCとは，ユニドロワ国際商事契約原則の略称であり，政府間の国際組織である私法統一国際協会（UNIDROIT，ユニドロワ）が国際商事契約の一般的準則として定めたものである。PICCは国家法でも条約でもないが，売買契約だけでなく契約一般をカバーし，しかも強行規定を含む体系的な規定を有しているため，契約法のモデルとしての意義が高く，国際契約において当事者がその適用を選択することもある。

PICCのような非国家法を契約準拠法として合意することが可能か。これは非国家法の準拠法適格の問題である。通則法7条，8条はいずれも準拠法となりうる対象をある「地の法」と定めることから，通則法が適用される日本の裁判所では，非国家法の準拠法適格は否定されると解される。これに対して，非国家法の準拠法適格を肯定する国もあり，また国際商事仲裁では非国家法の準拠法適格を肯定する立場がむしろ多数である（仲裁法36条1項も参照)。

が普遍的に存在するため，契約を特徴づけることはできず，むしろその反対給付である物の引渡しや，サービスの提供などが当該契約を特徴付ける給付だとする。このようにして判断した特徴的給付を，当事者の一方のみが行うような比較的に単純な契約については，その特徴的給付をなす当事者の常居所地法を契約に最も密接な関係を有する地の法と推定する。

国際売買契約の最密接関係地法　売買契約における当事者の主な給付は，売主の目的物引渡義務と買主の代金支払義務である。代金支払義務は売買契約以外の契約にもみられるため，特徴的給付の理論によれば契約を特徴づける給付ではなく，売主がなす目的物引渡義務が売買契約を特徴づける給付である。したがって，原則的に売主の常居所地法（営業所所在地法）が売買契約の最密接関係地法と推定される。**【設例2－2】**についていえば，S国法が契約準拠法と推定される。

しかし，通則法8条2項はあくまで推定規定であり，当事者が反証して，別の地の法が最密接関係地法であると主張することが可能である。**【設例2－2】**のようなケースでは，契約の交渉地と締結地がともに買主の営業所所在地であり，しかも売主の引渡義務および重要と考えられる取付義務もその地で履行されるべきことが契約に明示されているため，買主がこれらの事情を主張すれば，S国法を最密接関係地法とする推定が覆され，買主の営業所所在地法である日本法が契約準拠法と判断される可能性があるだろう。

第3章

CISG（ウィーン売買条約）

I　CISG作成の経緯

「国際物品売買契約に関する国際連合条約／United Nations Convention on Contracts for the International Sale of Goods」は，1980年にウィーンで開催された外交会議で採択されたことから，「ウィーン売買条約」とか，英語の条約名の頭文字をとって「CISG」などと略称されている（本章ではCISGと略称する）。CISGは，1988年に発効した後，世界的に広く受け容れられ，現時点（2022年6月末時点）で95カ国が締約国となっている。日本では2009年8月1日に発効済みである。世界の主要国の中で未加盟なのは連合王国（＝イギリス）など若干の国に限られる。

CISGは，国際売買法の統一を図る条約であり，「国連国際商取引法委員会（アンシトラル）／UNCITRAL」が中心となって起草したものである。国際売買法の統一に向けた努力は，CISGがはじめてのものではない。1920年代から「私法統一国際協会（ユニドロワ）／UNIDROIT」において研究が続けられてきた。その成果が，1964年にハーグで採択された「国際物品売買契約の成立についての統一法／Uniform Law on the Formation of Contracts for the International Sale of Goods」（ULF）に関する条約（1964年ハーグ成立条約）と，「国際物品売買についての統一法／Uniform Law on the International Sale of Goods」（ULIS）に関する条約（1964年ハーグ売買条約）である。これら2つの統一法は，あわせて「ハーグ統一売買法」とよばれている。

ハーグ統一売買法は，1972年に発効したが，加盟国の大部分はヨーロッパ諸国であり，しかも，統一法の適用について，ほとんどの国が条約で認められた留保を行ったため，法統一は実際上十分ではなかった。ハーグ統一売買法が多数の国の加盟を集めることができなかった理由の１つは，起草過程において，世界の各法域の代表が十分に参加していなかった点にあった。

そこでUNCITRALは，世界的に受け容れられる国際売買法の作成をめざし，そのために世界の法的，社会的，経済的および地域的なバランスを反映した代表からなる作業部会を創設した。作業部会は，ハーグ統一売買法を基礎として新条約の検討を行い，ULISの部分とULFの部分に相当する条約案を起草し，UNCITRALは，1978年にこれらを統合した国際物品売買契約に関する条約草案（1978年草案，UNCITRAL草案，ニューヨーク草案などとよばれる）を承認した。そして，この1978年草案を叩き台にして，ウィーンの外交会議で採択されたのが，CISGである。

CISGは，前文，第１部「適用範囲及び総則」，第２部「契約の成立」，第３部「物品の売買」，第４部「最終規定」および後文からなる。前文は，1980年のウィーン外交会議で挿入されたものであり，単なる宣言にすぎないか，あるいは補充的な解釈指針としての法的効力を有するかについて，学説上争いがある。また，後文は，CISGが国連公用語の６言語で作成され，かつ，いずれも等しく正文である旨を規定する。日本語の条文（訳）は便宜上のものであり，日本の裁判所で法的効力を有するのは，あくまでも正文である点に留意すべきである。

Ⅱ　適用範囲および総則（第１部）

【設例３－１】　CISGの適用

日本法人で京都市に営業所を有するＸと中国法人で上海に営業所を有するＹは，機械の売買契約を締結した。本件売買契約に適用されるのは，どの法か。ＸがＹではなく，英国法人でロンドンに営業所を有するＺと売買契約を締結した場合はどうか。また，本件売買契約中に「本契約は日本法によって規律される」との条項がおかれていた場合はどうか。

【設例3－2】　CISGにおける契約の成立

日本法人で大阪市に営業所を有するXと米国デラウェア州法人でニューヨーク州に営業所を有するYは，衣料品の売買交渉を電子メールで行った。XはX社の標準契約書式（紛争すべてを日本の裁判所で排他的に裁判する旨の条項と日本法を準拠法とする旨の条項あり）に目的物・数量・価格・船積み時期等を記載した契約書を作成し，Xの代表者の署名をした上でYに郵送したが，YからはY社の標準契約書式（紛争すべてをニューヨークで仲裁によって解決する旨の条項とニューヨーク州法を準拠法とする旨の条項あり）に目的物・数量・価格・船積み時期等（いずれも同一内容）を記載した契約書がX宛に返送されてきた。XYの契約は有効に成立したといえるか。

【設例3－3】　CISGにおける売主・買主の義務

日本法人で神戸市に営業所を有するXは，ドイツ法人でデュッセルドルフに営業所を有するYとの間で医療用材料の売買契約を締結した。契約締結時に，Yは当該材料をドイツその他の欧州諸国で販売するために購入する旨を伝えていた。その後，引渡期日直前にドイツの法令が改正され，当該材料に含まれている成分の使用が禁止された。そのため，Yはドイツ国内で本件材料を販売することができなくなった。YはXに対して契約違反を理由とする損害賠償その他の請求ができるか。

適用範囲（第1章）

第1部第1章は，CISGが適用される場面を定める。すなわち，①「国際」的な，②CISGと一定の関連性を有する，③「物品」を目的とする，④「売買契約」であって，⑤契約成立と当事者間の権利義務に関する一定の問題について，⑥当事者がCISGの適用を排除していない場合に限り，CISGが適用される。

(1)　国際性（1条）　第1に，CISGは，「国際」的な売買契約だけを対象としており，「国内」売買契約は対象としていない。CISGにおける「国際」的な売買契約とは，「異なる国に営業所を有する当事者間」の売買契約をいう（1条(1)）。ただし，営業所が異なる国に所在することが契約締結時に明らかでなかった場合（たとえば，本人の名を示さない代理行為の場合）には，国際的な売買とはされず，CISGは適用されない（1条(2)）。国際性の判断基準となるのは，当事者の営業所の所在地であり，当事者の国籍（日本法人であるかドイツ法人であるかなど）は意味をもたない（1条(3)）。なお，「営業所」の意味自体は解釈問題であるが，当事者が複数の営業所を有する場合には，契約および履行に最も密接な関係を有する営業所が基準とされる（10条）。**【設例3－1～3－3】**のいずれも，売買契約の当事者の営業所は異なる国に所在するため，国際契約に該当する。

(2) 条約関連性（1条）　第2に，CISGの適用は，売買契約がCISGと一定の関連性を有する場合に限られる（1条(1)(a)および(b)）。具体的には，CISGは，(a)当事者の営業所所在地国が「いずれも締約国である場合」，または，(b)「国際私法の準則によれば締約国の法の適用が導かれる場合」に限り，適用される。これは，ハーグ統一売買法の下で，当事者双方が非締約国に所在する場合であってもハーグ統一売買法の適用が認められていたため，当事者の予見可能性を害するとして強い批判がなされていたことに対応したものである。

(b)の「国際私法」とは，法廷地の国際私法をいい，日本で裁判する場合には，「法の適用に関する通則法」（通則法）7条以下の規定がこれに該当する。通則法によれば，当事者が売買契約の準拠法を指定している場合には当該法が準拠法とされる（通則法7条・9条）が，当事者による準拠法指定がない場合には，たいてい「特徴的な給付」を行う売主の事業所所在地法が準拠法とされよう（通則法8条）。

なお，95条に基づき1条(1)(b)の規定に拘束されない旨の留保を宣言した国（米国や中国など）の裁判所で裁判が行われる場合，(b)の条件を満たしていてもCISGは適用されない。これに対し，日本の裁判所で裁判が行われ，通則法（国際私法）によって米国法や中国法が準拠法となる場合，「『締約国』の法の適用が導かれる場合」としてCISGを適用してよいか否かについては，学説上争いがあり，裁判所の立場も不明である。

【設例3－1】の場合，日本も中国も締約国であるため，XYの売買については1条(1)(a)によってCISGが適用される。XZの売買については，英国が非締約国であるため，1条(1)(a)の条件には該当せず，通則法によって準拠法をみる必要があるが，当事者が締約国である日本法を準拠法として指定しているのであれば，1条(1)(b)によってCISGが適用されることになろう。

(3) 物品（2条）　第3に，CISGは，「物品」の売買を対象とするが，すべての「物品」売買に適用されるわけではない。「有価証券，商業証券又は通貨」,「船，船舶，エアクッション船又は航空機」,「電気」を目的物とする売買については適用除外とされている（2条(d)(e)(f)）。ただし，2条(d)の「有価証券」には「船荷証券」は含まれず，したがって船荷証券の売買にはCISGの適用があることに注意を要する。

「物品」の定義規定はなく解釈問題であるが，引渡時に「有体動産」であるものをいい，知的財産，会社持分，債権などの無体財産は含まないと解するのが多数説である。もっとも，物品概念を広く解して無体財産にもCISGを適用すべきとの見解や，コンピュータ・ソフトウェアも物品に含まれるとの見解も主張されている。

(4)　売買契約（2条・3条）　　第4に，CISGは,「売買契約」を対象とするが，すべての「売買契約」に適用されるわけではない。まず,「個人用，家族用又は家庭用に購入された物品の売買」すなわち「消費者売買」が適用除外とされている（2条(a)）。この結果，原則としてCISGは商事売買だけを対象とすることになる。つぎに，各国で特別な法に服する契約類型である,「競り売買」および「強制執行その他法令に基づく売買」も適用除外とされている（2条(b)および(c)）。

「売買契約」の定義規定もないが，売主・買主の基本的義務を定める規定（30条・53条）が参考となる。売買契約の概念との関係で，製作物供給契約や役務提供を伴う物品供給契約（たとえばプラント輸出）などにCISGの適用があるかが問題となる。いずれの場合にも，加工や役務供給の部分よりも物品引渡の部分が主要な内容であれば売買の性格が強いといえるため，CISGが適用されよう（3条）。主要な内容か否かの判断は，経済的価値を基準とするとの見解が有力である。

(5)　規律事項（4条・5条）　　第5に，CISGの規律対象は，売買契約の成立，および，売主・買主の間の権利義務の問題だけである。契約の有効性や目的物の所有権移転などの問題について，CISGは規律しない（4条）。ただし，各国法上，契約の有効性とされる問題であっても，CISGで規律済みのものがある。たとえば，契約の原始的不能の問題について，CISGでは契約が有効であることを前提とした上で当事者間の権利義務を処理している（68条参照）。また，英米法諸国における約因（consideration）の要件や書面の要件についても，CISGではこれらを意図的に排除している（11条参照）。したがって，これらの問題については，CISGの適用があることになる。

なお，人身傷害などに関する製造物責任の問題もCISGの規律対象外である（5条）。国によっては製造物責任についても「契約責任」と構成する国があることから，明示的に除外したのである。

CISGの規律対象外の問題については，通常，法廷地の国際私法によって準拠法を決定し，判断することになろう。

(6) 当事者自治（6条）　第6に，当事者は，合意によりCISGの適用を排除することができる（6条）。その意味でCISGは任意規定である。明示の排除だけでなく，黙示の排除も可能であると解されている。

CISG 1条～5条の適用条件を満たす契約において当事者が準拠法を指定した場合，当事者の意思を解釈する必要がある。非締約国の法を指定した場合には，原則として，CISGの適用を全面的に排除して当該非締約国の法による意思と認定されよう。締約国の法を指定した場合には，原則としてCISGの適用を求めた上で，CISGの欠缺を補充する準拠法（7条(2)参照）を指定したものと認定されよう。

CISGの規定と異なる内容の約定を当事者がした場合，当該約定が優先する。したがって，当事者がインコタームズを使用する場合，物品の引渡地や危険の移転時期などについては，CISGの規定ではなく，インコタームズの内容が優先することになる。

総　則（第2章）　第1部第2章「総則」は，① CISGの解釈と補充，②当事者の意思解釈，③慣習・慣行の効力，④営業所（前述参照），⑤契約方式の自由と制限について規定する。

(1) CISGの解釈および補充（7条）　第1に，CISGの各規定を解釈する際には，① CISGの国際的性格，②適用における統一性，③国際取引における信義の遵守（信義則）を考慮しなければならない（7条(1)）。すなわち，まず，各規定の解釈において，各国の国内法上の法概念や解釈方法に拘束されず，自律的な解釈であって，かつ，他国の裁判所・仲裁廷が下した先例を考慮することが，国際性・統一性から要請される（他国の先例の調査・理解を容易にするため，UNCITRALのウェブサイト上でCLOUTとよばれる判断例の要約が提供されている）。つぎに，過度に硬直な文言解釈も，信義則の見地から排斥される。

第2に，CISGの「欠缺」（すなわち規律対象事項であるが明示的に解決されていない問題）については，まずはCISGの「基礎を成す一般原則」に従い，この原則がない場合，つぎに「国際私法の準則により適用される法」に従って解決される（7条(2)）。何が「基礎を成す一般原則」であるのかについては明確でないが，当事者の自治，信義則，合理性，相互協力義務，情報提供義務などが一般原則に該当すると主張されている。また，「ユニドロワ国際商事契約原則」がこの一般原則に該当するとの見解もある。CISGの基礎を成す一般原則がない場合には法廷地の国際私法（日本では通則法7条以下）により選定された準拠法が適用される。たとえば，利息請求権についてはCISG78条で規定されているが，その利率については明示されておらず，CISGの基礎を成す一般原則も見当たらないとすれば，最終的に，契約準拠法が規定する法定利率によることになろう。

(2)　当事者の意思解釈（8条）　CISGの各規定は，原則として，当事者が別段の約定をしていない場合に補充される任意規定にすぎない（6条参照）。そこで，当事者の意思の解釈が重要な問題となる。CISGは，相手方が表意者の意図を知っているはずである場合には，表意者の意図に従って解釈するという主観的基準を採用する（8条(1)）。主観的基準が適用できない場合には，つぎに，客観的基準による。すなわち「相手方と同種の合理的な者が同様の状況の下で有したであろう理解に従って解釈する」（8条(2)）。したがって，表意者が申込みにおいて契約価格を誤表示し，相手方が表意者の真意を知りえないままに承諾して契約が有効に成立した場合，合理的な者の理解に従い，契約価格が決定されることになる。なお，主観的・客観的基準のいずれの場合にも，「当事者の意図又は合理的な者が有したであろう理解を決定するに当たっては，関連するすべての状況（交渉，当事者間で確立した慣行，慣習及び当事者の事後の行為を含む。）に妥当な考慮」を払わなければならない（8条(3)）。したがって，申込みに対する沈黙は，それ自体では承諾とみなされない（18条(1)参照）が，当事者間で確立した慣行などがある場合には，承諾があったと解されることもありうる。

(3)　慣習・慣行の効力（9条）　国際取引においては慣習・慣行の果たす

役割が大きく，当事者がこのような慣習・慣行に依拠することも多い。まず，当事者が「合意した慣習」や「当事者間で確立した慣行」がある場合には，CISG の任意規定性（6条参照）に鑑みて，当事者の意思に基づく当該慣習・慣行が優先されるのが当然であるから，当事者はそれに拘束される（9条(1)）。つぎに，当事者が合意していない慣習についても，当事者双方が認知すべき慣習で，「国際取引において，関係する特定の取引分野において同種の契約をする者に広く知られ」（国際周知性），かつ，「それらの者により通常遵守されている」（一般遵守性）ものであれば，当事者が契約またはその成立に適用する黙示の意思を有していたと解するのが合理的である。そこで，CISG は，当事者による別段の合意がない限り，このような慣習についても当事者を拘束することとした（9条(2)）。

(4) 契約方式の自由と制限（11条～13条）　CISG は，「売買契約は，書面によって締結し，又は証明することを要しないものとし，方式について他のいかなる要件にも服さない」（11条）と規定し，方式自由の原則を定める。方式自由の原則は，契約の成立だけでなく，契約の変更・終了の場合にも妥当する（29条参照）。方式自由に対する制限として，CISG は，12条と96条の留保宣言を定める。すなわち，書面を要求する法令を有する締約国は，方式自由を定める11条，29条または第2部の規定を適用しないことを宣言することができ（96条），当事者の一方が当該締約国に営業所を有する場合には，これらの規定は適用されない（12条）。これらの規定が適用されない場合，国際私法によって選定された準拠法によると解するのが多数説である。そのため，12条が適用される場合であっても，当該締約国ではない国の法が準拠法とされ，当該準拠法が方式自由を認めている場合には，結果的には CISG11条などと同様に方式自由が認められることになる。

なお，「電報及びテレックス」は「書面」とされる（13条）。電子メール等も書面と解すべきであるとの見解が有力である。

Ⅲ　売買契約の成立（第2部）

CISG 第2部「契約の成立」は，申込みと承諾の合致により契約が成立するとの前提で，①申込み，②承諾，③契約の成立時期，④意思表示等の到達の意味に関する規定をおく。なお，契約成立の形式的要件である方式については前述した。

申込み（14条～17条）

第1に，「契約を締結するための申入れ」が「申込み」とされるには，①特定性，②明確性，③拘束性の3要件を満たす必要がある（14条）。すなわち①「一人又は二人以上の特定の者」に対してしたものでなければならず，それ以外の不特定の者などに対してしたものは，原則として，単なる「申込みの誘引」とされる。②申入れの内容が明確であって十分に確定したものでなければならない。物品，数量および価格の3要素が示されていれば十分に確定したものとされる。③申入れは，「承諾があるときは拘束されるとの申入れをした者の意思が示されて」いなければならない。

第2に，申込みは，相手方に到達した時に効力を生ずる（15条）。申込みの効力発生後であっても，契約締結前であれば，原則として，申込みの「撤回」が可能である。ただし，承諾期間の定めその他の方法により撤回できないものであることを示している場合や，相手方が撤回できないものであると信頼したことが合理的で，かつ，当該相手方が申込みを信頼して行動した場合には，撤回できない（16条）。もっとも，申込みが撤回できないものである場合であっても，相手方による拒絶通知が申込者に到達した時には，申込みの効力は消滅する（17条）。また，同様に申込みが撤回できないものである場合であっても，申込みの到達前（つまり申込みの効力発生前）であれば，申込みの「取りやめ」によって，申込みの効力発生を阻止することができる（15条(2)）。

【設例3－2】では，Xの標準契約書式をYに郵送した行為は，申込みの3要件を満たしており「申込み」とされ，Y社に到達した時点で申込みの効力が生ずる。

承諾（18条～22条）および契約の成立（23条）

第1に，申込みに対する同意を示す相手方の言明その他の行為は承諾とされる。沈黙はそれ自体では承諾とならない（18条(1)）。承諾の効力発生時は，同意の表示が申込者に到達した時である（18条(2)）。ただし，申込者に通知することなく，物品発送または代金支払などの行為を行うことで同意を示すことができる場合には，当該行為が行われた時に承諾の効力が生ずる（18条(3)）。なお，承諾の効力発生前であれば，承諾の「取りやめ」によって，承諾の効力発生を阻止することができる（22条）。

第2に，変更を加えた承諾は，申込みの拒絶であるとともに反対申込みとなる。ただし，その変更が申込みの内容を「実質的に変更」しない場合には，申込者が異議を述べない限り，承諾となり，承諾の内容が契約の内容となる。「実質的に変更」したか否かの基準が重要となるが，CISGによれば，代金，支払，物品の品質・数量，引渡しの場所・時期，当事者の責任限度，紛争解決に関する条件などに関する変更は，実質的な変更とされる（19条）。

第3に，遅延した承諾は，原則として効力を有しないが，申込者が承諾として扱うことを承諾者に遅滞なく通知した場合には，承諾としての効力を有する。これに対して，承諾を記載した書面で，通信状態が通常であったとしたならば期限内に到達したはずであったものは，申込みがすでに失効していたことを，申込者が承諾者に遅滞なく通知した場合を除き，承諾としての効力を有する（21条）。

第4に，契約の成立時期は，「承諾の効力発生時」である（23条）。承諾の効力発生時については前述した。

【設例3－2】で，Yによる標準契約書式の返送は，Yの書式では紛争解決に関する条項がXの申込み内容と相違していることから「実質的な変更」とされ，申込みの拒絶であるとともに反対申込みとされよう。したがって，この時点では承諾が欠けており，XYの契約は有効に成立していないと解される。その後，Xが物品の発送などを行った場合には，Yによる反対申込みに対してXが承諾したものとされてXYの契約が有効に成立し，Y社の標準契約書式の内容が契約内容とされよう。

意思表示の到達（24条）

前述の通り，CISGが到達主義をとっているため，申込み・承諾の意思表示等が相手方に「到達した時」が重要となる。到達した時とは，意思表示が相手方に対して口頭で行われた時，または，相手方個人，相手方の営業所・郵便送付先（あるいは常居所）に対して意思表示が届けられた時とされている（24条）。

Ⅳ　売主・買主の権利義務（第3部）

第3部「物品の売買」は，有効に成立した売買契約から生ずる売主・買主の間の権利義務の問題を規律する。

総　則（第1章）

第1章「総則」は，①「重大な契約違反」の意味（25条），②契約解除の方法（26条），③通信の遅延・誤り・不到達の場合の扱い（27条），④現実の履行を命ずる判決を下す義務の有無（28条），⑤契約の変更・終了の方法（29条）を規定する。

第1に，当事者が契約またはCISGに基づく義務を履行しない場合，当事者の過失の有無にかかわらず契約違反となる（45条・61条参照）が，その中でも「重大な契約違反」は，契約解除（49条・51条・64条・72条・73条など），代替品引渡請求（46条），危険移転後の救済方法（70条）などの要件となっている重要な概念である。「重大な契約違反」について，CISGは，「相手方がその契約に基づいて期待することができたものを実質的に奪うような不利益を当該相手方に生じさせる」場合の契約違反をいうと定める（25条）。ただし，「契約違反を行った当事者が，そのような結果を予見せず，かつ，同様の状況の下において当該当事者と同種の合理的な者がそのような結果を予見しなかったであろう場合」は，重大な契約違反とはされない。契約違反が重大なものであるか否かは，当該契約の下で，相手方の不利益の程度に基づいて判断される。軽微な義務違反（たとえば，僅かな履行遅延）であっても重大な契約違反となることがある（履行日がとくに重要であった場合）。

第2に，契約解除を行うためには，相手方に対する通知を行わなければならない（26条）。契約の存否に関する当事者間の認識の相違を回避するためであり，明示の通知を要するとの見解が有力である。

第3に，通信の遅延・誤り・不到達の場合，通知が状況に応じて適切な方法で発信されている限り，相手方がリスクを負うことになる（27条）。第2部の契約締結段階においては，前述の通り，申込み・承諾に関して到達主義が原則とされている（15条(1)・18条(2)）。これに対して，第3部（物品の売買）の場合には，発信後のリスクを相手方が負うという意味で，発信主義が原則とされていることに注意を要する。

第4に，現実の履行を命ずる判決を下す義務の有無について，CISGは，各国の国内法に準拠することを認める（28条）。英米法系諸国などの裁判所では，契約違反に対する救済方法としては金銭賠償が原則とされており，現実の履行（＝特定履行 specific performance）を命ずることが限定的であることから，そのような実務を許容したのである。したがって，どの国の裁判所で訴訟をするかにより，現実の履行が命ぜられるか否かが異なってくる。

第5に，契約の変更・終了の方法についても，CISGは，契約の成立における方式の自由（11条参照）と同様，合意のみによって行うことができることを原則とする。ただし，契約の変更・終了を書面で行う旨の条項が契約書で規定されている場合には，書面で行わなければならない（29条）。また，12条・96条の留保がある点も前述した。

売主の義務（第2章）

CISGは，売主の基本的義務として，①物品の引渡し，②書類の交付，③所有権の移転の3つを定める（30条）。

(1) 物品の引渡し（31条〜33条）　第1に，物品の引渡しの場所および引渡義務の内容については，当事者の約定があればそれによる（6条参照）。当事者がインコタームズを使用する場合，インコタームズに従うことになる。当事者の約定がない場合，次の(a)から(c)に応じて引渡場所・引渡義務が決定される。すなわち，(a)売買契約が物品の運送を伴う場合は，買主に送付するための最初の運送人への物品の交付，(b)運送を伴わない場合で，特定物，特定在庫からの不特定物または製造・生産が行われる不特定物を目的とし，当該物品の存在場所または製造・生産の場所を当事者双方が契約締結時に知っていたときは，当該場所で物品を買主の処分に委ねること，(c)それ以外の場合は，契約締結時の売主の営業所所在地で物品を買主の処分に委ねることで，売主の引渡義務が履行される（31条）。

なお，引渡しに付随する売主の義務として，(1)物品を運送人に交付した場合に，買主に対して物品を特定した発送の通知を行う義務，(2)売主が運送を手配する義務を負う場合に，適切な運送契約を締結する義務，(3)買主の要求に応じて，買主が保険を付するために必要な情報を提供する義務が定められている（32条）。

第2に，引渡時期については，(a)当事者間で「期日」が約定されている場合は，その期日に，(b)「期間」が約定されている場合は，原則としてその期間内のいずれかの時に，(c)その他の場合は，契約締結後の合理的な期間内に，引渡しを行わなければならない（33条）。

(2)　書類交付（34条）　国際売買では，通例，物品受取りや輸入通関などに必要とされる船積書類その他の書類を売主から買主へ交付することが必要となる。売主は，約定に従った場所・時期・方法で，このような書類を買主に交付する義務を負う（34条）。

(3)　物品適合性（35条〜40条）　売主が買主に引き渡した物品は，①契約に適合したもの（物品適合性）であり，かつ，②第三者の権利・請求の対象となっていないもの（権利適合性）であることを要する。

物品適合性に関して，売主は，「契約に定める数量，品質及び種類に適合し，かつ，契約に定める方法で収納され，又は包装された物品」を引き渡さなければならない（35条(1)）。CISGでは，異種物の引渡し（契約目的物が砂糖だったのに塩を引き渡す場合など）であっても，引渡義務自体は履行されたことになり，あとは物品適合性の問題とされる。数量については，不足の場合だけでなく超過の場合であっても，契約中の過不足許容条項の範囲内に収まっているときを除き，不適合となる。なお，数量超過の場合，買主は，超過部分の引渡しの受領を拒絶することができるが，拒絶せずに受領したときには，超過部分についても契約価格に応じて代金の支払義務を負うことに注意を要する（52条(2)を参照）。

物品の品質・機能，収納・包装などの詳細が契約内容で定まっていない場合には，物品は，つぎの要件を満たす必要がある。すなわち，(a)通常使用目的への適合性，(b)売主に知らされていた特定目的への適合性，(c)見本・ひな形との同質性，(d) 収納・包装の適切性の4要件である（35条(2)）。(a)の通常使用目的への適合性は，社会通念に従い，物品の種類や当事者の属性等に応じて個々に判断される。とくに各国の公法的な規制に関して，どの国の規制に適合する必要があるかが問題となる。多数説によれば，売主は，特段の事情のない限り，買主の営業所のある国や物品が使用・転売される国の公法上の規制に適合した物品を引き渡す義務を負わないと解されている。買主国や使用地国の細かな公法上の規制を知っていることを，売主に期待することができないからである。なお，買主が売主に対して特定の公法上の規制について伝えていた場合には，(b)の問題となろう。(b)の特定目的は，契約締結時に買主が売主に対して明示的または黙示的に知らせていなければならない。売主が特定目的を現実に認識していたことまでは要求されず，合理的な売主であれば認識できたことで十分である。(b)が適用されるためには，さらに，買主が，売主の専門的な技能・判断に依存し，かつ，その依存が合理的であったことも必要である。(c)の見本・ひな形との同質性は，売主が買主に対して見本・ひな形を示していた場合に限り要求される。また，(d) の収納・包装の適切性の要件には，運送上の適切な取扱に必要なラベル等の添付も含まれる。

なお，契約締結時に，買主が不適合を知っていたか，または知らないことがありえなかった場合には，売主は当該不適合の責任を負わない（35条(3)）。

物品適合性を判断すべき基準時は，原則として，売主から買主への危険の移転時である（36条(1)）。不適合の発見時は意味をもたない。危険の移転時は，当事者の合意があれば，それによる。たとえば，当事者がインコタームズを援用している場合には，インコタームズが定める危険の移転時が，適合性の判断基準時となる。当事者の合意がない場合には，CISG 第 3 部第 4 章（66条から70条を参照）が定める危険の移転時（後述）による。

危険の移転後に不適合が判明した場合でも，重要なのは危険の移転時に不適合が存在していたかどうかである。危険移転後に生じた不適合について売主の責任が認められるのは，売主の義務違反によって生じたものに限られる。もっとも，売主の義務違反には，物品が一定期間品質等を保持するとの保証に対する違反も含まれる。たとえば，機械の売主が引渡後 5 年間の無故障を保証する場合には，たとえ危険移転後の原因によって機械が故障したときでも，その故障が生じたのが引渡後 5 年以内である限り，売主は不適合についての責任を負う（36条(2)）。

不適合に関する売主の責任を追及するためには，買主が，不適合を発見し，または発見すべきであった時から合理的な期間内（または買主が物品の現実の交付を受けた時から 2 年以内）に，売主に対して不適合の通知をすることが必要である（39条）。買主が不適合を「発見すべきであった時」とは，38条の定める物品の検査期間の満了時，または，検査をしなくても明らかな不適合については引渡時のことをいう。

【設例3－3】では，売主Xの引き渡した物品の適合性が問題となる。契約で品質を詳細に約定していないため，35条⑵の基準に従って判断される。前述のとおり，多数説によれば，⒜の通常使用目的に関して，売主は買主国や使用地国の法令に適合する物品の引渡しを要求されない。したがって，Xは，ドイツ法上の規制に適合した物品を引き渡す義務を負わない。また，Yがドイツでの販売を予定している旨を事前にXに伝えていることから，⒝の特定使用目的も問題となる。しかし，具体的な法令内容を伝えておく必要があると解する立場からは，単に使用地を伝えただけでは不十分であり，やはり当該物品は不適合なものと判断されないものと解される。

⑷　権利適合性（41条～43条）　　権利適合性に関して，第1に，売主は，第三者の権利・請求の対象となっていない物品を引き渡す義務を負う（41条。ただし，知的財産権に基づく第三者の権利・請求については，42条による）。売主が契約締結時に，第三者の権利・請求の存在をまったく知らなかったとしても，売主は責任を負う（知的財産権に関する42条と対比）。買主の目的は，使用・処分が完全にできる物品を取得することであるから，売主には物品の所有権を移転する義務がある（30条参照。ただし，売却された物品の所有権について契約が有しうる効果については，4条⒝でCISGの対象外とされている）。41条は，権利適合性に関する売主の責任を定めることで，物品の所有権移転義務を側面から実質的に実現する機能を有する。

第2に，売主は，契約締結時に当事者双方が想定していた転売・使用先の国（このような想定がない場合には，買主の営業所国）の知的財産権に基づく第三者の権利・請求に服しない物品を引き渡す義務を負う（42条）。ただし，当該知的財産権について，売主が契約締結時に知り，または知らないことはありえなかった場合に限られる。逆に，当該知的財産権に関して，買主が契約締結時に第三者の権利・請求を知りまたは知らないことはありえなかった場合や，買主の設計等の指定に売主が従ったことによって第三者の権利・請求が生じた場合には，売主は責任を負わない。知的財産権については各国の法内容が多様であり，売主にすべての法制への調査・配慮を期待できないこと，物品の利用地・

処分地を決定するのは買主であることなどを考慮し，41条と比べて，売主の負担を軽減しているのである。

第3に，権利適合性の判断基準時は，物品の引渡時と解されている。なお，物品不適合の場合と同様に，権利不適合についても合理的な期間内に売主に対して通知をしなければ，買主は売主の責任を追及することができない（43条）。

(5) 買主の例外的救済（44条）　物品不適合についても権利不適合についても，前述の通り，買主は，売主に対して適時に適切な通知をしなければ救済を主張することができない（39条・43条）。ただし，通知を行わなかったことについて合理的な理由を有する場合には，買主は，代金減額（50条参照）または損害賠償請求（得るはずであった利益の喪失の賠償を除く）に限り，することができる（44条）。

(6) 買主に与えられる救済（45条〜52条）　売主が契約またはCISGに基づく義務を履行しない場合（＝売主の契約違反があった場合），買主には，救済として，①履行請求権（代替品引渡請求権および修補請求権を含む），②契約解除権，③代金減額権，④損害賠償請求権の4つの権利が与えられる（45条）。これらの4つの権利は，矛盾しない限り，並行して行使することができる。買主が上記4権利を行使する要件として，売主に故意または過失があることは必要とされない。売主の契約違反は無過失責任である。

第1に，買主は，売主に対して義務の履行を請求することができる（46条(1)）。ただし，法廷地国が現実の履行を命ずる裁判をする義務を負わないことがありうる（前述・28条参照）。不適合の場合には，重大な契約違反（25条参照）であるときに限り，代替品の引渡しを請求できる（46条(2)）。また，不適合の場合には，不合理でない限り，修補請求を行うことができる（46条(3)）。

第2に，売主の重大な契約違反（25条参照）の場合，買主は，契約解除の意思表示をすることができる（49条(1)(a)）。また，重大な契約違反でなくとも，引渡しがない場合で，買主が履行のための付加期間を定めたにもかかわらず，当該期間中に売主が物品を引き渡さないときは，買主は契約解除を行うことができる（49条(1)(b)）。なお，解除を行うためには，相手方に通知をしなければならない（前述・26条参照）。解除の効果については，後述する。

第3に，不適合の場合，買主は，代金を減額することができる（50条）。すなわち，現実に引き渡された物品と本来の契約に適合する物品との間の引渡時における価値割合に応じて，契約代金から減額することができる。代金減額権は，経済的損害の有無にかかわらず行使できるものであり，契約締結後に市場価格が暴落しているときでも，契約代金を基準とした調整が許される。他方で，代金減額権の行使によっても被った損害を回復できないときは，別途，損害賠償請求が可能である。損害賠償額の算定について当事者間で争いがある場合などにおいて，さしあたりの策として，買主にとって有益な救済方法となる。

第4に，買主は，損害賠償を請求することができる。損害賠償の額については，後述する。

【設例3－3】では，売主Xの契約違反（物品不適合）があったと仮定すれば，買主Yは，代替品引渡請求権（重大な契約違反の場合に限る），代金減額権，契約解除権（重大な契約違反の場合に限る），損害賠償請求権などを行使することができる。

買主の義務（第3章）　CISGは，買主の基本的義務として，①代金の支払と，②引渡しの受領を定める。

(1)　代金の支払（54条～59条）　第1に，代金を支払う買主の義務には，支払を可能とするため，契約または法令に従って必要とされる措置をとるとともに手続を遵守することが含まれる（54条）。たとえば，信用状の発行依頼や送金許可申請を行うことなどである。第2に，契約で代金が決まっていない場合には，関係する取引分野において同様の状況の下で売却された同種の物品について，契約の締結時に一般的に請求されていた価格を黙示的に適用したものとされる（55条）。第3に，代金の支払場所については，①当事者の約定によるが，そのような約定がない場合には，②物品または書類の交付と引換えに代金を支払うべきときは，当該交付が行われる場所，③それ以外のときには，売主の営業所で代金を支払う（57条）。第4に，代金の支払時期についても，当事者の約定によるが，そのような約定がない場合には，物品またはその処分を支配する書類を買主の処分に委ねた時に，代金を支払わなければならない（58条(1)）。また，買主は，別段の約定がない限り，物品を検査する（38条の不適合発見のための検査とは異なり，簡易的，表面的な検査に限る）機会を有する時まで代金を支払う義務を負わない（58条(3)）。なお，催告は不要である（59条）。

(2) 引渡しの受領（60条）　CISGによれば，買主は，引渡しを受領する義務を負う。具体的には，売主による引渡しを可能とするために買主に合理的に期待することのできるすべての行為を行い，物品を受け取ることである（60条）。

(3) 売主に与えられる救済（61条〜65条）　買主の契約違反がある場合，売主には救済方法として，①履行請求権（62条），②契約解除権（64条），③損害賠償請求権が与えられる（61条）。第1に，売主の履行請求権として，代金の支払，引渡しの受領その他の義務の履行を買主に対して請求することができる（62条）。ただし，引渡しの受領などの現実の履行命令を下さない裁判所がありうる（前述・28条参照）。第2に，売主は，①買主の重大な契約違反の場合または②売主が定めた付加期間内に買主が義務を履行しない場合には，契約解除を行うことができる（64条）。解除を行う場合，相手方への通知が必要である（26条）。第3に，売主は，買主に対して損害賠償請求をすることができる。損害賠償の額については後述する。

危険の移転（第4章）　物品の適合性の判断基準時は危険の移転時であるから（前述・36条），危険の移転前に物品の損傷が発生した場合，売主は依然として適合物を引き渡す義務を負い，損傷した物品を引き渡せば，契約違反の責任を負うことになる。これに対して，買主への危険の移転後に物品の損傷が発生した場合，原則として売主の適合物引渡義務は果たされており，買主は，代金を支払う義務を免れない（66条）。同様に，危険の移転前に物品が滅失した場合，売主は依然として物品を引き渡す義務を負うが，買主への危険の移転後に物品が滅失した場合には，買主は代金支払義務を免れないのが原則である。そこで危険の移転時が重要となる。

第1に，当事者が危険の移転時について約定した場合には，その約定による（6条参照）。当事者がインコタームズを利用した場合，危険の移転についてもインコタームズによる。第2に，当事者の約定がない場合，つぎによる。まず，物品の運送を伴う売買契約の場合で，①売主が特定の場所で物品を交付する義務を負うときは，その場所で運送人に物品を交付する時に危険が移転し，②特定の場所で物品を交付する義務を負わないときは，買主に送付するために売主が物品を最初の運送人に交付した時に危険が移転する（67条(1)）。ただし，いずれの場合であっても，物品が契約上の物品として明確に特定される時まで，危険は移転しない（67条(2)）。つぎに，運送中の物品の売買契約の場合は，原則として，その契約の締結時に危険が移転する（68条）。その他の場合には，買主が物品を受け取った時（買主が期限までに物品を受け取らないときは，物品が買主の処分に委ねられ，かつ，引渡しを受領しないことによって買主が契約違反を行った時）に，危険が移転する（69条）。

なお，売主が重大な契約違反を行った場合には，危険の移転後であっても，買主は，契約違反に基づく救済を求めることができる（70条）。

売主および買主の義務に共通する規定（第5章）

(1) 履行期前の違反および分割履行契約（71条～73条）　第1に，相手方の履行能力・信用力の著しい不足や相手方の履行準備・行動からみて，相手方が義務の実質的な部分を履行しないことが契約締結後に明らかになった場合，当事者は，自己の義務の履行を停止することができる（履行停止権。71条）。第2に，相手方が重大な契約違反を行うことが履行期日の前に明白である場合，当事者は，契約の解除の意思表示をすることができる（履行期前の契約解除権。72条）。第3に，物品を複数回に分けて引き渡す契約（分割履行契約）において，いずれかの引渡部分について重大な契約違反が生じた場合，当事者は，当該部分について解除することができる（73条(1)）。いずれかの分割部分に関する不履行が，将来の分割部分について重大な契約違反の発生を推断させるのに十分な根拠を与える場合，当事者は，将来に向かって契約を解除することができる（73条(2)）。

(2) 損害賠償（74条～77条）　契約違反があった場合，相手方には損害賠償請求が認められることは前述した。問題となるのは損害賠償の額である。第1に，損害賠償の額は，契約違反により相手方が被った損失（得るはずであった利益の喪失を含む）に等しい額である。損害賠償の額は，契約違反を行った当事者が契約締結時に知り，または知っているべきであった事実・事情に照らして，当該当事者が契約違反から生じうる結果として契約締結時に予見すべきであった損失の額を超えることができない（74条）。第2に，契約の解除後，合理的な方法で，合理的な期間内に代替取引が行われた場合，契約価格と代替取引の価格との差額を，損害賠償として請求することができる（75条）。それ以上の損害があるときは，これも請求することができる。契約解除後に代替取引が行われなかった場合，契約代金と解除時における物品の時価との差額が，損害賠償算定の基礎となる（76条）。

なお，契約違反を援用する当事者は，相手方の違反から生ずる損失を軽減するため，その状況下で合理的な措置をとらなければならない。そのような措置をとらなかった場合，契約違反をした当事者は，軽減されるべきであった損失額を損害賠償の額から減額することを請求することができる（損害軽減義務。77条）。

⑶　利息（78条）　代金その他の金銭の支払義務を遅滞した場合，その損害についても賠償請求を行うことができるが，その損害額の決定には困難が伴う。そこで，CISGは，金銭支払義務の遅滞についても損害賠償請求できることを明確にした上で，遅延利息の請求権を認める（78条）。利息は，損害額の決定に一定の目安を与えることができるからである。もっとも，CISGは利息の計算方法については規定していない。したがって，利率の決定は，国際私法によって指定される売買契約の準拠法に委ねられる（７条⑵）。

⑷　免責（79条・80条）　CISGは，免責に関して，２つの事由を規定する。第１は，不可抗力免責（79条）であり，①不履行が自己の支配を超える障害によるものであること，②契約締結時に当該障害を考慮することが合理的に期待できなかったこと，③当該障害をまたはその結果を克服しまたは回避することが合理的に期待できなかったことが，その要件である。履行補助者を使用した場合には，当事者自身だけでなく補助者についても上記３要件を充足することを要する。注意すべきは，免責されるのは損害賠償だけである点である。不可抗力免責が認められる場合でも，相手方は契約解除権や代金減額権などを行使できるのである。第２の免責事由（寄与免責）は，不履行が相手方の作為または不作為によって生じた場合である（80条）。寄与免責の場合には，不可抗力免責とは異なり，相手方は損害賠償請求だけでなく契約解除や代金減額などの救済も主張できない。

⑸　解除の効果（81条〜84条）　契約が解除された場合，当事者は，損害賠償義務を除くほか，契約上の義務から解放される。ただし，契約中に含まれていた紛争解決条項，損害賠償額の予定条項，免責条項などは，解除によっても影響を受けない。また，当事者は原状回復義務を負い，すでに履行済みの部分

の返還を請求できる（81条）。買主が，受け取った時と実質的に同じ状況で物品を返還することができない場合，買主は，原則として，契約解除権・代替品引渡請求権を失う（82条）。なお，売主は，代金返還に伴い利息を支払う義務を負い，買主は，物品返還に伴い利益を返還する義務を負う（84条）。

(6) 物品の保存（85条～88条）　買主による受領遅滞や代金不払のため，売主が物品の占有・支配を続けている場合，物品の滅失・損傷に関する危険は買主に移っているが（前述・69条(1)），信義則上，売主に物品を保存させることが妥当である。そこでCISGは，このような場合，物品保存に適切な立場にある売主の物品保存義務を定めている（85条）。逆に，買主が物品を受け取った後，不適合などを理由に当該物品を拒絶しようとする場合，買主が物品保存義務を負う（86条）。物品の保存義務を負う当事者は，費用が不合理でない限り，相手方の費用負担により物品を第三者の倉庫に寄託することができ（87条），相手方が義務履行や保存費用の支払を不当に遅滞するときは，保存中の物品を売却することもできる（88条(1)）。なお，物品が急速に劣化しやすい場合や保存に不合理な費用を伴う場合には，むしろ積極的に物品を売却しなければならない（88条(2)）。

第4章

国際運送・保険

売主・買主間で国際的な売買契約が締結されると，つぎに当事者は売買の目的物を移動させるための運送手段を確保する必要がある。そこで売主あるいは買主は，荷主として，運送事業者と運送契約を締結する。このような運送契約については，国際条約が多く成立しており，わが国もそれらを批准し，あるいは国内法化している。他方で，国境を越えた運送においては危険が伴うため，その危険に対するための保険制度が必要となる。本章では，国境を越えた運送と，これに関連する保険についてみていくこととする。

【設例４－１】 船舶所有者Y_1は，その持船である貨物船Ｚ号を，Y_2に定期傭船に出していた。定期傭船者Y_2はさらにＡとの間で航海傭船契約を締結し，これに基づいて航海傭船者ＡはＺ号により穀物をインドネシア船積港から韓国の陸揚港へ運送を行うこととして，船荷証券が発行された。この船荷証券には，上部に定期傭船者たるY_2の表示がなされ，署名は「船長のために（For the Master）」と表示した上で，Ａのインドネシアの代理店が行っていた。船荷証券の所持人である荷受人Ｘが，韓国の陸揚港においてＺ号から荷揚げされた穀物を受け取ったところ，穀物にカビが認められた。そこでＸはY_1とY_2に対して，債務不履行に基づく損害賠償請求の訴えを提起した。本件船荷証券上で，運送人として責任を負うのはだれか。

【設例４－２】 買主Ｘと売主Ａとの売買契約に基づき，Ａは運送人Ｙに貨物を引き渡し，船荷証券の発行を受けた。船荷証券は，貨物が外観上良好な状態で船積みされた旨が記載された，いわゆる「無故障船荷証券」であった。しかし，船荷証券の正当な所持人である買主Ｘが仕向港において貨物を受け取ったところ，貨物に損傷が認められた。そこでＸは運送人Ｙに対し，当該損傷が航海中に生じたものであるとして損害賠償を請求した。この請求は認められるか。①船積時に外観上は良好であった場合はどうか。また，②船積時に外観もすでに破損している状態であったにもかかわらず，運送人が無故障船荷証券を発行していた場合はどうか。

【設例4－3】 荷送人Aは，貨物を船積した後，船荷証券を荷為替手形に組み，買取銀行Xに持ち込んで代金回収をした。当該貨物が船荷証券よりも早く仕向港に到着したため，荷受人Bは，Y銀行を連帯保証人とする銀行保証状を運送人Cに差入れて貨物を受け取った。しかしその後Bは，代金決済ができず，船荷証券を取得できなかった。運送人Cおよび買取銀行Xはどのような対応をすることができるか。

Ⅰ　国際運送

1　国際物品運送とは

国境を越えた物品の運送には，海上物品運送，航空物品運送，陸上物品運送がある。歴史的には海上運送が主流であり，現在も大量のかさ張る貨物の運送には海上運送が多く利用される。また近年，航空技術の発展に伴い，軽量で価額の高い貨物の運送などには航空運送も広く取り入れられつつあり，島国であるわが国にとっては，これらの2つの手段が重要となる。他方で，コンテナやパレットを使用した輸送の発展に伴い，陸上運送も，海上運送や航空運送との組み合わせによる複合運送の形で発展してきており，わが国の国際取引でも利用されている。本節では，海上物品運送，航空物品運送，複合運送を順次取り上げる。

2　国際海上物品運送とは

海上物品運送は，鉄鉱石，鉄鋼製品，原油，自動車などの重量物を大量に運送するのに適している。荷送人または傭船者は海上運送人との間に海上物品運送契約を締結する。この場合の運送人は，実際に船舶を所有，支配，運行している実際運送人（Actual Carrier）のみならず，実際運送人を下請けとして運送事業を行う利用運送人（フレイト・フォワーダー）である場合もある。わが国の立場からみて，船積港，陸揚港のいずれか一方あるいは双方が日本以外の国である契約を，国際海上物品運送契約という。この契約は，⑴個品運送契約，⑵

傭船契約に大別することができる。

契約の種類

(1) 個品運送契約　個品運送契約とは，運送人が荷主から個別の貨物の運送を引き受ける契約で，通常は，一定の航路を定期的に就航する定期船（Liner）によって運送される。小口の貨物の運送にはこの方式が多く利用される。運送人は複数の荷主の貨物を運送し，各荷主は運送人の指定に従い，指定された日時に指定された場所まで貨物を搬入する。本船への積み込み費用は運送人の負担となる。運送人は不特定多数の荷主を相手に迅速な処理を行う関係上，荷主と運送人の間で個別の運送契約書は作成されず，その契約内容は，運送人が発行した船荷証券（Bills of Lading：B/L）の裏面に記載された約款によることとなる。このような約款に記載された契約内容は運送人に有利な条件となる傾向があり，それに対処するために，「船荷証券に関するある規則の統一のための国際条約」（ハーグ・ルール）が作成された（→下記の国際海上物品運送を規律する法(1)）。

(2) 傭船契約（Contract of Carriage of Goods by Charter Party：Charter Party）

傭船者（Charterer）が船主の船舶の全部または一部を借り切って貨物を運送する方式をいう。当事者間に傭船契約書（Charter Party）が交わされるため，この運送方式をCharter Partyと略称することが多い。大量の貨物や，他の貨物と混載することが適切でない貨物を運送する場合に利用され，鉄鉱石，石油，石炭，木材などの運送に用いられる。本船への積み込み費用は，傭船者の負担となる。傭船者の需要に応じた航路や期間で配船される不定期船（Tramper）が用いられることが多いが，場合によっては，定期船の一部を傭船（Partial Charter）することもある。傭船契約にはつぎのものがある。

(a) 航海傭船契約（Voyage Charter Party）　傭船契約の基本的な形態で，傭船者は，特定の一航海または数次航海を対象として，船腹の全部または一部を借り，船主（運送人）が船長，船員等を配乗し艤装も行った船舶を傭船する。荷主傭船ともいわれる。契約に際しては標準契約約款が用いられ，バルチック国際海運同盟によるGENCON 1994や，日本海運集会所による航海傭船契約書NIPPONVOY 1963などが利用される。

(b) 定期傭船契約（Time Charter Party）　傭船者が一定期間，船舶を傭船するものである。船長，船員等の配乗や艤装は船主が行う。傭船者は船舶を用いて自己の貨物の運送，個品運送，航海傭船などによる他人の貨物の運送を行い，あるいはさらに再傭船として定期傭船させる。国際海上運送においては，近年多く利用される方法である。傭船期間中，傭船者は自らの都合にあわせて航路を定め，船舶を配船し運行することができるが，船舶の堪航性の確保などについては船主が船長に対する指揮命令権をもつ。

(c)　裸傭船契約（Bare-boat Charter Party）――船舶賃貸借（Charter Party by demise）　上記(a)(b)はともに，傭船者が船主から船長，船員を配乗させた船舶を傭船するのに対し，こちらは，傭船者が船主から一定期間，船舶そのものだけを賃貸借する契約で，傭船者（船舶賃借人）は船長，船員を選任し，船舶修繕費，保険料等一切を負担する。傭船者は，第三者に対しては船主と同一の権利義務をもつため，このような契約は船舶の賃貸借契約であるとされる。

(d)　再傭船　実務においては，1つの船舶について傭船契約が，再傭船，再々傭船という形で何重にもなされることは多い。たとえばZ号の船舶所有者Aが当該船舶をBに裸傭船し，裸傭船者BはCに定期傭船し，定期傭船者CはDに航海傭船する，といった形である。さらに航海傭船者Dが運送人として複数の荷主との間で個品運送契約を締結することもある。このように何重にもなされた傭船契約においては，誰が運送人として責任を負うのかが問題となりうる。**【設例4－1】**および下記の船荷証券(2)(a)を参照。

国際海上物品運送を規律する法

(1)　国際海上物品運送条約　個品運送契約は，上述したように運送人と小口の多数の荷主との間で交わされることから，運送人が画一的に作成した船荷証券の裏面に記載された約款により，その契約内容が定められる慣習となってきた。その結果運送人が自己に有利な条項を約款中に挿入するケースがみられたことから，契約当事者間の公平を期するため，この分野において国際条約が成立した。その端緒となったのが1924年の「船荷証券に関するある規則の統一のための条約」いわゆる「船荷証券条約」である。ハーグ・ルールとよばれるこの条約は，運送人の免責事由を制限し，その責任の最低限度を定めたもので，船荷証券を用いる個品運送契約についての国際統一法の役割を果たすことをめざしたものである。その後，船荷証券条約は，1968年の議定書によって運送人の責任限度額の引き上げやコンテナ輸送への対応などを盛り込んだ内容に改正され，さらに1979年の議定書によって責任限度額の単位が金からIMF（国際通貨基金）のSDR（特別引出権）に改正された。これら2つの議定書により改正されたハーグ・ルールはハーグ・ウィズビー・ルールとよばれる。

ハーグ・ルールおよびハーグ・ウィズビー・ルールは「商業上の過失」と「航海上の過失」とを区別する。そして「商業上の過失」すなわち運送人が「運送品の受取，船積，積付，運送，保管，荷揚，及び引渡につき注意を怠ったことにより生じた運送品の滅失，損傷又は延着」については運送人に責任を負わせるものの（条約2条・3条2，後述国際海上物品運送法3条1項），「航海上の過失」すなわち「船長，海員，水先人その他運送人の使用する者の航行若しくは船舶の取扱に関する行為」により損害が生じた場合については，運送人を免責する規定をおく（条約4条2(a)，国際海上物品運送法3条2項）。そのため，この点が船主側に有利であるとして，なおも荷主側からの不満が強かった。そこで国際連合により，航海上の過失免責を廃止し運送人の責任を大きく認めた1978年の「国際連合国際海上物品運送条約」いわゆるハンブルグ・ルールが作成された。ハンブルグ・ルールは1992年に発効したが，加盟国は非海運国である発展途上国を中心としており，先進国の加盟はほとんどない。また，元の1924年条約のハーグ・ルールに未だとどまる国もあり，国際海上物品運送に関しては，現在，ハーグ・ウィズビー・ルールを主流としながらも，複数の条約が並存している状況となっている。

(2) 国際海上物品運送法

(a) 法制定の経緯　わが国は当初，1924年のハーグ・ルールを1957年に批准し，同年「国際海上物品運送法（国際海運法）」として国内法化した。その後わが国は1993年に1979年議定書を批准し（これにより1968年議定書の批准の効果も有する），元のハーグ・ルールを廃棄した。国際海運法の平成4（1992）年改正は，この批准に伴うものであり，現在，わが国における国際海上物品運送契約の主要な法源となっている。なお，ハーグ・ルール，ハーグ・ウィズビー・ルールは，船荷証券に関する規則であり，傭船契約は対象としない。これに対しわが国の国際海運法は，船荷証券に限定せず，傭船契約をも範囲に含める規定となっており，これらのルールとは異なる。

平成30（2018）年に国際海運法は改正され，同法の船荷証券規定（旧6条～旧

10条）はすべてわが国の商法に移され，削除された。もっとも，わが国の国際海運法の適用がある場合には，商法上の船荷証券に関する規定が適用される（国際海運法15条）。

(b)　国際私法との関係　　国際海運法は，同法の適用範囲を「船舶による物品運送で船積港又は陸揚港が本邦外にあるもの」として（1条），適用対象が，いわゆる国際的な海上物品運送である旨を規定しているが，同法と国際私法との関係については以下に述べるような議論がある。

国際海運法の元となるハーグ・ウィズビー・ルール10条は，同条約の適用範囲を，異なる2国にある港の間の物品運送で，(1)船荷証券が締約国で作成されたとき，(2)締約国の港からの運送であるとき，(3)運送契約が同条約の規定により規律されるとき，または締約国法を準拠法としているとき，のいずれかの場合と明確に規定する。しかしながら国際海運法は，1条に上述のように規定するのみでこれに対応する規定を欠く。そのため，同法と国際私法との適用関係が問題とされてきた。

国際的な要素を有する法律関係については，一般的に，わが国の国際私法規定である「法の適用に関する通則法（通則法）」により準拠法が決定される。通則法は，国際契約の準拠法決定のために7条以下に規定をおき，同法7条は，原則として当事者の合意により準拠法を定めることを認めている。したがって，国際海上物品運送契約も国際契約である限り，わが国においてはまずは通則法により準拠法を決定し，当事者が日本法を選択した場合に，国際海運法が適用されることになるという主張がある。これが「国際私法優先説」である。

他方で，わが国は締約国として条約適用の義務を負っており，ハーグ・ウィズビー・ルール10条は通則法の特則にあたり，10条の対象となる国際海上物品運送の場合には，国際海運法，すなわちハーグ・ウィズビー・ルールが直接適用されるとする見解もある。これが「統一法優先説」で，契約準拠法にかかわらず，運送人責任の最低限度を強行的に規定する統一法の目的が達成されることを理由とする。

これらの両説がそれぞれ主張されてきたが，わが国における判例は「国際私法優先説」をとっており（東京高判昭和44・2・24など），学説もこちらが多数説である。

❖コラム4-1　ロッテルダム・ルール

国際海上物品運送に関する条約の現状にかんがみ，UNCITRAL（United Nations Commission on International Trade Law: 国連国際取引法委員会）による運送条約すなわち，「全部又は一部が海上運送である国際物品運送契約に関する国際連合条約（United Nations Convention on Contracts for the International Carriage of Goods Wholly or Partly by Sea)」が2008年の国連総会で採択され，2009年9月にロッテルダムで署名された。「ロッテルダム・ルール」とよばれるこの条約は，電子商取引や貨物のコンテナ化の拡大に対応する姿勢をみせ，運送人の責任範囲の拡大を図り，裁判管轄の規定をおくなど，注目すべき点を有する。同条約は20カ国の署名・批准後の1年後に発効することとなっているが，2022年2月の時点で，米国をはじめ25カ国が署名しているものの，批准はスペイン，トーゴ，コンゴ，カメルーンの4カ国とベニン1カ国の加入にとどまっている。わが国は未だ署名はしていないが，条約が発効すれば，未加盟であっても，条約締約国を発着する運送の場合には同条約の適用を受けうることとなり，現行の「国際海上物品運送法」との関係が重要となる。

(3)　国際海運法の規定の内容　　以下では，わが国の国際海運法の規定を中心に主要な点を述べる。

(a)　運送品に対する注意義務　　運送人は運送品の受取，船積，積付，運送，保管，荷揚，引渡について注意義務を負い，それを怠ったことにより生じた運送品の滅失，損傷，延着について損害賠償責任を負う（3条1項)。立証責任は運送人が負担する（4条)。しかしこれらの責任の対象となるのは，上記の「商業上の過失責任」であり，「船長，海員，水先人その他運送人の使用する者の航行若しくは船舶の取扱に関する行為又は船舶における火災（ただし運送人の故意過失に基づくものを除く）により生じた損害」すなわち「航海上の過失」から生じた損害は対象とされない（3条2項)。

(b)　堪航能力　　運送人は，船舶を航海に堪える状態におくことを義務づけられる。その注意を怠ったことによる運送品の滅失，損傷，延着について運送人は損害賠償の責任を負う。立証責任は運送人が負担する（5条)。

(c)　特約の禁止　　本法に定められる運送人の注意義務に関する規定に反する特約がなされたとしても，当該特約が荷送人，荷受人，船荷証券所持人に不利益となるものは無効とされる（11条)。

船荷証券

(1) 船荷証券とは　個品運送契約では，海上運送人が，荷送人から運送品を受取りまたは船積した際にその事実を証明して，船荷証券（Bills of Lading：B/L）を発行する。この点で船荷証券は，契約が成立したこと，契約の内容，運送人が運送品を受取りまたは船積したことを証明する機能を有する。船荷証券はまた，運送人が仕向港においてその正当な所持人に運送品を引き渡すことを約した有価証券でもある。傭船契約については，傭船契約船荷証券（Charter Party B/L）が発行されることもある（後述(3)船荷証券の種類(d)傭船契約船荷証券を参照）。船荷証券は以下に述べるような多様な性質・効力を有する。

(2) 船荷証券の性質・効力

(a) 船荷証券の債権的効力——文言証券性　上述した通り，運送人は船荷証券の正当な所持人に対して運送品を引き渡す義務を負う。船荷証券の正当な所持人は，運送人の債務不履行の場合には，運送人に対し損害賠償を請求することができる（商法760条）。

【設例４－１】のように，船舶が傭船，再傭船されている場合には，船荷証券所持人である荷受人に対して運送人として責任を負うのは船舶所有者か定期傭船者かが問題となる。とくに，船荷証券上部に定期傭船者の表示がなされているときには，これをどのように解するかも問題となる。従来の判例は，定期傭船は船舶賃貸借の要素を含み，平成30（2018）年改正前商法704条１項（現703条１項）の適用があるとして，定期傭船者のみが運送人としての責任を負うと解してきた（大判昭和10・９・４民集14巻1495頁など）。これに対し，本設例と類似のケースであるジャスミン号事件において，最判平成10・３・27民集52巻２号527頁は，定期傭船と船舶賃貸借との違いを検討し，定期傭船においては，「船舶所有者は，船長以下の船員に対する指揮監督権限を保持することにより依然として当該船舶を支配し占有し続けることができる」と指摘して，先例を変更し，定期傭船においては船舶所有者が運送人としての責任を負うと結論した。したがって，**【設例４－１】**において運送人として責任を負うのは，船舶所有者のY_1となる。

なおジャスミン号の事例においては，船荷証券上に，「本船がY_2により所有または裸傭船されていない場合には，これに反する記載にかかわらず，本件船荷証券は，Y_2の代理行為に基づき，本船船主または裸傭船者を契約当事者としてこの者としての契約としてのみ効力を有し，Y_2は，本船船主ないし裸傭船者の代理人としてのみ行為し，上記契約に関するいかなる責任も負わない」とする，いわゆるデマイズ・クローズが挿入されていた。このようにY_2の責任を否定するデマイズ・クローズが，国際海運法11条1項（旧15条1項）に規定される荷送人，荷受人や船荷証券所持人に不利益な特約として無効と解されるかも問題となる。最高裁はこの点につき判断していないが，本件第一審の東京地判平成3・3・19は，当該デマイズ・クローズは旧15条の特約禁止に触れるものではなく，効力を有すると判示している。

(b) 船荷証券の物権的効力——引渡証券性，受戻証券性，処分証券性　運送人が船荷証券を発行したときには，船荷証券と引き換えでなければ運送人に対し運送品の引渡しを請求できない。これを船荷証券の「受戻証券性」という（商法764条）。これにより，船荷証券の引渡しがあった場合には，それによって運送品引渡と同一の効力を有するとする船荷証券の「引渡証券性」が認められる。すなわち，船荷証券の引渡しによって運送品上の所有権，占有権などの物権の移転が生じ，また第三者に対抗しうるとされる（商法763条）。この効力により，荷主は船荷証券を売買することによって運送中の貨物を売買することができる。このように船荷証券に物権的効力が認められたことにより，運送品の処分は船荷証券によってなされねばならないとする「処分証券性」が船荷証券に付与される（商法761条）。なお，この「処分証券性」は，**(4)**に述べる「保証渡」において問題となる。

(3) 船荷証券の種類

(a) 船積船荷証券（Shipped B/L）と受取船荷証券（Received B/L）　貨物が船舶に積み込まれたことを運送人が確認し，その旨の文言が船荷証券に記載されているものを船積船荷証券という。これに対し，貨物の船積ではなく，運送人が貨物を受領した旨の記載のみなされているものを受取船荷証券という。コンテナ貨物の場合には，コンテナ・ヤードにおいて運送人が貨物を受け取り，受取船荷証券を発行するのが一般的である。しかし受取船荷証券では，実際に貨物が船積されたことの確認がとれないため，**第5章**で述べる信用状取引では，銀行は通常，船積船荷証券の呈示を求める。そこで実務上では，受取船荷証券に運送人が船積証明追記（On Board Notation）をすることによって，すなわち船積終了後に船積の日付，船名，運送人の署名等を記載した上で荷送人に交付することによって，船積船荷証券と同じ効果をもたせる扱いがなされている。

(b)　故障付船荷証券（Foul B/L）と無故障船荷証券（Clean B/L）　通常，船荷証券には，貨物が完全な状態で船積みされたことが記載され，これを無故障船荷証券という。これに対し，船積の時点で，貨物の数量に疑義がある場合や梱包など外観に異常がみられる場合，運送人は船荷証券にその旨の記載（Remarks）をする。このような船荷証券を故障付船荷証券という。船荷証券になされるこれらの記載は，商法758条1項3号所定の記載であり，陸揚時における運送人の責任の有無にかかわる重要なものである。

【設例4－2】にあるように，無故障船荷証券が発行されていたにもかかわらず，陸揚時に貨物が損傷していた場合には，船荷証券における「無故障文言」をいかに解するかが問題となる。判例は，船荷証券上の無故障文言すなわち「運送品を外観上良好な状態で船積した」旨の記載は，「運送品が包装ないし荷造されていて運送品自体を外部から見ることができない場合」においては，「運送品そのものが相当な注意をもつてしても外部からはなんらの異常も感知できない状態であることを運送人が認めたものではある」ものの，「運送人において相当の注意をしても外部から感知できない運送品そのものの状態に異常がないことまでも承認するものでない」と述べる。しかしながら，「荷揚当時外部から運送品そのものにつき損傷等の異常を認めうる状態にあつたときは，特段の事情がないかぎり，運送品そのものの損傷等の異常が運送人の運送品取扱中に生じたものと推定することができる」とする（最判昭和48・4・19）。この点につき学説上の異論はない。したがって，①の場合は，陸揚時に包装の外観が良好であったときは，Xは，運送品の損傷が運送人の受取後引渡前に生じたことの立証責任を負う。他方で陸揚時に外観も破損している状況であれば，当該損傷が運送人の運送中に生じたとの推定がなされる。

これに対し，②のような場合について，判例は，運送人は自らが「外観上良好」と記載したことにより，この記載が事実と異なることをもって善意の船荷証券所持人に対抗することはできず，貨物が外観上良好でない状態が運送中に生じたものでないことを運送人が主張立証することは許されないとする。その結果，船荷証券所持人は，船積時に貨物が外観上良好であったことを証明したことになり，他方，運送人は，外観上良好でない状態が航海中に生じたことを前提にしなければならなくなる。そして判例は，外部の良好でない状態が内部の貨物の損傷に直接結びつくものであれば，すなわち両者の損傷が共通の原因によるものであり，不可分の関係にあると認められれば，運送人は船荷証券に無故障文言を記載した以上，貨物の損傷について責任を負うとする（東京高判平成12・10・25）。したがって，**【設例４－２】**の②の場合，外観上の破損は運送人の運送中に生じたものとされ，当該外観上の破損と，内部の貨物の損傷とが直接結びつくものであると判断されれば，Xの請求は認められることになる。

ちなみに信用状取引においては，無故障船荷証券の呈示が要求されるのが通常であり，また信用状なしの荷為替手形買取においても，故障付船荷証券の買取は銀行に拒否される。そこで実務上，貨物の船積みの時点で不完全な点が指摘された場合には，荷送人が運送人に補償状（Letter of Indemnity）を差し入れ，将来貨物の過不足や損傷等に関して問題が生じても運送人にクレームをつけない旨を申し入れた上で，無故障船荷証券を発行してもらうことが慣行となっている。

(c)　記名式船荷証券，持参人式船荷証券，指図式船荷証券　　船荷証券の券面上に荷受人名が記載されているものを「記名式船荷証券」という。このような記名式船荷証券も，特約のない限り当然に指図証券とみて裏書による譲渡を許すとされる（商法762条）。しかし輸出地の荷為替買取銀行にとっては，荷受人名の記載された記名式船荷証券は十分な担保とは認められにくいため，荷送人が記名式船荷証券に裏書したものを買取銀行に持ち込んでも買取を拒否される可能性がある。したがって記名式船荷証券は，通常，親会社と海外の子会社との間の取引などのように，荷為替手形による決済が不要の場合などに用いられる。

「持参人式船荷証券」は，荷受人の欄に‘bearer’または‘holder’とのみ記載され，船荷証券の持参人に貨物を引き渡すものである。これは，流通性は有するが，盗難などの場合に問題が生じるのであまり利用されない。現在一般に用いられるのは，「指図式船荷証券」である。これは荷受人の欄に‘to order（of shipper)' と記載して荷送人を第一裏書人とし，荷送人の裏書によって譲渡性が発生する。荷送人は「指図式船荷証券」に裏書をして荷為替手形を取り組み，買取銀行に持ち込むことで代金回収をすることが可能となる。

(d)　傭船契約船荷証券（Charter Party B/L）　売買契約において荷為替手形による貿易決済が求められる場合，傭船契約においても船荷証券が発行されることがある。たとえば，買主が運送契約の当事者となるFOB契約においては，買主が傭船者となるが，荷為替手形を取り組むためには，売主に対する船荷証券の発行が傭船契約においても必要となる。このような場合においては，船積完了後に売主に対して傭船契約船荷証券が発行される。傭船契約船荷証券には，通常の船荷証券とは異なり，裏面約款が付されていないものが多く，略式船荷証券（Short Form B/L）ともよばれる。信用状取引でこれを用いるためには，傭船契約船荷証券を許容する旨の文言を信用状上に記載する必要がある。

(4)　保証渡　船舶の高速化，荷役作業時間の短縮化に伴い，船荷証券が荷受人に届くよりも先に，貨物が仕向港に到着するケースが生じるようになった。貨物が到着したにもかかわらず，荷受人が船荷証券を呈示できないために貨物を受け取ることができないという状況は，「船荷証券の危機」ともよばれ，日本においてはとくに中国，東南アジアなどの近隣諸国からの輸入において生じる。この場合，荷受人が船荷証券の代わりに保証状（Letter of Guarantee：L/G）を差し入れて貨物の引渡しを受けることが，商慣習として行われてきた。保証状には，銀行が連帯保証をするBank L/G（Banker's Guarantee）と，銀行の保証がつかず荷受人の単独保証となるSingle L/G（Consignee's Guarantee）とがある。荷受人は，船荷証券を入手すれば運送人に直ちにそれを交付する義務を負う。しかし上述した船荷証券の「処分証券性」からすれば，運送品の処分は船荷証券によってなされねばならないとされており，保証渡をする場合の運送人のリスクは少なくない。運送人が保証状（輸入者のSingle L/G）と引き換えに船荷証券なしで貨物を引き渡したため，当該貨物を受け取れなかったとして，船荷証券の正当な所持者が，運送人と保証状を差し入れた輸入者に対し損害賠償請求した事案において，判例は「運送人において船荷証券と引換えることなく証券の表章する運送品の引渡をすることは，正当な証券

❖コラム4－2　電子式船荷証券（Electronic B/L）

船荷証券の危機に対処するためのもう１つの方法として提唱されているのが，電子式船荷証券の採用である。これは船荷証券をペーパーベースで発行する代わりに電子化し，それに船荷証券の有する機能も持たせようとするものである。運送人，荷送人，荷受人，譲受人が，船荷証券に記載される内容を互いにEDI（電子データ交換：Electronic Data Interchange）を行うことによって，運送品の支配権や処分権の移転，運送品の引渡しを行うため，電子式船荷証券が用いられれば，船荷証券の危機は解消することとなる。各国で輸出入通関関連の書類が電子化されるのと並行して，船荷証券の電子化も進められ，1990年には万国海法会による「電子船荷証券のためのCMI規則（CMI Rules for Electronic Bills of Lading)」も採択されている。世界的に電子式船荷証券が流通するためには，国際的な標準方式が必要となるが，現在のところ，欧州で進められているボレロ（Bolero / Bill Of Lading Electronic Register Organization）方式や，日本で進められている貿易金融EDI（TEDI / Trade Electronic Data Interchange）方式などがあり，方式の統一化には至っていない。

所持人との関係においてはその有効性を対抗し得ないのみならず，所持人の権利を違法に侵害したとの評価を免れない」としている（東京地判平成6・10・25）。

【設例4－3】はBank L/Gのケースである。この場合，買取銀行Xは正当な船荷証券所持人として，運送人Cに対し，貨物の引渡しを要求することができる。運送人Cは荷受人Aから貨物を取り戻してX銀行に引き渡す義務を負い，それができないときには，CはXに対して貨物返還請求の不履行による損害賠償責任を負うことになる。その場合，運送人Cは，荷受人Aや保証銀行Yに対して，保証状に基づく求償を行うことができる（大判昭和5・6・14）。

(5) Sea Waybill（海上運送状）　保証状による貨物の引渡しに伴う運送人のリスクを回避するため，用いられる方法の１つがSea Waybillである。通常，万国海法会（CMI）の「Sea Waybillに関するCMI統一規則（1990年6月）」に従い発行される。Sea Waybillは，船荷証券と同様に運送人が発行し，荷受人の名を記載した記名式となっているが，船荷証券のような運送品への所有権を表章する有価証券ではなく，単なる荷送人から荷受人への運送通知状である。荷受人は貨物の引渡しに際してSea Waybillの呈示を必要とせず，運送人はSea Waybillに記載されている荷受人に運送品を引き渡せばよい。そのため，貨物がSea Waybillよりも先に仕向港に到着しても，運送品の引渡しが可能となる。その反面，Sea Waybillには流通性がないため，買主は，これの裏書によって貨物を転売をすることはできず，債権譲渡の手続が必要となる。また売主も，荷為替手形の買取による代金回収ができなくなるため，親会社と子会社間の取引など，一定の信頼関係のある相手との取引に利用が限定されることとなる。ただし，信用状取引による決済の場合には，Sea Waybillを許容する旨の文言が信用状上に記載されていれば，Sea Waybillを利用することは可能である。その際の実務上の手順は，Sea Waybillと同じ機能を有する後述の航空運送状（Air Waybill）でとられる手順と同じである。

なお，平成30（2018）年の商法改正で，同法に海上運送状に関する規定が新設された。商法770条（国際海運法15条参照）によると，運送人または船長は，荷送人または傭船者から海上運送状の発行の請求があったとき，運送品の船積み後遅滞なく，それを交付しなければならない（１項）。同２項は同状に記載すべき事項について定めており，これは船荷証券の記載事項とほぼ同じである。さらに，同３項によると，海上運送状の交付に代えて，記載事項を電磁的方法により提供することも可能である。もっとも，これらの規定は，運送品について現に船荷証券が交付されているときは，適用されない（同４項）。

3　国際航空運送

国際航空運送とは　IT関連の貨物など，軽量で高価な貨物の運送については，海上運送よりも迅速な航空運送が，現在では広く利用されている。国際航空運送においては，多くは個品運送契約による。

国際航空運送を規律する法　国際海上運送とは異なり，国際航空運送に関しては，これを直接規律する国内法は存在しない。しかしわが国は下記の条約に加盟しており，原則としてこれらの条約が適用される。

(1)　ワルソー条約　　国際航空運送においては，1929年の「国際航空運送についてのある規則の統一に関する条約（ワルソー条約）」，さらに1955年にこれを改正したハーグ議定書（改正ワルソー条約）が成立，発効している。わが国は，このいずれも批准している。ワルソー条約はその後，さらに運送人の責任限度額を改定する必要性から数度の改正がなされたが，これにより各国が複数の条約，議定書のいずれの締約国であるかによって適用される規則が異なる状況となった。そこでこれらを統一するために，1975年にモントリオール第4議定書が採択され，1998年に発効した。わが国も2000年に批准している。しかし同議定書は，複数の条約，議定書が並存する状況を統一するまでには至らなかった。

(2) モントリオール条約　そこで国際民間航空機関（ICAO）によって，新たに1999年5月に「国際航空運送についてのある規則の統一に関する条約（モントリオール条約）」が採択された。モントリオール条約はワルソー条約の規定を原則とし，その後の数度の議定書や条約の規定も取り入れる形で規定されたものであり，同条約の締約国間では，ワルソー条約およびそれ以降の条約や議定書の規則に優先して適用される（55条）。ただし，モントリオール条約は，締約国がワルソー条約および議定書等を廃棄することを義務づけておらず，モントリオール条約の締約国においても，同条約非締約国との間の航空運送に関しては，両国間に該当する条約，議定書が適用されることとなる。わが国は2000年に同条約を批准しており，同条約は2003年11月の発効とともにわが国においても効力が生じている。

なお，ワルソー条約およびその後の議定書，モントリオール条約の各規定は，各国の国際私法規定を介さずに，直接に適用される。これはワルソー条約，モントリオール条約において，当事者が特約により事前に準拠法を指定することを無効としているからである。

モントリオール条約の規定内容

(1) 運送人の責任　貨物の滅失，損傷に対する運送人の責任原則は，無過失責任が採用されている。したがって運送人は条約に定められた免責事由（たとえば貨物固有の欠陥など）がない限り，責任を免れることができない（18条）。また，貨物の延着については，運送人に無過失の立証責任を負わせた過失推定主義がとられ，運送人が無過失を立証できなければ責任を負うことになる（19条）。これらの規定は，モントリオール第4議定書と同様である。

(2) 責任制限　他方で，運送人の責任限度額が設定され，上記の運送人の責任規定とのバランスが図られている（22条）。しかし，運送人の責任を免除したり，条約の定める責任限度額より低い限度を定める約款は，無効とされる

(26条)。なお，責任限度額は現在，重量１キログラム当たり22SDR（国際通貨基金特別引出権）である。

⑶　裁判管轄規定　　航空貨物運送に関する運送人の責任に関する訴えは，締約国領域内にある，運送人の住所地，運送人の主たる営業所所在地，運送人が契約を締結した営業所所在地，到達地の中から，原告が法廷地を選択することができる（33条１項)。これ以外の裁判所の管轄権は認められないと解されている。

なお，仲裁による解決も認められており，その場合は，書面による仲裁契約が必要とされ，仲裁手続は裁判管轄権を有する地域の中から申立人が選択した地においてなされる（34条)。

航空運送状（Air Waybill）　航空運送状は荷送人が作成して運送人に交付する運送証券である（４条１項，７条１項)。受取式（received)，記名式で発行される。船荷証券とは異なり，航空運送状は，反証がない限り，これらに記載された契約の締約締結，貨物の引受け，運送の条件に関して証明力を有する証拠証券の性質を有するにとどまり（11条１項)，有価証券ではなく，流通性，譲渡性はもたない。これは航空運送の場合は貨物が短時間で仕向地に到着するため，貨物到着までに運送状を流通，譲渡する実務的な意味がないことによる。もっとも，売買契約の関係上，信用状決済の必要が生じるケースもありうる。これについては，信用状上に航空運送状を許容する旨を記載しておけば，航空運送状についても信用状取引に使用することは可能である。その場合は，信用状発行銀行を航空運送状の荷受人として記名し，本来の荷受人は，貨物到着を通知するための通知先（Also Notify Party）として，荷受人たる銀行名と共に併記する取扱いがなされる。貨物が到着すると，信用状発行銀行は，本来の荷受人からの代金取立てを確認した後，航空会社に引渡指示書（Bank Release Order）を提出し，本来の荷受人への貨物の引渡しを指示する。これらの手順によって，航空信用状を担保とすることが可能となる。

4　国際複合運送

国際複合運送とは　国際取引の運送においては，海上運送，陸上運送，航空運送，鉄道運送など運送方法を複数組み合わせて行われるケースは少なくない。国際複合運送とは，これらの国境を越えた複数の方法による運送を，単一の運送人（複合運送人）が引き受ける契約をいう。複合運送契約では，複数の運送方法の選択や組み合わせは運送人の手によることとなる。運送人がすべての運送方法において実際運送人になるケースよりも，運送方法の一部あるいは全部を他の運送人に行わせ，自らは利用運送人（フレイト・フォワーダー）となって複合船荷証券を発行するケースのほうが多い。したがって，複合運送においては，契約運送人（複合運送人）と実際運送人とが異なる場合が多くなり，すでにみてきたように，運送方法ごとに運送人の責任，免責事由，損害賠償の限度額等が異なるため，契約運送人（複合運送人）の責任をどのように考えるかが問題となる。

国際複合運送を規律する法

⑴　国内法と条約　　平成30（2018）年の商法改正により，商法578条に複合運送人の責任に関する条文が定められた。同条は，わが国の国際海運法の適用がある場合，適用されるが（同法15条），任意規定であるため，当事者間に特約があればそれに従う。商法578条１項は，運送品の滅失等についての運送人の損害賠償責任は，それぞれの運送においてその運送品の滅失等の原因が生じた場合に当該運送ごとに適用されることとなるわが国の法令またはわが国が締結した条約の規定に従うと定めている。これは，基本的には後述のネットワーク・システムの考え方を採用するものといえる。なお，わが国の商法は，複合運送証券に関する規定も新設したが（769条），同規定は国際海運法15条で適用除外とされている。

条約については，万国海法会による「複合運送条約案（東京ルール）」などいくつかの条約案が作成されたが，そのいずれも条約として結実していない。また1980年には国際連合貿易開発会議により「国際複合運送条約」が採択されたが，未だ発効していない。

したがって，複合運送についての運送人と荷送人の法律関係は法令の規定のほか，運送人の約款によることとなる。

⑵　標準契約条件　　国際複合運送の統一法が存在しない状況の中，実務では，各種団体によって作成された標準契約条件が，複合運送人の発行する複合運送証券中の約款に取り入れられる形で，各複合運送契約を規律している。たとえば，国際商業会議所（ICC）による1975年の「国際複合運送証券に関する

統一規則」や国際貿易開発会議・国際商業会議所（UNCTAD・ICC）による1992年の「国際複合運送証券に関する統一規則」は，国際貨物輸送業者協会連合会（FIATA）の複合運送証券の裏面約款に取り入れられてきた。また日本においてはこのほかに，国際フレイトフォワーダーズ協会（JIFFA）による約款なども用いられている。

複合運送人の責任　運送方法によって運送人の責任原因，免責事由，責任制限や限度額が異なる現状において，複数の運送方法を用いる複合運送人の責任をどのように考えるかについては，２つの立場がある。１つは，運送方法にかかわらず，統一的な責任原則を運送人に課す「ユニフォーム・システム」であり，もう１つは，それぞれの運送方法の責任原則を，運送区間ごとに複合運送人に課して運送人の責任を決定する「ネットワーク・システム（タイアップ・システム）」である。上述の通り，平成30（2018）年改正の商法578条１項は後者の立場を採用するものである。

「ユニフォーム・システム」は，運送方法によって運送人の責任原則の相違があるため，とくに契約運送人（複合運送人）が利用運送人として実際運送人に運送を行わせる場合には，両者間に不合理な結果を招くことのないような規則を作成する必要があり，問題となる。現在用いられている約款は原則として「ネットワーク・システム」を採用している。これによる場合，運送品に損害が生じた運送区間が特定できる場合は，その区間の運送方法に適用される責任原則によることとなる。しかしそのような運送区間が特定できない場合には，この方法を用いることができないため，別途運送人の責任を契約上定めておき，それによることとなる。

Ⅱ　保　　険

1　国際貨物保険，貿易保険とは

貨物の運送には，運送途上の事故により貨物が損傷を受ける危険がつねに伴うことから，そのような危険を回避し，危険から生じる損害を一定条件の下で填補するために，保険制度が構築されてきた。国際売買契約を締結した当事者は，貨物の運送途中に生じうる損害に備えて保険契約を締結する。これが「貨物保険」である。他方で，相手国の政情不安等のように，損害の原因となる危険の性質上，これらの保険契約によって補填することの困難な危険があり，これらについては通常の保険とは別に，政府の公的保険など特別な保険によって填補することが行われている。これを「貿易保険」という。本節では，この「貨物保険」と「貿易保険」とを取り上げる。

2 貨物保険

国際売買契約の当事者が，貨物の損害に備えて付する貨物保険は，その運送手段ごとに，貨物海上保険，運送保険（陸上運送対象），貨物航空保険の種類がある。もっとも，国際貨物運送において多く利用されるのは海上運送であり，運送保険，貨物航空保険は，貨物海上保険に準じたものとなっている。そこで本節では貨物海上保険を取り上げる。

貨物海上保険契約

貨物海上保険とは，海上運送における事故のために生じる貨物の損害を填補するための保険である。保険の目的は貨物であり，被保険利益は，貨物の滅失，損傷によって受ける貨物についての経済的損失である。保険契約は，保険契約者と保険者（保険会社）との間で締結される。保険契約者は，保険料の支払義務を負い，保険者は，保険契約に基づき，保険事故が生じた際には損害の填補のために保険金給付の義務を負う。当該保険金の給付を受ける者が被保険者である。保険契約者と被保険者とは，同一人である場合もあるが，国際取引においては，同一人でない場合のほうが多い。売買契約に際して売主と買主のいずれが保険契約を締結するかは，当該売買契約の条件による。たとえばFOB契約の場合，売主，買主のいずれにも付保義務はない。しかし海上運送中の危険負担は買主にあるため，買主には付保の必要があるといえる。他方，CIF契約においては，売主に保険料支払義務があるため，売主は通常，自己を被保険者として保険会社と保険契約を締結し，船荷証券など他の船積書類とともに保険証券を買主に裏書譲渡して，買主の損害を補填する形をとる。なお保険を売主，買主のいずれが掛けるかについては，**第2章**のインコタームズを参照。

貨物海上保険契約の準拠法

貨物海上保険契約においては，海上保険制度について英国が長い歴史を有してきており，ロイズSG証券が実務において長く利用されてきたこともあって，保険契約内容については，ある程度の統一がなされている状況にある。わが国で用いられる保険証券においても，その約款上「本保険は全ての填補請求に対する責任およびその填補に関して，英国の法律および慣習に従うものと理解され，かつ合意されるものとする」との条項が記載されている。いわゆる「英法準拠約款」とよばれるものである。この条項は，保険契約中の填補責任に関しては，英国法およびその慣習によるが，保険契約成立などそれ以外の問題については，当該貨物保険契約の準拠法によるとするものである。保険契約の中心となる填補責任に関しては，歴史のある英国法を準拠法とすることで顧客の同意を得やすくするためとされるが，この文言の性質に関しては議論がある。第１は，これを英国法が契約の一部として取り込まれていると解する立場である。すなわち，この条項は，当事者が別途定めた保険契約の準拠法の強行規定に反しない範囲で，填補責任に関する問題について，内容を詳細に定める代わりに英国法を指定したとする見解で，これを「実質法的指定説」という。第２は，当該条項に示された部分については英国法に抵触法的指定がなされたと解する立場である。これは，この条項は貨物保険契約という１つの契約を分割し，そのうち填補責任に関する部分についてのみ英国法を準拠法として指定したものであると解する立場で，「分割指定説」といい，こちらが多数説である。

保険代位　貨物海上保険は，本来，貨物に生じた損害の填補を目的とするものであり，被保険者が保険事故の発生によってかえって利得を得ることになれば，保険制度の趣旨に反する。そこで，被保険者の二重利得を防止するため，保険の目的物になお価値が残っている場合（残存価値がある場合）に，被保険者が保険の目的物についてもっていた権利を保険者が取得することや，被保険者が第三者に対してもつ損害賠償請求権等の権利を，保険者に移転する制度が多くの国でとられている。これを「保険代位」という。

3　貿易保険

貿易保険は，取引相手の倒産，履行遅滞などの「信用危険」とよばれるものと，相手国における，戦争，内乱，革命等の政情不安や為替取引の制限・禁止など，取引相手の責めに帰しえない「非常危険」とよばれるものから生じる損失の填補を目的とする。これらの危険については発生すれば損害額も大きくなり，民間の保険会社では引き受けが困難であることから，政府が何らかの形で関与する国が多い。わが国では貿易保険法により規定され，かつては政府が保険者となっていたが，2001年からは経済産業省所管の独立行政法人日本貿易保険が行い，国が再保険を引き受ける形となった。2005年からは，民間の損害保険業者も行うことができるようになった。さらに，貿易保険法の改正により，上記独立行政法人は特殊会社化され，2017年に株式会社日本貿易保険（NEXI）へと形を変えている。

第5章
国際的支払・信用状

国際物品売買取引等における売主と買主は，取引にかかわる代金債権・代金債務を売掛金・買掛金または交互計算により記録し，最終的には買主が，その代金債務を銀行を通じる外国送金により決済することが多い。

しかし，買主と国を隔てた売主は，物品の船積を行った後は，買主を支払人とする為替手形を振り出し，これに船会社等の運送人から入手した船荷証券，航空運送状といった運送書類，自ら作成した商業送り状その他の関係書類を船積書類としてとりまとめて添付して荷為替手形とし，この荷為替手形を用いることにより買主から代金を取り立てること（荷為替手形による代金取立て）も行われている。

さらに，荷為替手形の支払を確実にするために，買主の取引銀行が荷為替手形の支払を約束する信用状（荷為替信用状）も利用されている。

なお，為替とは，隔地者間の金銭債権・債務を両当事者による現金の移動なしに，銀行を仲介者とすることによりその金銭債権・債務を決済する，資金移動のことであり，同一国内の資金移動を内国為替，国際間の資金移動を外国為替とよぶ。

そこで本章では，外国送金，荷為替手形および信用状について概説する。

I　外国送金

1　銀行間取引の基本事項

異なる国に所在する銀行が，相互に外国送金等の国際取引を行おうとする場合には，つぎのように相手銀行と取引契約を結び，取引種類，資金決済の方法等を定めることが必要である。

コルレス契約　ある国の銀行が国際取引をする際，すべての国に自行支店・子銀行をもつことは不可能であるため，同行は，外国の主要都市において国際信用力を有する他行を取引銀行（コルレス銀行，コルレス先）として選定し，「コルレス契約」（コルレス取決め―Correspondent Agreement, Agency Agreement)」を締結する。

そこでは，貸付，外国送金等の取引種類，相互の身元確認のための認証手続，外国通貨を含む資金の決済勘定の開設，取引通貨毎の資金の決済方法等が定められる。

銀行間の資金決済　銀行間取引の結果として生じる資金決済については，たとえば日本国内での円の送金であれば，全国銀行内国為替制度（全銀システム）により，加盟銀行の全支店が自動的に加盟銀行相互間の取引店になり，かつ関係銀行の取引に伴う円資金決済は，取引当日の業務終了後に日本の中央銀行である日本銀行に開設された関係銀行の決済勘定を通じて行われる。

しかし，現在のところ，世界のすべての民間銀行のために外国送金その他の国際取引にかかる資金決済を一手に行ってくれる銀行は存在しないので，各銀行は，コルレス契約中に通貨毎に資金決済の方法を定めており，資金支払に関する債務銀行と債権銀行間の資金決済の方法は，つぎの３つである。

① 債務銀行に開設された債権銀行名義の取引通貨勘定に入金する方法
② 債権銀行に開設された債務銀行名義の取引通貨勘定を引き落とす方法
③ 第三国の銀行における債務銀行および債権銀行にとっての第三国通貨勘定を利用する方法

上記③について付言すれば，日本のＡ銀行が米国のＢ銀行に対して，両銀行にとって第三国通貨である英国ポンドを支払う場合に，両銀行がロンドンのＣ銀行にそれぞれ英国ポンドの預金口座を開設しているときは，このＣ銀行におけるＡ・Ｂ両銀行の英国ポンド預金口座を活用することによって，資金決済を行うことが可能である。

具体的には，日本のＡ銀行が，Ｃ銀行に対し，Ｃ銀行におけるＡ銀行名義の英国ポンド預金口座を引き落とし，同額をＣ銀行に開設された米国のＢ銀行名義の英国ポンド預金勘定に入金するよう指図する方法が１つある。

もう1つの方法として，日本のA銀行が，ロンドンのC銀行に対し，米国のB銀行から支払請求があった場合には，同額をC銀行におけるA銀行名義の英国ポンド預金口座を引き落とすことを予め授権しておき，別途，A銀行から米国のB銀行に対し，資金をロンドンのC銀行に請求するよう指示し，B銀行がその指示に従ってC銀行に支払請求すれば，両銀行間における英国ポンドの資金決済は終了することになる。

仕向と被仕向

銀行の慣用語として，「仕向（しむけ）」や「被仕向（ひしむけ）」という用語が使われる。「仕向」とは，為替の始発点（起点）を意味し，為替を創設する銀行を「仕向銀行」とよび，創設された為替や送金をそれぞれ「仕向為替」，「仕向送金」という。「仕向」に対応する為替の到達点（終点）を「被仕向」と称し，「被仕向銀行」，「被仕向送金」のように表示する。

2　外国送金の当事者

(1)　送金依頼人　　買主が売主に売買代金を送金しようとする場合に，買主が銀行に対して売主を受取人とする外国送金の取組を依頼することになる。この買主のように，銀行に所定の外国送金の取組を依頼する者のことを「送金依頼人」とよぶ。

送金依頼人は，銀行に対して送金の対価として送金資金と手数料を支払う。

(2)　仕向銀行　　送金依頼人の依頼を受けて所定の外国送金を取り組む銀行を，「仕向銀行」という。

(3)　被仕向銀行　　仕向銀行からの依頼により，受取人に対して送金金額を支払う銀行のことを，「被仕向銀行」という。このため，被仕向銀行＝支払銀行となることが普通である。

(4)　受取人　　送金を受け取るべき者として指定された者が，受取人である。受取人は，必ずしも被仕向銀行に預金口座を開設しているとは限らない。

3　外国送金の種類および仕組み

支払指図

(1)　郵便支払指図および電信支払指図　　支払指図（Payment Order）とは，外国送金を実行するための手段として，仕向銀行から被仕向銀行に宛てた指示であり，これには，①支払の実行依頼，②支払金額，③受取人，④送金依頼人，⑤被仕向銀行の手数料の負担者（送金依頼人負担かそれとも受取人負担か），⑥受取人への支払方法が記載される。

支払指図は仕向銀行から被仕向銀行へ伝達されるが，郵便を通信媒体として用いるものが郵便支払指図であり，電子媒体によるものが電信支払指図である。

ITの発展に伴い，電信支払指図が多用されるようになっているが，電信支払指図は，仕向銀行の身元確認（Authentication）や内容の真正性確認が容易・確実であるため，仕向銀行および被仕向銀行の双方にとって利点が多い。

(2) 仕組み　①物品売買等の原因契約において，たとえば買主が売主に対して外国送金により代金を支払うことを定める。②送金依頼人（買主）が支払指図による外国送金を選択した場合に，送金依頼人は送金の明細を記載した外国送金依頼書と送金資金・手数料を仕向銀行に交付し，送金を依頼する。③この依頼を承諾した仕向銀行が，被仕向銀行を選定する（送金依頼人が予め被仕向銀行＝支払銀行を指定することも多い）とともに，外国送金依頼書の内容に即した支払指図を作成して被仕向銀行宛に送付し，両銀行間のコルレス契約による補償（資金決済）を指示して，④支払指図を受領した被仕向銀行が，受取人（売主）に対し所定の方式による支払を実行の上，仕向銀行から決済資金を受領すること，すなわち，補償（債務銀行から債権銀行への資金の支払― Reimbursement）を受けることによって，支払指図を用いた外国送金は完了する（**図表5-1**）。

以上の説明から明らかなように，支払指図は，仕向銀行から被仕向銀行宛に送付されるのであり，銀行のチャンネル内にとどまっていることが特色である。

(3) 受取人への支払方法　これにはつぎの3種類があり，送金依頼人がいずれかを指定することになっている。

(a) 口座振込（Advise and Credit）　被仕向銀行が，同行に開設された受取人の所定口座に振り込むとともに，振込の事実および送金の明細（送金依頼人等）を受取人に通知する方式である。いうまでもなく，口座振込は，受取人の預金勘定が被仕向銀行に開設されている場合に限って用いられる。

(b) 通知払（Advise and Pay）　これは，被仕向銀行が，自行の小切手等の支払手段を受取人宛に送付し，あわせて送金の明細（送金依頼人等）を通知

図表5－1　支払指図の流れ

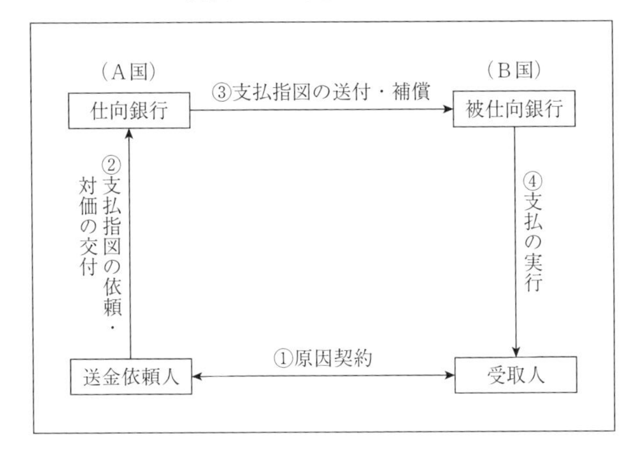

する方式である。

(c)　請求払（Pay on Application）　　被仕向銀行は，受取人が店頭に現れて支払を請求した時に，同人が受取人本人であることを確認した上で支払う方式である。

この方式は，たとえば短期の業務出張者を受取人として，同人の雇用者である会社が送金を取り組む場合に利用されることがあるが，クレジットカードや旅行小切手が発達した昨今での実例はごくまれである。

支払手段としての有価証券

(1)　送金小切手および一覧払為替手形　　支払指図は有価証券（権利を表示する証券であって，その権利の行使・移転のためには証券が不可欠であるもの）ではないが，有価証券としての送金小切手（Remittance Check）または一覧払為替手形（At Sight Draft, Demand Draft ― Draft とは，Bill of Exchange と同義で，実務で用いられる用語）を支払手段として用いる外国送金もある。

英国や米国では，為替手形のうち，一覧払で，かつ支払人が銀行であるものを「小切手」と定義しているので，日本語の一覧払為替手形は，送金小切手と同義であるから，以下においては「送金小切手」で両者を代表することにする。なお，マネー・オーダー（Money Order）も「送金小切手」と同様な機能を果たす有価証券である。

送金小切手においては，仕向銀行が振出人（Drawer），被仕向銀行が支払人（Drawee, Payor）であって，外国送金の受取人が送金小切手の受取人（Payee）として記載され，作成された送金小切手は，仕向銀行（送金小切手の振出人）から送金依頼人に交付される。ただし，送金小切手面には送金依頼人の名は記載されないことが普通である。

⑵ 仕組み　①物品売買等の原因契約に基づき送金小切手を用いる外国送金を選択した送金依頼人は，②送金小切手の明細（金額，受取人名等）を記載した外国送金依頼書（送金小切手作成依頼書）と送金資金・手数料を仕向銀行に交付し，送金小切手の作成を依頼する。③送金依頼人は，同人の依頼を承諾した仕向銀行から所定の送金小切手の作成を得て，その引渡しを受ける。④仕向銀行は，被仕向銀行宛に送金小切手の明細を通知し，同小切手が受取人から呈示され次第支払うよう依頼するとともに，両銀行間のコルレス契約による補償を指示する。これは，送金小切手振出通知（Advice of Drawing）とよばれる。⑤送金依頼人は，送金の原因取引明細（物品売買契約番号等）を付して送金小切手を受取人宛に送付し，⑥同小切手を受領した受取人が，それを支払人となっている銀行（被仕向銀行）に支払呈示して，⑦受取人が同行から支払を受けることによって，送金小切手を利用した外国送金は完了することになる（**→図表5-2**）。

送金小切手による外国送金の場合は，支払指図を用いた場合とは異なり，支払手段としての送金小切手が，仕向銀行と被仕向銀行という銀行間チャンネル外に出てしまうことが特色である。このため，送金依頼人による受取人への送金小切手の送付から受取人による支払呈示までの間に送金小切手が紛失した場合には，送金小切手が有価証券であるだけに，支払地（国）の適用法の規定が異なることもあって，問題解決に関して複雑な事態が生じることがある。

⑶ 受取人への支払方法　送金小切手の支払人である被仕向銀行は，送金小切手が有価証券であり，受戻（うけもどし）証券性を有するので，受取人による送金小切手の支払呈示を受けた時にのみ，同小切手と引替に支払う。送金小切手の支払呈示がない場合には，被仕向銀行が支払を拒んでも債務不履行とはならない。

図表5－2　送金小切手の流れ

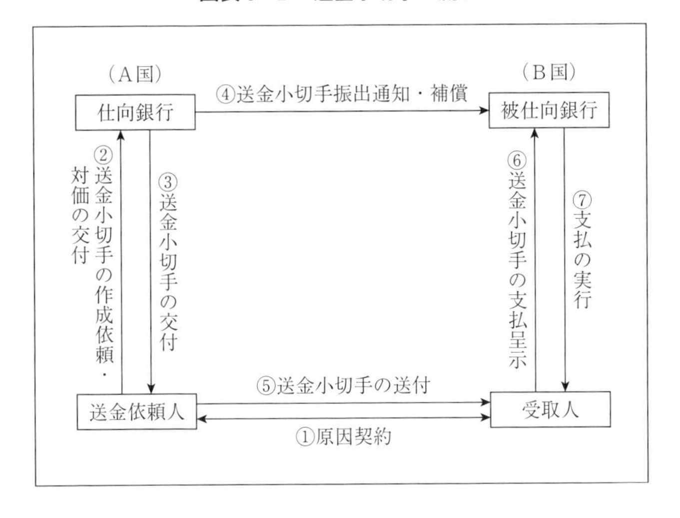

4　銀行間の決済リスク

世界的にみれば銀行の倒産は珍しくないので，支払義務を負う銀行の破綻により支払を受領する権利を有する銀行が損害を被る可能性がある。外国送金を例にとれば，仕向銀行の信用不安等が引き起こす銀行間の決済リスクはつねに内在しており，これにはつぎの3つがある。

なお，この決済リスクは他の国際取引についてもあてはまる。

(1)　信用リスク（Credit Risk）　仕向銀行の支払停止等の信用悪化により，被仕向銀行が仕向銀行から補償を受けられないことから損害を被るリスクである。

(2)　流動性リスク（Availability Risk）　仕向銀行が短期間の資金不足に陥ったことに起因して，被仕向銀行が損害を被るリスクをいう。

(3)　システミック・リスク（Systemic Risk）　信用リスクまたは流動性リスクの発生によって，その悪影響が他の銀行に次々と波及し，決済システム全体が麻痺してしまうリスクのことである。

システミック・リスクの例としては，ドイツのヘルシュタット銀行の破綻によりニューヨークの外国為替市場で外為取引を行っていた多数の銀行が損失を被り，大混乱となった，ヘルシュタット事件（1974年7月）がある。

このため，各国の中央銀行は，システミック・リスクに多大の注意を払い，これの回避のために協調している。

5　外国送金の法律関係

「送金依頼人と受取人」の両者は，送金を発生させた原因契約（売買契約等）の当事者の関係にある。

「送金依頼人と仕向銀行」においては，送金依頼人を委任者，仕向銀行を受任者とする委任関係にあるとされ，請負説・第三者に対する契約説は通説とはなっていない。なお，送金小切手については，売買であるとする説が有力である。

「仕向銀行と被仕向銀行」の関係も，委任関係である。

「被仕向銀行と受取人」は，預金を預かる銀行とその預金者との関係に立つこともあるが，送金に関しては何の法律関係もない。

6　外国送金の主な規制法

外国送金は，各国の銀行間の実務慣行として行われてきているものであるが，その規制法の主要例としてつぎのものをあげることができる。

⑴　国際振込に関するUNCITRALモデル法

⑵　米国各州のUCC第4A編（Funds Transfers）

⑶　小切手・為替手形の法

⑷　日本のいわゆる外為法　　外為法と略称される，1949年に制定された「外国為替及び外国貿易管理法」は，1998年に「管理」という2文字を削除した大改正を受け，「外国為替及び外国貿易法」として名実ともに「対外取引の原則自由」をめざしたものとなっている。ただし，この外為法下でも，有事規制，すなわち，条約・国際約束の履行，円の為替相場の急激な変動の回避等のために，政令の規定に従い，政府が取引の停止・許可の取得を命じることができる制度が維持されている。

⑸　SWIFTのルール　　SWIFT（Society for Worldwide Interbank Financial Telecommunication s.c. 国際銀行間通信協会）は，銀行・証券会社の出資によりベルギー法に基づいて1973年に設立され，ベルギーに本部をおく組合組織の団体で

あり，コンピュータ・システムによる各種国際取引の通信フォーマットを標準化するとともに，システムを運営しており，SWIFT が銀行の国際取引に及ぼす影響はきわめて大きい。

実際 SWIFT は，国連ほかの公的組織体による特定国の経済・金融制裁を目的とする決議に基づいてベルギー政府の発令した指示により，特定国の全加盟銀行または一部の有力加盟銀行を SWIFT のネットワークから排除した実例がある。この場合，当該特定国は国際間の資金決済を封じられる深刻な事態に陥るので，SWIFT は，「金融の核爆弾」としての一面を有するとも評されている。

SWIFT は，「顧客送金と送金小切手」・「銀行間の資金移動」という標準化された通信メッセージタイプを定めていて，加盟銀行等の金融機関（2021年末現在11千超）がすべてそこで定められた手順に従って外国送金取引を行っているので，事実上，外国送金の事務は統一されているといってよい。

(6)　各銀行の外国送金約款

【設例5－1】　東京地判昭和51・1・26金法794号30頁（控訴審にて和解）

《事案の概要》　海運業者Xは，船主Cとアリアドネ号の定期傭船契約を結び，同船をDに再傭船し，Cに対する1カ月前払傭船料をニューヨークのA銀行に開設された受領代行者Bの銀行口座に振り込むことを約した。第12回目の傭船料米ドル7万3764.78に関しXがY銀行に口座振込方式での電信支払指図による外国送金を依頼したところ，Y銀行が送金依頼人であるXの名前の一部をSHOWAとすべきなのにSHINWAと誤記したため，電文中に「伝言　アリアドネ号第12回傭船料」との記載があったものの，口座振込を受けたBはXからの支払傭船料であることを認知できず，船主Cへの入金手続をしないうちに傭船料の支払期日である昭和48（1973）年5月7日（ニューヨーク時間）を徒過した。

船主Cから同船を引き上げる旨の通知を受けたXは，再傭船者Dに同船を提供する必要上，傭船料高騰の市況下で，やむなく当初の所定単位当たり傭船料米ドル2.775から米ドル3.5に増額した傭船料を支払うことで引き続き船主Cから同船を傭船することにした。しかし，結果として約3億8000万円の増額支払を余儀なくされたのはY銀行による外国向電信支払指図契約の不完全履行によるものであるとして，Xが訴えを提起した。

Y銀行は，電信支払指図契約において送金依頼人名（X）を受取人Bに通知することは仕向銀行であるY銀行の義務ではなく，単なるサービスとして行われるものであり，また受取人Bが，従来から何度も同種の送金を受けており，送金依頼人名（X）の誤記があったとしても，これがXからの送金であることを知ることができたはずであるから，Xの損害とY銀行による誤記との間には因果関係がないとして争った。

《判　旨》　請求認容。

東京地方裁判所は，(i)口座振込方式の電信支払指図の場合に，Y銀行がA銀行を介して受取人Bに送金依頼人Xの名前を通知することは単なるサービスではなく，送金契約上の義務であり，(ii)本件の状況下では，Xの損害がY銀行において予見可能性のある特別損害であると認定し，Xの請求を認容した。

Ⅱ　荷為替手形

1　荷為替手形の取立て

取立ての仕組みおよび特色

(1)　仕組み　大阪の売主Aがロサンゼルスの買主Bと物品売買契約を結び，約定物品を日本から海上運送し，売買契約に従って代金を荷為替手形により取り立てることを想定する。

売主Aは，振出人＝売主A，支払人＝買主B，受取人＝自己の取引銀行C，金額＝約定物品額，満期＝契約の定め通り（一覧後150日等）として為替手形を振り出す。なお，受取人の記載に関しては，振出人（売主A）が自己を受取人（売主A）とする為替手形を振り出し，これを受取人（売主A）が，自己の取引銀行Cに取立委任裏書をすることでもよい。

つぎに，売主Aは，海上運送人である船会社から交付を受けた船荷証券（Bill of Lading）のほか，商業送り状（Commercial Invoice），検査証明書（Inspection Certificate），貨物保険証券（Cargo Insurance Policy）等の船積書類（Shipping Documents）を取りそろえて，この為替手形に添付し，荷為替手形（Documentary Draft）とする。荷為替手形は，為替手形のもつ「人的信用」に船積書類の「物的信用」が付加されたものといえる。

この荷為替手形を売主Aは，荷為替手形取立依頼書とともに取引銀行Cに持ち込んで取立てを依頼する。売主Aは，荷為替手形取立依頼書中に後記「船積書類の引渡方法」の「支払渡（しはらいわたし）」または「引受渡（ひきうけわたし）」のいずれであるかを指示するほか，C銀行に対し，ロサンゼルスのD銀行に荷為替手形を送付し，取り立てるように依頼する。

C銀行からD銀行宛に取立てのために送付された荷為替手形が，支払人＝買主Bによって支払われると，D銀行からC銀行へ取立代金の送金が行われ，C銀行が売主Aに取立代金を支払うことにより，荷為替手形の取立てが終了する。

なお，両銀行は，取立事務の対価として手数料を取得することになる。

(2) 特　色　一般に，物品売買においては，買主Bは，約定物品の品質，個数等を実際に検査し，物品が売買契約に適合していることを確認してから代金を売主Aに支払うことが普通である。

しかし，荷為替手形取引においては，買主Bは，為替手形および船積書類がその記載上，売買契約を充足した外見を有している場合には，特約があるときを除き，その支払をしなければならず，支払に先立ち物品を検査することは許されないことが商慣習となっており，荷為替取引は，荷為替手形の外見上の表示に依拠した，書類売買（Documentary Sale）または書類取引（Documentary Transaction）であるとされている。

支払を実行した買主Bが，後日の検品により物品に関し瑕疵を発見した場合には，買主Bは，原因契約である売買契約に基づいて売主Aから損害を回復することになる。

このように，荷為替手形取引は，特約がない限り，書類売買または書類取引であることが特色となっている。

船積書類の引渡方法　買主Bが売買の対象物品を海上運送人から引き取るためには，有価証券であって受戻証券性を有する船荷証券を入手することが不可欠であるところから，代金を支払わずに物品を引き取ってしまうことを回避したい売主Aは，買主Bが代金（為替手形）を支払うのと引き替えにのみ船積書類を買主Bに引き渡すことにすればよい。このように，為替手形の支払と引き替えに船積書類を引き渡すことを「支払渡（しはらいわたし）（Documents against Payment：D/P）」という。

なお，航空運送状（Air Waybill）のように証拠証券にすぎず，有価証券ではない，したがって受戻証券性をもたない運送書類が用いられる場合には，買主B側で取立業務を行う被仕向銀行としてのD銀行を運送書類上の荷受人（Consignee）とすることによって，売主Aの債権保全を図る工夫がなされている。

支払渡においては，買主Bによる支払と同人への船荷証券の交付に伴う物品の引渡しが事実上同時履行となり，売主Aには望ましいが，買主Bにとっては，物品の契約不適合の危険と支払資金コストの負担を強いられる。

また，買主Bの信用力に懸念がないと判断した売主Aは，支払人である買主Bが為替手形の引受（Acceptance）をして支払義務を負うのと引き替えに買主Bに船積書類を引き渡すという「引受渡（ひきうけわたし）（Documents against Acceptance：D/A)」にすることもできる。

引受渡の場合には，買主Bへの物品の引渡が同人による手形の引受日に行われ，手形満期日における支払に先行するため，売主Aが，買主Bによる不払のリスクおよび支払日までの資金コストを負担しなければならない。

上で説明した荷為替手形は，実務では，後記の荷為替信用状に基づいて振り出されたものではないという意味で，「信用状なし荷為替手形」または「D/P・D/A手形」とよばれている。

取立ての当事者　前記「取立ての仕組みおよび特色」で想定した荷為替手形の取立てにおいては，当事者はつぎの通りである。

①取立依頼人＝売主A，②仕向銀行＝C銀行，③被仕向銀行＝D銀行，④支払人＝買主B。

取立ての法律関係　「取立依頼人と支払人」は，取立てを発生させた売買等の原因関係当事者であり，「取立依頼人と仕向銀行」の関係は委任関係であり，「仕向銀行と被仕向銀行」も委任関係に立つ。

「被仕向銀行と支払人」は，銀行取引関係にあることがあっても，取立てにおいては何の法律関係もない。

荷為替手形の取立ての主な規制法　①国際商業会議所（ICC）の取立統一規則（URC522)，②各銀行の荷為替手形の取立約款，③いわゆる外為法，④SWIFTのルール。

SWIFTは①の取立統一規則に即した，標準化された通信メッセージタイプとして「取立ておよびキャッシュレター」を制定しているため，加盟銀行はそれに従った統一手続を実施している。

図表5－3　荷為替手形の取立ての流れ

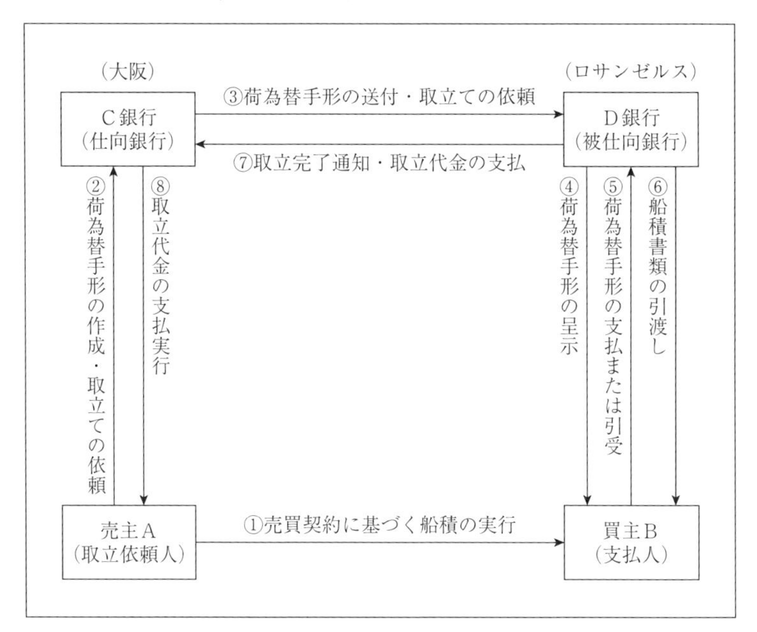

2　荷為替手形の買取

買取の仕組み

前記の通り，荷為替手形の取立てにおいては，仕向銀行であるC銀行は，取立てが完了して被仕向銀行から取立代金を受領後に取立依頼人としての売主Aに支払うのであるが，売主Aが資金を必要としている場合は，C銀行と売主Aの合意により，C銀行が荷為替手形を買い取り，その時点で，すなわち取立てが完了する前に，対価（荷為替手形の額面金額から取立完了までの利息を差し引いた金額）を売主Aに交付することもある。これを荷為替手形の買取といい，純内国取引における商業手形の割引と同義である。

荷為替手形の買取においては，買取銀行としてのC銀行は，その荷為替手形が支払われないことのリスクを負うことになるので，買取を実質上，売主Aへの貸付と同じく売主Aに対する与信としてとらえ，C銀行は，同人の与信審査を行うとともに，「銀行取引約定書」および「外国向為替手形取引約定書（いわゆる買取約定書）」を取り交わすことにより，荷為替手形が不渡（ふわたり）（不払）

となった時には売主Ａに買戻（かいもどし）債務を負担させる等の債権保全策を講じている。

なお，買取実行後の被仕向銀行に対するＣ銀行の事務手順は，荷為替手形の取立てのそれと同じである。

荷為替手形の買取の主な規制法　前記の「荷為替手形の取立ての主な規制法」のほかに，買取銀行の約款（銀行取引約定書・外国向為替手形取引約定書）が加わる。

Ⅲ　信用状

1　信用状の仕組みおよび特色・法原則

仕組み　大阪の売主Ａがロサンゼルスの買主Ｂに売った物品の代金取立を荷為替手形で行おうという場合に，売主Ａの懸念は，買主Ｂの破綻に伴う荷為替手形の不渡（不払）である。

このリスクの回避策として，両者の合意により，買主Ｂが自己の取引銀行で，国際信用力のあるＤ銀行に依頼し，売主Ａが一定要件を充足する荷為替手形を呈示することを条件に，Ｄ銀行が荷為替手形を支払うことを売主Ａに約束し（Undertaking），この約束を書面にして売主Ａに交付することがヨーロッパで商慣習として行われるようになった。これが信用状である。

信用状は，買主Ｂとその取引銀行であるＤ銀行間の合意によりＤ銀行が発行し，Ｄ銀行のコルレス銀行＝売主Ａの取引銀行としてのＣ銀行（通知銀行）の手を経て売主Ａに通知（交付）される。

信用状を入手した売主Ａは，約定物品の船積を実行し，信用状条件を充足した荷為替手形を買取（ほかに支払・引受もあるが，以下においては両者を含めて「買取」という）を授権されたＣ銀行（通知銀行＝指定銀行）に呈示することにより，Ｃ銀行から買取を受け，一方，買取を実行したＣ銀行は，発行銀行であるＤ銀行から補償を受けることができる。

ただし，信用状の発行銀行が支払を約束した荷為替信用状に基づく荷為替手形であっても，それが信用状条件をしていない場合や，発行銀行に関する信用リスク・カントリーリスクの顕現化の場合には，発行銀行の支払約束が履行さ

図表5－4　荷為替信用状の発行から支払までの流れ

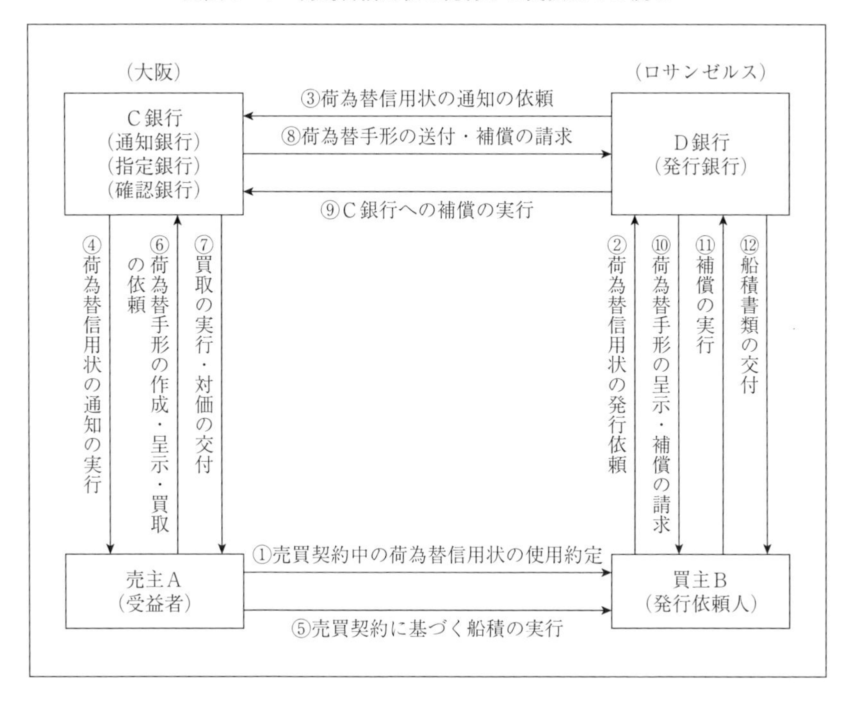

れないことがある。

このため，日本の銀行（上のC銀行）は，信用状に裏打ちされた荷為替手形の買取をも，信用状なしの荷為替手形の買取と同様に，自行に買取を依頼してくる受益者（上の売主A）に対する与信として把握し，受益者との間で「銀行取引約定書」・「外国向為替手形取引約定書」を取り交わして自行の債権保全を図っている。

信用状に登場する者　信用状には，関係者として，買主B＝発行依頼人（Applicant），D銀行＝発行銀行（Issuing Bank），売主A＝受益者（Beneficiary），C銀行＝通知銀行（Advising Bank）が登場する。

ほかに，信用状条件を充足した受益者の荷為替手形の買取を発行銀行から授権された，C銀行（＝通知銀行）＝指定銀行（Nominated Bank）や，時により，発行銀行の信用をさらに高めるために，発行銀行の依頼・授権に基づき受益者

図表5－5　荷為替信用状の仮設例

Advice for the Beneficiary

Name of Issuing Bank ① US BANK Los Angeles U.S.A.	③ Irrevocable Documentary Credit Number ④ 19922
Place and date of issue ② Los Angels,March 4,20XX	Date and place of expiry ⑤ May 20,20XX,Japan
Applicant ⑥ US Importing Corp. Los Angeles U.S.A.	Beneficiary ⑦ Japan Exporting Co.,Ltd. Osaka,Japan
Advising Bank ⑧ The East-West Bank,Ltd. Osaka,Japan	Amount ⑨ US＄100,000.00 Credit available with ⑩ The East-West Bank,Ltd.
Partial shipments ⑭ ☐allowed ☒not allowed Transhipment ⑮ ☐allowed ☒ not allowed	☐ by sight payment ☐ by acceptance ☒ by negotiation ☐ by deferred payment ⑪
Loading on board from: ⑯ Yokohama for transportation to: ⑰ Los Angeles	against the documents detalled herein ☒ and beneficiary's draft at ⑫ 150 days after sight on ⑬ US Bank

⑱ Signed commercial invoice in quadruplicate.
⑲ Full set of clean on board ocean bills of landing dated not later than May 10,20XX,made out to order of shipper and blank endorsed and marked "Freight Prepaid" showing the above applicant as "Notify Party".
⑳ Packing list in quadruplicate.
㉑ Certificate of origin in duplicate.
㉒ Covering F2 Super Car with Standard Accessories 2 Units at US＄50,000.00 per Unit.C&F Los Angeles.

㉓ We hereby issue this Irrevocable Documentary Credit.
It is subject to the Uniform Customs and Practice for Documentary Credits (ICC Publication No.600).

㉔
US BANK
(Signature)

Authorized Signature

①発行銀行名　②発行地と発行日　③取消不能信用状の表示　④信用状番号
⑤有効期限の日とその地　⑥発行依頼人　⑦受益者　⑧通知銀行　⑨信用状金額
⑩買取等の指定銀行　⑪買取方式　⑫為替手形期間　⑬為替手形の指定支払銀行　⑭一部船積の可否
⑮積替えの可否　⑯船積港　⑰陸揚港
⑱～㉑呈示を要する船積書類　㉒船積物品と価格条件　㉓信用状統一規則の準拠文言　㉔発行銀行の署名

（注）上記の荷為替信用状は、紙ベースによる信用状の仮設例である。
しかし、世界の多くの発行銀行は、一般にSWIFTのメッセージタイプを使用して電子ベースによる信用状を発行している。一方、このような電子ベースの信用状を受信した日本の通知銀行には、受益者や買取銀行などの実務上の分かりやすさを図るために、受信データをそのまま受益者に通知することに代え、独自のシステムにより各データ項目を編集し、上記の紙ベースの信用状のように体裁を整えたものを受益者に通知しているところがある。

に対して同信用状に独自に自行の支払約束を付加する，C銀行（＝通知銀行＝指定銀行）＝確認銀行（Confirming Bank）も登場することがある。

確認銀行は，自行の信用状を受益者に対して発行したと同じ責任，すなわち，発行銀行と同様の責任を受益者に対して負うことになる。

実務上は，通知銀行＝指定銀行＝確認銀行となり，同一の銀行が３つの銀行の機能を兼ねることが普通である。

特色・法原則　信用状取引は，商慣習を起源とするものであり，銀行が売主買主間の物品売買の当事者ではないこと，および荷為替手形取引が書類取引であることから，ユニークな特色を有する。

また，商取引の要請上，いったん有効に発行された信用状は，取消不能（撤回不能―Irrevocable）であり，その内容を変更（Amendment）するためには，発行銀行・受益者の同意が必要である。

さらに，発行依頼人が受益者を信頼して同人の履行を前提としているため，信用状は，受益者が他の者にその地位を譲渡することはできないものとされ（譲渡不能―Not Transferable），譲渡ができるのは，予め発行依頼人・発行銀行が信用状の譲渡を承諾していて，その旨が信用状面に「譲渡可能（Transferable）」と明記されている場合に限られる。

銀行が発行する伝統的な保証状も，経済的には信用状と類似の効果を及ぼすが，伝統的な保証状を支配する法原則は，附従性であって，保証状発行銀行が，従たる債務者の地位にとどまり，書類の実質審査（事実の審査）を旨として支払の可否を決定するのに対し，信用状における発行銀行が，主たる債務者として，支払の可否をもっぱら書類の形式審査（書類が記載上信用条件を充足するか否かの審査）により決めることに信用状取引の特色がある。

このように，信用状取引に適用される法原則は，以下の２つに要約される。

(1)　独立抽象性の原則　これは，信用状が，たとえば(i)物品の売主・買主間の売買契約という原因契約，および(ii)買主・発行銀行間の原因契約としての信用状取引契約（信用状の発行・支払から買主による発行銀行への補償までに関する契約）の両方から独立し，切断されている旨の準則である。

(2)　書類取引の原則　この準則は，独立抽象性の原則を書類の面から表現したものであり，信用状に基づく支払が，呈示された荷為替手形等における記載が信用条件を充足していることに依拠してなされること，すなわち書類の形式審査によって行われることを意味する。

信用状の法律関係　「発行依頼人と受益者」は，信用状の発生の原因となった原因契約（物品売買等）の当事者であり，「発行依頼人と発行銀行」は，与信を基礎とする委任関係である。また，「発行銀行と受益者」は，一定要件の下で信用状金額の支払を約束した債務者と債権者との関係に立つ。

なお，「発行銀行と通知銀行・指定銀行・確認銀行」との関係も委任である。

2　信用状の種類

これまでに例示した信用状のように，物品売買の代金支払を確実にする目的で用いられ，売主 A ＝受益者による船積の履行を引き金として支払われる信用状のことを「荷為替信用状（Documentary Credit, Documentary Letter of Credit)」または「商業信用状（Commercial Credit, Commercial Letter of Credit)」とよぶ。

これに対し，国際建設契約等において発注者の債権保全を図る担保となることを目的とし，受注者の債務不履行発生を契機に支払われる信用状が「スタンドバイ信用状（Standby Credit, Standby Letter of Credit)」である。

スタンドバイ信用状に適用される法原則も，それが信用状である以上，独立抽象性の原則・書類取引の原則である。

担保として活用されるスタンドバイ信用状の経済的効力は，附従性を有する伝統的な保証状の経済的効力と類似するが，その法的効力は異なっている。

なお，独立抽象性の原則・書類取引の原則が適用され，ヨーロッパを起源とする Demand Guarantee（請求払保証状）の法的効力は，米国を発祥の地とするスタンドバイ信用状の法的効力と同じである。

3　信用状の機能

現金化機能　独立抽象性の原則・書類取引の原則が適用される信用状においては，信用状条件を充足する書類を呈示した受益者は，発行銀行の信用リスクや所在地のカントリー・リスクがある場合を除き，容易に迅速

❖コラム5-1　旅行信用状余話

現代の荷為替信用状は，売主・買主間の物品売買にかかる代金支払のために利用されるのであるが，古い時代の信用状は，旅行者が携行して，予め支払を約束した金融業者から旅先での必要資金の支払を受ける仕組みのものであって，旅行信用状とよばれ，現在の旅行小切手の先駆となった。

1385年から1401年までに発行された旅行信用状の実例に言及している外国の文献もある。

1844年〜1846年に出版された有名なアレクサンドル・デュマ（山内良雄訳）『モンテ・クリスト伯(3)』71-72頁（岩波書店，1956年）には，山賊に誘拐されたアルベール・ド・モルセール子爵［かつてモンテ・クリスト伯爵（エドモン・ダンテス）の許嫁だった女性の息子］が，身代金の支払のために自己の旅行信用状によって至急現金を調達するよう親友に手紙で依頼している場面が，つぎのように記述されている。

なお，この作品には，別の箇所にも数回にわたり当時の旅行信用状の描写が出てきており，興味深い。

「友よ，この手紙を受取りしだい，机の四角な引出のなかにある僕の紙入れのなかから，信用状を出してくれたまえ。もしそれでも足りなかったら，君のぶんも足してほしい。トルロニヤのところへ行って，すぐに四千ピアストルの金をこしらえ，それをこの男に渡してくれたまえ。一刻の猶予もなく，その金が僕の手に届かなければならないのだ。

これ以上はなにも言わない。君が僕を信頼していてくれるように，僕も君を信頼する。

（再伸　僕もいまはイタリーの山賊のことを信じはじめた）

アルベール・ド・モルセール」

な支払を受けることができるので，信用状は，受益者にとって有利な現金化機能を有する。

訴訟転換機能　信用状に基づき迅速な支払を受けた受益者は，原因契約に基づく発行依頼人からの請求に関し，入手した現金を保持しつつ，最終的には受益者の地において発行人による訴訟の提起を待って応訴すれば足りることになる。これは，信用状の訴訟転換機能とよばれる。

4　信用状の主な規制法

(1)　国際商業会議所（ICC）のいわゆる信用状統一規則（UCP—最新版は2007年改訂のUCP600）

(2)　国際商業会議所（ICC）のISBP（2013 Revision（ISBP745）for UCP600）　これは，荷為替信用状に基づく運送書類等の主要書類の点検基準を明文化したものである。

⑶　国際商業会議所（ICC）の「荷為替信用状に基づく銀行間補償に関する統一規則（URR725）」　指定銀行・確認銀行に対する発行銀行の補償債務の履行および発行銀行から授権されて補償を行う補償銀行（Reimbursing Bank）に関する準則である。

⑷　UNCITRALの条約（「独立保証状およびスタンドバイ信用状に関する条約」）

⑸　米国各州のUCC第5編信用状（Letters of Credit）

⑹　いわゆる外為法

⑺　信用状発行銀行の約款　「信用状取引約定書」である。

⑻　SWIFTのルール　SWIFTでは最新版の信用状統一規則（UCP600）に基づく「荷為替信用状および保証」という標準メッセージタイプを定めているので，加盟銀行がこれに従って信用状事務を行っている。

⑼　スタンドバイ信用状に関する統一規則（ISP98）　これはスタンドバイ信用状に対して，より適切に適用される準則である。

⑽　Demand Guaranteeに関する統一規則（URDG758）　スタンドバイ信用状と類似の，ヨーロッパ型のDemand Guaranteeに関する統一規則である。

【設例5－2】　最判平成15・3・27金判1169号39頁

《事案の概要》　大阪の会社Xは，台湾のAへ布地を売る契約を結び，Xを受益者とする代金支払のための荷為替信用状が台湾のB銀行により発行されて，同信用状は台湾に本店を有するY銀行の東京支店を経由する形で，同行の大阪支店を通知銀行としてXへ通知された。その後，XがAに平成10年1月31日までに追加の布地をAへ船積することを約し，そのために信用状金額増額・船積期限と有効期限を延長する信用状の条件変更（Amendment）をB銀行がSWIFTにより発行し，それがY銀行へ送信されたが，同行東京支店の手違いで同行大阪支店への転送が数日間遅れてしまい，本件条件変更がXに通知されたのは同年2月4日であった。

Xとしては，船積手続に通常3日が必要であり，Aと合意した同年1月31日までに船積をするためには，遅くとも1月29日までに本件条件変更を入手する必要があったところから，Xが所定の追加船積を実行しなかったところ，A側から抗議を受けたので，Xはやむなく航空運送にて出荷した。

C銀行による荷為替手形の買取が全部終了した後，Xは，追加航空運送賃およびAによる値引きがY銀行の条件変更の通知遅延により生じたものであるとし，不法行為を原因としてY銀行に損害賠償を求めた。

一審および控訴審がXの請求を認容したので，Y銀行が上告した。

《判決要旨》　破棄自判。

最高裁判所は，つぎのように判示した。

「売主と買主との間で売買代金の決済方法として信用状を用いることが合意された場合，売主は，特約がない限り，信用状の通知を受けるまでは自己の債務の履行を拒むことができるし，また，信用状の条件変更がされたときは，条件変更の通知を受けこれを承諾するまでは，条件変更に係る債務の履行を拒むことができる」。

「本件条件変更については船積期限である同月［1月］31日に至ってもXへの通知はされなかったというのである。そうすると，Xは，本件売買契約に係る商品を上記船積期限までに船積しなかったことによりAに対して債務不履行責任を負うことはなく，売買代金の値引き等をしなければならない相当な理由はなかったというべきである」。

「したがって，Y銀行がXに対して本件条件変更を平成10年1月29日までに通知しなかった行為とXが被った損害との間に相当因果関係があるということはできない」。

Ⅳ　外国送金の手法の多様化

1　資金決済法による新送金システム

本章のこれまでは，従来から活用されてきた荷為替手形・信用状取引に伴う外国送金についてであった。日本の銀行が取り扱う送金は，費用の安いSWIFTシステムを活用しているにもかかわらず，送金依頼人から割高な送金手数料を受け取っていて，送金依頼人などの顧客から批判があがっており，近年日本での送金システムは刻々と変化してきている。この節では，その顕著な例として資金決済法を中心に新しい送金システムや送金手法の多様化について概説する。

資金移動に関するサービスとしての為替取引は，従来は銀行法等により銀行等にのみ認められる独占業務であった。しかし，近年のインターネットの普及等により，資金移動について安価で便利なサービスや，使い勝手の良い外国送金手段のニーズの高まりから，平成21（2009）年に制定された資金決済に関する法律（以下，資金決済法）で新しい送金システムが認められ，資金決済法37条の登録を受ければ，銀行以外の一般事業者（資金移動業者）でも為替取引を業として行うことができるようになり，安価で便利な送金サービスも利用者に提供できるようになった。このような銀行等以外の者が為替取引を業として営む

図表５－６　計数の提供を受けた資金移動業者46社の送金額の分布

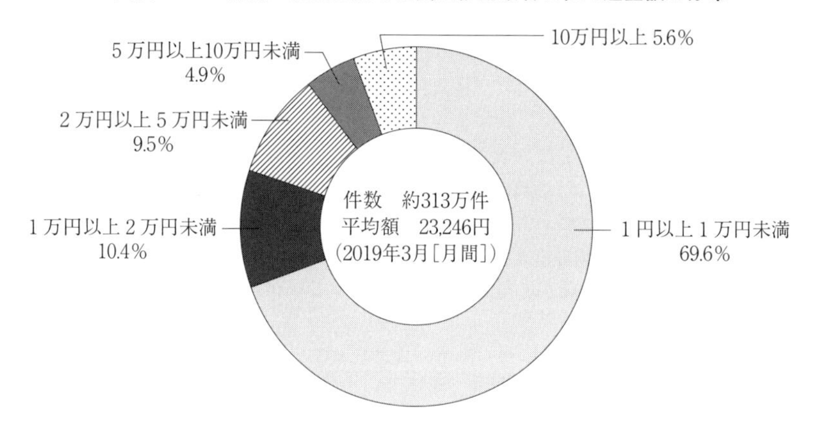

注記：資金移動業者に対して計数の提供を依頼し，提供を受けた計数に基づき作成した図表である。
　　資金移動業者すべてを網羅したものではない点に留意する必要がある。

ことは資金移動業といい，登録を受けてこれを行う者を資金移動業者という（２条２項，３項）。

この「資金決済法」は，その後の情報通信技術の進展を背景にして，平成28（2016）年，令和元（2019）年と改正がなされてきた。そして，令和２（2020）年の改正の際には，資金移動業者の送金額は，１件当たり１万円未満のものが約７割を占め，１万円以上２万円未満が10.4パーセント，２万円以上５万円未満が9.5パーセント占めるとされる（**図表５－６**参照）。他方，個人による高額商品・サービスの購入や，企業間における高額取引に係る決済など，現行規制における上限額を超える送金に対する利用者のニーズが一定程度存在するとの指摘がなされ，改正法においては，資金移動業に類型を設け，送金額・リスクに応じた過不足のない規制が適用されることとなった。具体的には，①少額送金を取り扱う類型のみならず，高額送金を取扱可能な新しい類型（認可制）も創設するとともに，②少額送金を取り扱う類型については利用者資金の保全に係る規制の合理化を試みている。

そのほかに，いわゆる収納代行のうち，割り勘アプリのような実質的に個人間送金を行う行為が，資金移動業の規制対象であることが明確化された。

２　３類型の資金移動業

従来は為替取引は銀行等の金融機関に限られていたが，資金決済法の制定により「資金移動業」を業とする銀行以外の一般の事業者（資金移動業者）が安価で便利な送金サービスを利用者に提供できるようになった。しかし，銀行と異なり，資金移動業者による為替取引は，預金がないので預金を用いるものではなく，また信用創造機能もほぼない。そして，送金額は，一回当たりの送金額が100万円以下のものに限られていたが，改正によって現在は，従来からの資金移動業の枠組みを維持しながら，海外送金のニーズなどを踏まえて100万円を超える高額送金を取り扱い可能とする新しい類型（認可制）を創設して，３類型の資金移動業を規定する。

すなわち，この改正では，資金移動業を第一種，第二種，第三種の種別に分けられ（36条の２），それぞれの種別に応じた規制がなされている（**図表５−７**参照）。

図表５−７　資金移動業の区分と規制

資金移動業の種類	送金可能額の上限	規制の概要	
第一種資金移動業	上限なし	認可制 高額送金にはリスクを伴うため厳しい要件	新設
第二種資金移動業	１回当たり100万円以下	登録制 法改正前とほぼ同じ要件	
第三種資金移動業	特に少額 （政令で指定・５万円）	登録制 規制緩和により従来よりも負担の少ない規制	新設

まず，「第一種資金移動業」とは，「資金移動業のうち，第二種資金移動業及び第三種資金移動業以外のものをいう」と定められ（改正資金決済法36条の２第１項），送金額が100万円を超える高額送金の取扱いが可能な類型を指し，送金額の制限がない。資金移動業者が第一種資金移動業を営もうとするときは，内閣総理大臣の「登録」を受けるのみならず，業務実施計画について内閣総理大臣の「認可」を受ける必要がある（改正資金決済法40条の２第１項）。そして，第一種資金移動業は，当該事業者破綻時に利用者に与えうる影響が他の類型と比較して大きい。そのため，利用者資金の受入れを最小限度とするために具体的な送金指図を伴わない資金の受け入れが禁止されている（改正資金決済法51条の

2第1項)。つまり，第一種資金事業を営む資金移動業者は，送金先や送金日時が決まっている資金のみ，利用者から受入れることができる。

つぎに，「第二種資金移動業」とは，「資金移動業のうち，少額として政令で定める額（100万円）以下の資金の移動に係る為替取引のみを業として営むこと（第三種資金移動業を除く。）をいう」と定められている（改正法36条の2第2項)。すなわち，金額の上限が100万円となる。外貨に関しては，円貨に換算して上限以下でなければならない。第二種資金移動業者は，第三種の上限以下の額の送金も取り扱うことができるが，そのような場合であっても第三種の資金移動業の送金としての規制を受けるのではなく，第二種資金移動業の送金として規制される。資金移動業者が第二種資金移動業を営もうとするときは，内閣総理大臣の登録を受けなければならない（改正法37条)。

最後に「第三種資金移動業」とは，「資金移動業のうち，特に少額として政令で定める額以下の資金の移動に係る為替取引のみを業として営むことをいう」と定められ（改正法36条の2第3項)，その金額の上限は5万円とされている（施行令12条の2・2項)。外貨に関しては，円貨に換算して上限以下でなければならない。上述のように，1～2万円，2～5万円の非常に小額の送金が一定数存在し，出稼ぎ外国人などのための少額な郷里送金他のため安価な送金システムを創設する必要があると認識され設けられたのが，第三種資金移動業である。資金移動業者が第三種資金移動業を営もうとするときは，内閣総理大臣の登録を受けなければならない（改正法37条)。

3　あたらしい多様な送金技術に関する動向と今後の展開

銀行と決済サービス事業者の間の送金手数料の減額

「ペイペイ」などのスマホ決済が近年日本国内で普及し，これらの事業者が，利用者による買い物の代金を加盟店に支払う際には，銀行振込を使っており，その手数料負担が重いといわれている。かねてから銀行の振込手数料が割高だと批判され，また，公正取引委員会が2020年4月に送金手数料が事務コストを大幅に上回っているとの指摘をしていたことから，事実上値下げが求められていたところである。その後，2021年10月から「全国銀行資金ネットワーク」が送金手数料を引き下げることになったことで，これを元値に銀行間の振込手数料を決定しているため，銀行の振込手数料が引き下げられる見通しが報じられ（読売新聞2021年５月４日朝刊社説），実際に大手銀行が手数料の引き下げを行った。この影響は地方銀行にも及んでおり，地域ごとで横並びの引き下げ対応が見られている。関東北部では全銀行がネット振込の手数料のみ引き下げ，下げ幅はほぼ同水準だった。一方，九州地方では半数の銀行が店舗窓口での振込のみ引き下げを行っている（日本経済新聞2021年12月16日）。

少額・高頻度の決済送金インフラの登場

スマートホンの普及により，上述のペイペイのようなキャッシュレス決済が本格的に普及し，また，従来から長年利用されてきた全銀システムの振込手数料などの送金コストが高どまりしていたことなどを背景に，少額かつ高頻度の決済・送金のインフラを提供する「ことら」が大手５銀行により2021年７月20日に設立された。「ことら」は，全銀システムと並行して用いられ，投資コストを抑制するために，J-Debit システムが活用され営業日の終わりにまとめて全銀システムで決済されることで，全銀システムの手数料をかなり抑えることができる。そして，利用者の手数料はほぼ無料に近いことが予想され，「ことら」はとりわけ個人間での少額送金で活用されることが想定されている。「ことら」の実際の運用は，2022年10月に予定されている。ノンバンクはこれまで銀行経由での入出金が必要であったが，「ことら」ではノンバンクがこのインフラによって直接送金可能となり，「ことら」は，キャッシュレス決済をすべてつなごうとするものである。このような「ことら」プロジェクト以外にも，全銀システムを，金融機関ではないフィンテック企業にも2022年には解放されることとなっている。国内での決済業務の変革の波は，利便性を追求する決済業者（フィンテック企業）のイノベーションを銀行の金融サービスに取り入れ，融合させ，安全性・信頼性と利便性の双方を兼ね備えた新たな決済サービスの構築を促し，一方で，決済業者にも財務の健全性，リスク管理の面で銀行に匹敵する厳しい規制の受け入れを迫るものとなり，銀行と決済業者との境界を，次第に曖昧とさせるものであり，今後外国送金についても，影響が出てくるものと思われる。

第6章 国際金融取引

I 国際金融取引とは何か

1 金融取引

金融取引は，国により時代により，しばしばその内容が異なる。たとえば，日本や米国では銀行の証券業務兼営を認めていないが（金商法33条参照），EUでは，証券業務を含めた幅広い金融サービスを提供するユニバーサル・バンキングが認められている。

以下では，企業がその活動のための資金を調達する方法を，本来的な金融取引として説明する。この立場からは，たとえば銀行の本来的業務である為替取引は，企業の一般的取引（たとえば売買）に付随的な金融取引として（国際的な支払および送金については，**第5章**），さらに保証および担保取引も，企業の本来的な金融取引に付随的な金融取引として，それぞれ位置づけられる。もっとも，資金調達は，資金の出し手からみれば利益を得るために資金を投下する投資となる（投資については，**第11章**）。

2 国際金融取引

企業が資金を調達する主要な方法には，新株発行，社債発行および金融機関からの借入がある。日本においては，新株発行，社債発行の法的な枠組みは会社法に規律されており，金融機関からの借入は契約として民法で裏づけられている。もちろん，新株発行や社債発行においても，取引を実現するための契約は，民法によって裏づけられている。

最近では世界的な金融の自由化および国際化の進展に伴い，従来よりも多種多様な調達方法を工夫することが可能となった。現在では，多くの企業が，国際金融市場を利用することにより，調達コストおよびリスクの削減を図りつつ，より機動的な資金調達を行っている。

国際金融取引とは，第1に，最も狭義にはある国の居住者と非居住者との間の取引（クロス・ボーダー取引）を指し，第2に，居住者によって仲介される非居住者間の取引（オフショア取引→**コラム6-1**）をいう。最も広義には，取引の当事者，目的，内容，対象通貨などからみて，その本質的な部分について国際性を有する取引であるといえる。国際金融取引が行われる「場」を抽象的に想定して，国際金融市場という。

国際金融取引においても，株式発行，社債発行および金融機関からの借入は，基本的な資金調達方法である。このうち株式（equity）の発行は，自己資本調達（いわゆるequity finance）であり，社債発行および金融機関などからの借入は，負債（debt）を生じる他人資本調達（いわゆるdebt finance）である。しかし，会社が新たに株式を発行して資金を調達する行為は，取引法上の行為である通常の社債発行と比較すると，会社の人的・物的基礎を拡大する点で，組織法的な考察を必要とするので，ここでは取り扱わない。借入（borrowing）は，資金の出し手からいえば貸付またはローン（loan）である。一般的にこの取引の特徴は貸付行為にあると理解されているので，以下では「ローン」とよぶことにする。

この章では，国際金融取引の基本形としての国際ローンおよび国際的証券発行の仕組みと法的問題に重点をおいて説明する。

Ⅱ　国際ローン

1　国際ローンの種類と特徴

国際ローンは，①貸付のための資金を通貨所属国で調達する（貸付取引が国内で勘定記帳される）いわゆる対外貸付と，②通貨所属国以外で調達する（国外で勘定記帳がされる）ユーロ・ローンに大別される。対外貸付は，国境を越えたクロス・ボーダー取引であるが，金融機関にとっては取引を海外の貸付先に広げただけで，国内融資（国内ローン）の延長と考えられる。したがって，以下では厳密な意味での国際ローンである②のユーロ・ローンについて説明することになる。

ユーロ・ローンには国内的な貸付にはみられない特徴がある。それは，貸付人が貸付のための原資をユーロ市場（→**コラム6-1**）で調達する方法である。**2**では，ユーロ市場について説明し，ユーロ市場でのユーロ・ドル預金取引を中心とする貸付原資の調達方法を概観する。

ユーロ・ローンでは，融資規模が巨額となり単独の銀行では対応できない場合に，シンジケートローン（syndicate（d）loan）の方法がとられることが多い。しかし，今やシンジケートローンは日本国内においても企業向け貸付の中心を占めるようになった。融資手法のグローバル化が進展したのである。

ユーロ・ローンは，国際的証券発行と比較するとつぎの特長を有する。

第1に，ユーロ・ローンは，国際的証券発行とは異なり，国際的な優良企業でなくとも借主となることができ，貸主は一般投資家ではなく銀行などの金融機関などに限られる。

第2に，当事者の必要に応じた柔軟な資金調達ができるという利点を有する。国際証券の場合は単一通貨で全額一度に発行されるのが通例である。これに対して，ユーロ・ローンの場合は，多通貨での貸付を認めるマルチ・カレンシー・ローンや通貨選択権付ローンが利用できる。また，ユーロ・ローンでは，分割引出や，予め信用供与枠（コミットメントライン）を設定しておき，その枠内で必要なときにいつでも借入ができるスタンド・バイ・クレジット，信用供与枠の中で借入・返済・再借入を繰り返すことができるリボルビング・クレジットなどの取り決めをすることができる。もっとも，このような柔軟な取り決めができる点は，国内向けシンジケートローンでも同様である。もともと「クレジット」という言葉はリボルビング型の場合に用いられ，「ローン」とは区別されていたが，現在では「リボルビングローン」ともいわれ，どちらを使ってもよい。

2　ユーロ・ローン

ユーロカレンシーとユーロ市場

ユーロカレンシー（ユーロ通貨）とは，その通貨所属国以外に所在する銀行に預けられた通貨の総称である。

国内ローンの場合，銀行は貸付のための資金（貸付原資）を主として国内の預金者の預金から調達する。国際ローンのための主要な資金調達源は，ユーロカレンシー市場で取引されるユーロ・ドルなどのユーロカレンシーである。ユーロ・ローンという名称は，EUの統一通貨であるユーロによる「ユーロ建てローン」と区別すべきである。

ユーロカレンシーの中心はユーロ・ドルである。ユーロ・ドルとは，米国の外に所在する銀行（米国の銀行の海外支店を含む），たとえば米国またはヨーロッパの銀行のロンドン支店に預けられた米ドル建て預金のことである。日本の銀行の国内支店に預け入れられた米ドル預金も，ユーロ・ドルである。ユーロ・ローンの原資となるユーロ・ドルは定期性預金（time deposit）の形をとるのが一般的である。以下ではユーロ・ドル取引を例に，ユーロ・ローンのための資金調達について説明する。

通常の国内預金については，金利規制や預金を受け入れた金融機関が中央銀行に対して負担する準備預金積立義務などのほか，預金保険，源泉徴収税などの規制が適用されるが，これらの規制はユーロカレンシー市場における外国通貨建て預金については適用されない。たとえば，米国連邦準備銀行に対する準備預金積立義務（レギュレーションD）は，米国外に所在する支店でしか払戻しできないドル預金には適用されない。米国外に所在するドル預金には米国の法律は適用できない（米国には規律管轄権または立法管轄権がない）からである。したがって，米国銀行のロンドン支店は，この支店で払い戻す約定の米ドル預金については，預金者に対して米国国内金利よりも準備預金コストがかからない分だけ高い金利を支払うことができる。

ロンドンの金融市場は，国際金融や外国為替に対する金融技術の蓄積に加えて金融自由化が早くから進展し，とりわけ外貨取引に対する規制がなかったことなどの理由で，ユーロカレンシー市場の中心となっている。ユーロカレンシー市場と第Ⅲ節でみるユーロ債発行・流通市場とをあわせて，一般的にユーロ市場とよばれる。

ユーロ市場での資金調達

ユーロ市場での資金調達をつぎの例で説明する。

ロンドンのL銀行は外国のB会社に米国ドル建ての貸付を行いたい。ロンドンのD1銀行は，中東の某国の金持ちから米ドルの預金を受

❖コラム6-1　オフショア市場

オフショア市場とは，国内金融市場とは切り離された形で，非居住者からの資金調達および非居住者に対する資金運用が，金融・税制上の法的制約をあまり受けないで自由に行えるようにした市場のことをいう。

1960年代にユーロカレンシー市場が拡大するにつれてオフショア市場を開設する国が増えた。有名なオフショア市場としては，ロンドン，ニューヨーク，シンガポール，香港，ルクセンブルグ，バーレンがある。その他に，バハマ，ケイマンなどのタックス・ヘイブン（租税回避地）（租税特別措置法66条の6参照）諸国もオフショア市場といわれる。

東京オフショア市場もユーロ市場である。なぜなら，国内の金融市場とは分断されていて，金利規制，源泉税などがなく，制度や規則などにも制約が少ないからである。しかし，東京オフショア市場は自然発生的に発展したロンドン中心のユーロ市場とは異なり，円の国際化を図るために1986年12月に政策的に創設されたものである。国内の金融市場とは区別して管理され，金利規制，預金準備率，源泉税などの制約を政策的に少なくしている。非居住者（外国に住んでいる個人や外国企業）から預金を受け入れ，これをほかの非居住者に貸し出す（外と外の取引）ことを主要な目的としている。

け入れたので，その預金の一定額を運用したい。D1銀行は，貸付資金を必要とするL銀行に対して預け入れることにした。

L銀行が最終的な資金の借り手であるB会社に貸し付ける際には，貸付原資の調達コストである変動金利に上乗せ金利（スプレッドまたはマージンといい，銀行の収益にあたる）を加えて貸出金利とするのが一般的である。この結果，ユーロ・ドルを中心とする一般的なユーロ・ローンは，変動金利ローンとなる。

銀行間取引の対象となるユーロ預金は1カ月，3カ月あるいは6カ月などの比較的短期のものが多い。たとえば，L銀行は6カ月後に，受け入れた金額に金利を付してD1銀行に払い戻すと同時に，別の銀行（たとえばD2銀行）から，貸付を維持するのに必要な金額の預金を再度受け入れる必要がある。

このように，L銀行はB会社に対するローンの期間中，たとえば5年のあいだ，銀行間取引によってこのような短期の預金の受入れと払戻しを繰り返すことで，ローンの金利支払日に残存する貸付元本に見合った調達を行う。これを見合調達または見合いファンディング（matched funding）という。L銀行にとってB会社に貸し付ける資金を調達するためのコスト（費用）は，たとえばD1銀行に支払う金利となる。

以上のように，ユーロ・ローンの貸出原資はロンドン市場における銀行間のユーロ預金取引で調達されることを想定している。ドル資金の受渡しおよび期日における元本および利息の支払は，取引当事者がニューヨークのそれぞれの業務委託銀行（「コルレス銀行」とよばれる）に設けた当座勘定に振り込むことによって行われる。つまり，ユーロ預金取引は，ニューヨークに所在する銀行間の資金決済制度であるチップス・システム（CHIPS：Clearinghouse Interbank Payment System www.theclearinghouse.org/payments/chips）のコンピュータ・ネットワークを通じて，取引当事者がニューヨークに保有するそれぞれの当座勘定に該当金額のデータが記帳されることで決済されるのである。

3　ユーロ・シンジケートローン契約

シンジケートローンとは何か

ユーロ・ローンの多くは，シンジケートローンである。シンジケートローンとは，借入人の委託を受けた（マンデートを獲得した）金融機関（以下「アレンジャー」という）が複数の金融機関によるシンジケート団を組成し，すべての参加金融機関が借入人との間で1つの契約書によって融資契約を締結する融資手法である（→文例2）。

アレンジャーが借入人にローンの提案をするときの条件には，シンジケートに参加する他の金融機関だけでは目標とする調達額が達成できないときは自ら融資することを約束する（引受またはアンダーライトという→第Ⅲ節**3**）ものと，最善の努力を約束する（ベストエフォート条件という）ものがある。このようなシンジケートの組成プロセスは，後にみるユーロ債の発行手続と共通点がみられる（→第Ⅲ節**3**）

代表的なシンジケートローンには，タームローンとリボルビングローンがある。

タームローンは，住宅ローンのように，一定の返済期間（ターム）に融資金額を返済する貸付であり，分割返済型と満期一括返済型がある。タームローンでは各参加金融機関が約束したコミットメント（信用供与）額（→文例1）の合計が融資金額であり，借入人はいったん借り入れた資金は原則として返済期限までは返済できない（期限前返済の禁止）し，いったん返済した資金は再借り入れすることもできない。

これに対して，リボルビングローンは，各参加金融機関がそれぞれ設定した

図表6-1　シンジケートローンの種類

1　リボルビングローン 各参加金融機関がそれぞれ設定したコミットメント（信用供与）の総額の枠内で借入・返済・再借入を繰り返すことができる貸付。 2　タームローン 一定の返済期間に融資金額を返済する貸付 (1)　分割返済型 (2)　満期一括返済型 通常は住宅ローンのように特定の日に1回限り融資金額全額を実行するが，複数回に分けて融資実行（引き出し）が行われるタイプ（限度貸付）もある。

コミットメント額（貸付極度額とよばれる）の全貸付人の総額（総貸付極度額とよばれる）の枠内で，借入人が借入金額と借入期間を設定することができ，費用を払えば期限前返済も可能であり，また返済と再借入を繰り返すことができる（具体的には→**文例1**）。日本ではリボルビングローンは「コミットメントライン契約」の一種とされる（特定融資枠契約に関する法律2条参照）。もっとも，厳密な意味でのコミットメントライン契約とは，資金の常時引き出しを前提としないで，いざというときの資金需要に備える契約をいう。

最近ではリボルビングローンとタームローンを組み合わせるなど，異なった信用供与形態をパッケージにした商品が一般化しているので，ローンやクレジットという言葉の代わりに，ファシリティ（信用供与形態）という総称でよばれている。たとえば，タームファシリティ，リボルビングファシリティなどである。

ユーロ・シンジケートローン契約の条項　ユーロ・ローン契約の条項は，当事者の種類あるいは当事者が目的とする取引内容によって当然いろいろなバリエーションがみられる。これに対して，最近ではとくにユーロ・ローンのほとんどを占めるシンジケートローン契約においては，業界団体が作成した標準契約書が普及しており，契約の定型化，標準化（パターン・オーダー化）が進んでいる。契約の標準化には，コスト面で利点がある。たとえば，契約書をチェックしたり交渉したりするコストを減少させたり，貸付債権の譲渡が容易になることによって債権の流通市場が充実し，このことによって借入人にとっ

図表6－2　標準的なユーロ・シンジケートローン契約書のアウトライン

(a) Definitions（定義）
(b) Loan; Commitment（融資約定）
(c) Conditions Precedent（前提条件）
(d) Drawdown　(引出)
(e) Repayment(s)（返済）
(f) Prepayment（期限前返済）
(g) Interest（金利）
(h) Payments（支払方法）
(i) Taxes（税）
(j) Representations and Warranties（事実の表明および保証）
(k) Covenants（誓約）
(l) Events of Default（債務不履行事由）
(m) Assignments（債権譲渡）
(n) Increased Cost（増加コスト）
(o) Fees and Expenses（手数料および費用）
(p) Role of the Agent and the Arranger（エージェントおよびアレンジャーの役割）
(q) Application, Distribution and Sharing of Payments（弁済の調整）
(r) Governing Law and Jurisdiction（準拠法および裁判管轄）

ても資金調達のコストが低くなるといわれる。

ユーロ・シンジケートローンの契約条項は，ユーロ債発行の際の契約条項と多くの点で類似点がみられる。なお，証券発行は多くの投資家から直接資金を借り入れるために，法的な規制もあいまって，標準化のニーズが高い。

よく利用されているシンジケートローンの標準契約書式としては，英国のローンマーケット・アソシエイション（Loan Market Association，略称 LMA www.lma.eu.com/），アジア太平洋ローンマーケット・アソシエイション（Asia Pacific Loan Market Association，略称 APLMA www.aplma.com）がある。米国ではローン・シンジケーション＆トレーディング・アソシエイション（Loan Syndications and Trading Association，略称 LSTA www.lsta.org/）がモデル条項を作成している。

標準的なユーロ・シンジケートローン契約には，**図表6－2**のような項目が含まれている。シンジケートローン契約と単独の銀行が貸し付けるローン契約とは共通点が多い。しかし，(h)の支払方法や(p)のエージェントおよびアレンジャーの役割，(q)の支払の充当，分配および調整はシンジケートローン契約の特徴である。

各項目の下には具体的な条項が含まれるが，項目の異同，順序，具体的条項の内容，配置などは，前述の取引の種類および内容といった要素によってさまざまである。弁護士の法律解釈やドラフティング方針の相違によっても変化する。

もっとも，(p)のエージェントと借入人との関係，貸付人間の関係に関する条項や(r)の準拠法および裁判管轄に関する条項の書き方は標準化されており，ハード（固い）条項とよばれる。これに対して，(j)の事実の表明（表示）および保証や(l)の債務不履行事由に関する条項は，ソフト条項とよばれ，取引の経済的効果を左右するものである。もちろん，ハード条項でも準拠法や裁判管轄に関する条項の場合には，書き方は共通であってもどこの国の法や裁判所にするかが交渉の対象となることもある。

以下ではユーロ・シンジケートローン契約を理解する上で重要な条項を，複数の標準契約から文例をとって説明する。

(a) Definitions（定義）　シンジケートローン契約中の重要な用語ないし繰り返し用いられる用語は，「定義」の項でその意味を明らかにしておく必要がある。定義条項は，契約を理解するための一種の「辞書」の役割を果たす。国際的な契約では，それぞれの取引によって，また関係を有する複数国の法律，慣習によって，同じ用語の意味が異なりうるから，定義の重要性が高まる。

(b) Loan; Commitment（融資約定）　この条項は，貸付人が借入人に対して一般的な貸す約束をする（commitment to lend）ことを定める。ただし，貸付人の具体的な貸付義務は，第1に，(c)の前提条件が充足されるまでは発生せず，第2に，その具体的な内容および履行時期・方法は，シンジケートローン契約の他の条項により確定されることになる。

文例1は米国の電子機器メーカーに対するリボルビングローンの例で，シンジケートの各貸付人のコミットメントについて定めている。

文例1　ローン（Loans）

Subject to the terms and conditions of this Agreement, each Lender hereby severally agrees during the period from the date hereof until the Maturity Date (the “Commitment Period”) to make loans (the “Loans”) to Borrower in amounts equal to the percentage interest set forth opposite such Lender’s name on Schedule 2.1 hereto (such Lender’s “Percentage

Interest") of the aggregate amount requested by Borrower in a Notice of Borrowing given hereunder provided that, after giving effect to any such requested borrowing (a) the aggregate of all Loans from such Lender will not exceed at any one time outstanding the sum set forth opposite its name on Schedule 2.1 hereto (such Lender's "Commitment") and (b) the Total Utilization will not exceed the Total Commitment. The line of credit extended hereunder is a revolving line of credit and, subject to the terms and conditions hereof, Borrower may borrow, repay and reborrow.

第1に，各貸付人（Lender）は借入人（Borrower）に対して，このローン契約の定めに従い，所定の期日から満期日（Maturity Date）（またはコミットメント期間）までの期間において，借入人が借入通知書（Notice of Borrowing）によって請求した金額に当該貸付人について別途定められた割合を掛けた金額を，個別に独立して（severally）貸し付けること（**文例2**参照）を約束している。

第2に，(a)コミットメント期間のいずれの時点においても，当該貸付人の貸付金額はそのコミットメントの額（日本の実務では「貸付極度額」とよばれる）を超えることはなく，(b)借入人の総利用額（Total Utilization）は総貸付額（Total Commitment）（日本の実務では総貸付極度額とよばれ，各貸付人の貸付極度額に総貸付人の数を掛けた金額となる）を超えることはないものとすると定めている。

第3に，文例の最後の文章は，この契約で供与される信用がリボルビングローンであり，借入人は，この契約に従って，借入，返済および再借入をすることができると定めている。

文例1ではシンジケートローンにおける貸付人の貸す約束が独立したものであるとのみ規定していたが，LMA契約書式の一例である**文例2**はこれをさらに詳しく規定している。シンジケートローンの特徴を表す条項である。

文例2　貸付人の権利・義務（Finance Parties' Rights and Obligations）

(a) The obligations of each Finance Party under the Finance Documents are several. Failure by a Finance Party to perform its obligations under the Finance Documents does not affect the obligations of any other Party under the Finance Documents. No Finance Party is responsible for the obligations of any other Finance Party under the Finance Documents.

……………………

(c) A Finance Party may, except as otherwise stated in the Finance Documents, separately enforce its rights under the Finance Documents.

文例2(a)は，本融資契約書（Finance Documents）において貸付人ら（Finance Parties）は各自独立して個別的に（several）責任を負担することが定められている。したがって，シンジケート団の銀行の一行がコミットメントを履行できなくとも他の銀行のコミットメントが増加することはない。(c)は本融資契約書に別段の定めがない限り，貸付人らは本融資契約書上の権利を個別に行使することができることを認めている。

(c) Conditions Precedent（前提条件）　シンジケートローン契約は，契約の締結（execution），具体的には調印（signing：クロージングともいう）によって一応成立したものと理解される。しかし，貸付人の貸出義務は，ここに掲げられた一定の前提条件が充足されるときまで，その効力を生じないとされる（日本民法127条とは「条件」の意味が異なる）。

前提条件には，貸付人が貸出を実行するために確認する必要がある事項について，これを証する文書の受領を含ませるのが一般的である。一般的な前提条件とされる文書の例としては，保証契約書，借入人の法人格を確認するための定款，借入人の内部的権限を確認する文書（取締役会議事録写し等），取引についての政府の許認可に関する書類，および契約の有効性を確認する文書（弁護士の法律意見書＝リーガル・オピニオン）などがある。

以上のような前提条件は，借入人による最初の資金の引き出し以前に整っていることが必要である。リボルビングローンにおいては，一部の前提条件は資金の利用の度に充足することが求められる。

(d) Drawdown（引出）　融資の実行（disbursement）は，借入人の指定する日に行われる。借入人は，一定の約定期間の間，資金を引き出すことができる。借入人は，引き出しを希望する日の以前，たとえば5営業日以前に，貸付人に対して引出通知を発する必要がある。

リボルビングローンにおいては，融資実行を求める借入人からの通知はタームローンの場合より重要である。通常のタームローンでは，契約締結からあまり時間をおかずに借入人が資金を全額引き出すことが予定されているのに対して，リボルビングローンでは，契約期間のどの時点でどのくらいの金額を借り入れるかは，借入人に任されているからである。**文例1**のように，リボルビングローンの特徴は，借入人の希望する時期にいつでも複数回にわたって借り入れ，返済と再借入を繰り返すことができる点にあるのである。

借入人による通知は**文例1**では借入通知（Notice of Borrowing），LMAのリボルビングローンの契約書式例では利用申入れ（utilization request）とよばれている。リボルビングローンでも資金の引き出しが通常予定されていない契約においては，実際に一定額以上の資金の利用がされた場合に備えて利用手数料（ユーティリゼーションフィー）の定めがおかれる場合がある（→(o)）。たとえばリボルビングローンがコマーシャルペーパー（CP）（→第Ⅲ節**2**）の償還時に資金不足になる場合に備えたバックアップとして用いられる場合などである。

(e)　Repayment（返済）　　ローン契約における借主の中心的な義務である返済義務を定め，返済方法を規定する。返済方法は，一括返済と分割返済に大別されるが，貸付人の見合調達（→本節**2**）の観点からは，分割返済が基本となる。この場合は，返済日が資金調達のために受け入れた預金の満期日（ローンの金利支払日）に重なるように設定される。

(f)　Prepayment（期限前返済）　　借入人に任意の期限前返済を認めるかどうかは契約によって異なる。

期限前返済を認めると，全額であっても部分であっても貸付人の資金調達および運用計画を狂わせることになる。ローンのコスト計算は貸付人がローンの金利支払日に残存する貸付元本に見合った調達（見合調達）を行うことを前提にしているので，金利支払日より以前に返済されると，返済日から予定された期限までの金利を受け取ることができなくなる。ここで貸付人は期限前返済を受けた元本を再運用することになるが，この再運用利率はローンにより受け取る利息より低くなるのが通常だからと説明される。

借入人に期限前返済の権利を認める契約においては，所定の通知をした上で一定の金額以上を返済すべきことや，返済が金利支払日（金利期間の最終日）以外になされる場合には清算金（break costs）を支払うべきことなどが定められることが多い。清算金は，上述の再運用コストを吸収するためであると説明される。

(g)　Interest（金利）　　ローンの金利指標としては，これまでIBORs（Inter-bank Offered Rates）が参照されてきた。IBORsとは，複数の金融機関（パネル行）が予め提示する金利をもとに算出した金利指標である。 IBORsは，市場毎に異なる運営機関が算出するもので，ロンドン市場のLIBOR（London Interbank Offered Rate），東京市場のTIBOR（Tokyo Interbank Offered Rate），欧州市場のEURIBOR（Euro Interbank Offered Rate）等がある。

IBORsのうちユーロ・ローンで最も参照されていたのはLIBORであり，英国ポンドだけではなく，日本円，ユーロ，スイスフラン，米ドルのLIBORも公表されていた。しかし，LIBORの運営機関は，2023年末までに全ての通貨の金利指標を公表停止する。これは，前決めの金利指標の性質を利用したパネル行の不正な金利操作が発覚し，LIBORの信用が失墜したことによる。LIBORに代わり参照しうる金利指標の1つは，TIBOR，EURIBOR等である。TIBORやEURIBORは，透明性・頑健性・信頼性を高める改革が行われ公表が続いている。しかし，これらが示す金利指標は，それぞれ日本円，ユーロの金利に限られる。

その他参照しうる金利指標には，通貨毎のリスク・フリー・レート（RFR），ターム物RFRがある。RFRには，米ドルのSOFR（Secured Overnight Financing Rate），英国ポンドのSONIA（Sterling Overnight Index Average），ユーロの€STR（Euro Short-Term Rate），日本円のTONA（Tokyo Overnight Average Rate）等がある。RFRは実際の取引に基づくため，金利の決定は支払日直前の「後決め」となる。後決めによるから，LIBORのような金利操作の余地はない。他方で，後決めには問題もある。まず，金利が支払直前に決まるとなれば，支払を行う者が支払に対応できない恐れがある。また，支払を受取る者にとっても，金利収入が不確実となり会計処理などの事務が複雑になる。そこで，前もって適用金利を確定できる「前決め」方式のターム物RFRも，LIBORの代替金利指標の候補とされるのである。日本円のターム物RFRは，特にTORF（Tokyo Term Risk Free Rate）とよばれる。

(h) Payments; Computations（支払方法および計算方法）　ローン契約では，借入人が貸付人に支払うべき元利金や各種のフィー（手数料）の具体的な支払方法が定められる。国境を越えたドル資金の支払は，通常ニューヨークのCHIPS（→本節 **2**）を通じて決済される。

LMAのシンジケートローン書式では，借入人からの支払や貸付人からの貸付の支払がまとめて規定されている。

❖コラム6－2　100年に一度の国際金融危機

2007年以降，米国のサブプライムローンが大量に焦げついた。サブプライムローンとは信用力が劣る「サブプライム層」とよばれる人々向けの住宅ローンのことである。このため，このローンを裏づけとした証券化商品の価格が下落した。そして，この証券化商品を購入していた金融機関が巨額の損出を被ったことから，2008年秋には米国のリーマンブラザーズなど大手金融機関が破綻した（「リーマンショック」ともいわれる）。これが欧州の金融機関に連鎖し，世界中の金融市場で急激な信用収縮が生じることになった。このような世界規模の金融危機は世界の実体経済にも影響を与えた（→**コラム6－6**）。

文例3　エージェントに対する支払（Payment to the Agent）

Payment shall be made to such account in the principal financial centre of the country of that currency with such bank as the Agent specifies.

シンジケートローンにおいては，貸付人の代理人としてのエージェントが借入人との間で連絡・通知事務や元利金の支払事務を行う。エージェントにはアレンジャー（→本節**3**）が就任することも多い。

文例3はLMA書式によるものであるが，支払はエージェント銀行が指定する銀行が当該通貨の主要金融センターに有する口座に入金するものとすると規定している。当該通貨の主要金融センターとは，ドル資金の場合はニューヨークでありユーロ資金の場合にはユーロ圏参加諸国の主要金融センターまたはロンドンを意味する。

（i）Taxes（税）　借入人の貸付人に対するローン契約に基づく金利支払には，借入人国の源泉徴収税が賦課される可能性がある。このため，源泉徴収税賦課のリスクを貸付人から借入人に転嫁する必要がでてくる。そこで，法律により借入人が税金分を控除して支払うことを要する場合に備えて，LMAなどの標準契約には税額グロス・アップ条項（tax gross-up clause）または税額補償条項が設けられている。この条項により，借入人側の法律による金利支払の控除がなかったならば貸付人が受け取ることができる金利の額を借入人に補償させることが可能となる。

（j）Representations and Warranties（事実の表明および保証）　借入人は，契約の有効性，執行可能性および借入人の信用力に関する事実を表示し，

❖コラム6-3　債務不履行（デフォルト）宣言に関する米国判例

New Bank of New England v. Toronto-Dominion Bank,768 F.Supp.1017 (S.D.Y.Y. 1991) のケースでは，デフォルトがあった場合多数派貸主は借主に対して債務不履行があったことを通知し，期限の利益喪失を宣言し，即時返済を要求し，その他の権利および救済を実行することができる旨の貸付契約の規定が問題となった。シンジケートローンの少数派貸主は，米国の連邦地方裁判所において，多数派貸主に対して，借主に対する即時返済の要求および担保権実行を求めた。裁判所は，このような裁量的規定は，多数派貸主がそれらの行為をしないでおく権限をも与えるとして，少数派貸主の請求を棄却した。

かつ，その正確性を保証する。この違背は，「不実表示」(misrepresentation) としてローン契約上の債務不履行事由として規定される。

英米法では契約に定めていない場合でも不実表示の法理により契約の取消しや不法行為による損害賠償の救済が与えられる可能性があるが，確実な救済を受けるためには契約に詳細な規定をおく必要がある。

(k) Covenants（誓約）　借入金の使途，有効な政府の許認可の取得，財務諸表の定期的送付，財務調査協力，債務不履行事由発生の通知などに関する借入人の約束である。約束違反は債務不履行事由とされる。

ネガティブ・プレッジ (Negative Pledge) 条項は，後述するパリ・パス条項とともに，誓約の中でも最も一般的な条項である。ユーロ・ローンは無担保貸付が原則であるから，借入人の財政状態が悪化したときに備えて，借入人の一般財産に対する他の債権者の担保権設定を制限しておき，無担保債権者の債権の保護を図ろうとする趣旨である。物的担保とは異なり，借入人の親会社などによる保証 (guarantee) は対象外である。

文例4　ネガティブ・プレッジ (Negative Pledge)

Except as provided below, no Obligor shall (and the Company shall ensure that no Material Subsidiary will) create or permit to subsist any Security over any of its assets.

この文例はLMA 書式による。債務者（この契約では借入人会社と保証人を意味する）は，例外的に認められた担保権を除いて（「以下で定められたものを除いて」），債務者の財産にいかなる担保権も設定せず，また存続させないものとすると規定している。借入人が子会社を有していたり企業グループを有していたりする場合には，その子会社やグループも債務者の財産に担保権を設定することはできない。この条項はかっこ書で，借入会社の主要な子会社による担保権設定を制限している。

借入人にとっては，ネガティブ・プレッジ条項が広い範囲の担保権に及ぶと，将来の資金調達の際に，自分の財産を担保に供してより有利な条件で融資を受けることが困難となる。また，平常の取引の中で発生する交互計算（商法529条以下参照）や法定担保権もネガティブ・プレッジ条項の適用からはずしておく必要がある。

ネガティブ・プレッジ条項は担保債権者の出現を防止しようとするものであるが，パリ・パス条項は無担保債権者間の公平な取扱を要求するものである。パリ・パス条項では，当該契約上の借入人の債務は，法で優先的に扱うべきことが強行的に定められたもの（たとえば従業員に対する給料支払債務など）を除き，借入人が第三者に対して負う無担保の債務と同等に扱うことが定められる。パリ・パス条項はネガティブ・プレッジ条項とセットになって機能を発揮するものといえる。

(1)　Events of Default（債務不履行事由）　債務不履行（デフォルト）とされる事由を列挙し，いずれかの事由が発生した場合の貸付人の権利（救済）を定める。貸付人の主要な権利は，借入人の期限の利益を喪失させ（これにより直ちに返済を要求できる），未実行の融資約定を解除することができることである。これ以外にも，契約準拠法上の救済が受けられることはいうまでもない。もっとも，債務不履行による救済を受ける権利があっても，その権利をいつどのように行使するかの判断は容易ではない（**→コラム6-3**）。

債務不履行事由の典型例は，借入人の元利金の不払である。金利の支払について，米国の国内的ローンにおいては短期間の猶予期間（grace period）を設ける例もみられるが，ユーロ・ローンでは，金利期間の遵守が見合調達の成否を決するので，猶予期間は認められにくい。

その他の債務不履行事由としては，保証違反，誓約違反，倒産などがあるが，国際ローン契約では，**文例5**のような連鎖的債務不履行またはクロス・デフォルト条項（cross-default clause）が有名である。

文例5　クロス・デフォルト（Cross Default）

The Borrower or any Subsidiary (i) fails to pay any of its Indebtedness as and when that Indebtedness becomes payable or (ii) fails to perform or observe any covenant or agreement to be performed or observed by it contained in any other agreement or in any instrument evidencing any of its Indebtedness if, as a result of that failure, any other party to that agreement or instrument is entitled to exercise, and has not irrevocably waived, the right to accelerate the maturity of any amount owing thereunder.

クロス・デフォルト条項は，ある貸付人との契約Aにおいて，他の貸付人との契約Bに係る債務不履行を契約Aの債務不履行事由としてしまう効果を有する。この例では「債務」（Indebtedness）が広く他の貸付人に対するものも含んでいるので，その債務を履行しないことがこの契約における債務不履行とされるのである。この例は，他の債務の不履行を自動的にこの契約上の債務不履行とせず，その他契約に係る債務を履行しない結果として（as a result of that failure），当該その他の契約の当事者が期限の利益を喪失させる権利を有し，かつ，その権利を確定的に放棄していない場合（any other party to that agreement or instrument is entitled to exercise, and has not irrevocably waived, the right to accelerate）に限定している。

借入人の他の債権者が期限の利益を喪失させることができる立場にあると，これを武器として借入人から有利な弁済条件を引き出すことができる。クロス・デフォルト条項の主たる機能は，同じ立場の債権者に平等の武器を与えることであり，(k)のネガティブ・プレッジおよびパリ・パス条項とセットになっている。

(m)　Assignments（債権譲渡）　借入人は，ローン契約上の債権を譲渡することを原則的に禁止されている。例外的に，貸付人の書面による事前の同意により，借入人による債権譲渡が認められる場合がある。これに対して，貸付人には債権譲渡の自由が与えられるのが通例となっている。

(n)　Increased Cost（増加コスト）　増加コスト条項は，ローン契約調印後，貸付人に対する規制の変更（たとえば銀行または貸出支店所在地の付加価値税の新設や支払準備制度の適用など）によって，貸出の実行または維持のためのコストが増加した場合，このリスクを借入人に転嫁しようとするものである。

❖コラム6－4　譲渡制限特約

日本法の原則によれば，譲渡制限特約に違反する譲渡もそれによって効力を妨げられることはない（民法466条2項）。しかし，悪意または善意重過失の譲受人に対しては，債務者が特約の効力を主張することができる（民法466条3項）。韓国銀行東京支店に対する定期預金債権を譲り受けた韓国国籍の原告が，預金債権の払い戻しを請求した事件において，債権譲渡行為の成立および効力は譲渡債権の準拠法によるとして，当時の法例7条2項（適用通則法では削除）に従い，行為地法たる日本法（民法466条3項参照）により，譲渡禁止（制限）特約の存在についての原告の悪意を認定して原告の請求が棄却された（東京地判昭和42・7・11金判76号2頁）。

この事件は，法例7条1項（適用通則法7条）に従い当事者が黙示の準拠法合意により日本法を選択したと考えてもよいものであった。現在では，適用通則法8条により，特徴的給付を行う当事者の常居所地法（預金を預け入れた支店の所在地法）の日本法を準拠法と推定することもできる。

(o)　Fees and Expenses（手数料および費用）　借入人が貸付人に支払うべき手数料（フィー）には，貸付を実行する義務の負担に対する対価としての約定料（コミットメントフィー：commitment fee），シンジケートローンの場合の幹事手数料（management fee），シンジケート団の代表（各メンバーを本人とする代理人）として債権事務管理をするエージェントフィー（agency fee）がある。コミットメントフィーの定めはリボルビングローンに一般的にみられる。

コミットメントフィーはコミットメント（貸付極度額）の未使用部分について計算される。コミットメントフィーに代えてファシリティーフィーが規定される場合がある（日本国内のシンジケートローン契約書も同様である）が，これはファシリティー（信用供与形態）を維持するための手数料と説明される。したがって，ファシリティーフィーはコミットメント額の使用，未使用を問わずコミットメントの全額について計算される。

これに対して，リボルビングローンでも資金の引き出しが通常予定されていない契約においては，実際に一定額以上の資金の利用がされた場合に備えて利用手数料（ユーティリゼーションフィー）の定めがおかれる場合がある。たとえばリボルビングローンがコマーシャルペーパー（CP）（→第Ⅲ節**2**）の償還時に資金不足になる場合に備えたバックアップとして用いられる場合などである。

ローン契約締結のための準備，債務不履行および債権の保全・執行等に係る費用は，一般的に借入人が負担することとされる。

(p) Role of the Agent and the Arranger（エージェントとアレンジャーの役割）

シンジケートローンの場合には，ローンの組成を主導するアレンジャーとローンの期間中の元利金支払事務にあたるエージェントの役割が重要である。一方ではアレンジャーとエージェントは自らも貸付人となることが通常であるが，他方，コミットメントの割合が他の参加銀行と比べて多く，(o)でみたような特別のフィーを受け取る地位にある。そこで，シンジケートローン契約上，アレンジャーとエージェントが他の参加銀行との関係でどのような権利義務を有するかが問題となる。

文例6　No fiduciary duties（信任義務の排除）

(a) Nothing in this Agreement constitutes the Agent or the Arranger as a trustee or fiduciary of any other person.

文例6の(a)はLMAのシンジケートローン書式に一般的にみられる定型的な文言で，エージェントやアレンジャーは受託者や受任者に該当しないと規定する。

英米法上，本人とエージェントの間には信任義務があると推認されるので，これを排除するための条項である。エージェントやアレンジャーが信任義務を負うと解釈されると，もっぱら相手方の利益を図るために最高度の信義誠実を尽くして行動することが求められる。

このような結果は，シンジケートローンは参加者が貸付のプロであり，対等な当事者として独立の義務を負いつつ同一の条件で1つの契約書に締結したという建前に反する。通常の注意義務を超えて相手方の利益のために行動する義務（信託法30条の忠実義務参照）が課されると，貸付人は各自独立して個別的に責任を負担するという一般的なシンジケートローンの規定（→**文例1**）とも矛盾することになる。最判平成24・11・27判時2175号15頁（アレンジャーに信義則上情報を提供すべき注意義務違反による不法行為責任肯定）（国内事件）参照。

(q) Sharing of Payments（支払の調整）　LMAのシンジケートローン契約書式では，貸付人が借入人に対して有する当該シンジケートローン契約上の債権で弁済期にあるものを利用して，貸付人が借入人に対して負担する債務

❖コラム６-５　国際ローンと利息制限法

国際ローン契約中の準拠法条項は，一般的にその準拠法所属国の法秩序全体を指定（抵触法的指定）したものと解され，当事者が契約条項を詳細に規定する代わりに，いずれかの国の法規を援用（実質法的指定）したと解されるのは例外的な場合であろう。したがって，形式的には準拠法中の強行法規も指定の範囲に含まれることになる。しかし，ある強行法規がその契約に適用されるかどうかは，当該強行法規自体の解釈によって決定されるものであり，当事者の意思とは関係ない。したがって，ローン契約に利息制限法のような法律が適用されるか否かは，その強行法規性を含めて，問題となる法律規定の解釈により決定される。

日本の利息制限法の１条は，「元本が100万円以上の場合」の利息は，年１割５分の利率による金額を超える部分について無効となると定め，同４条１項は，金銭を目的とする消費貸借上の不履行による賠償額の予定は，その賠償額の元本に対する割合が所定の割合を超えるときは，その超過部分について無効とすると定める。これらの規定は，強行法規ではあるが，「経済的弱者の地位にある債務者の保護を主たる目的とする」ものであり（最大判昭和39・11・18民集18巻９号1868頁），企業間の国際金融取引でしかも債務者が外国企業あるいは外国国家であるようなローン取引に適用があるとは考えにくい。

（借入人の債権）で弁済期にあるもの（通常は借入人の貸付人銀行に対する預金）を相殺（set-off）によって消滅させることを認めている。

この相殺の結果，その貸付人の借入人に対するシンジケートローン契約上の債権は他の貸付人の債権よりも余分に弁済を受けたことになる。そこで，全貸付人が均等に弁済を受けた状態にするために，貸付人間で調整をする条項が設けられる。このような条項は，調整条項（sharing clause）とか再配分条項（re-distribution clause）とよばれる。国内のシンジケートローン契約書式にもみられる。

（r）Governing Law and Jurisdiction（準拠法および裁判管轄）　どの国の法を準拠法とするか，どこで裁判をするかは契約当事者にとっては重要な関心事である。しかし，モデル書式が一般化しているシンジケートローンにおいては，準拠法条項や裁判管轄条項の文言は，交渉の必要がないハード条項（→本節**3**）であるといわれる。

裁判管轄条項では，当該契約に関する紛争について，どの国で裁判を行うかが定められる。このような条項は，国際金融の中心である英国ロンドンあるいは米国ニューヨーク州において，合意管轄として一般的に有効である（日本法については→**第12章**)。

Ⅲ　国際的証券発行

1　ローンから証券へ――セキュリタイゼーション

1980年代初頭までは，国際貸付は国際的資金調達方法の50から70%を占め，国際金融取引の中心であった。とりわけ途上国に対するシンジケートローンは，国際金融の花形としてもてはやされた。この傾向は，1982年8月にメキシコが対外債務について債務不履行状態となり，国際的債務危機が顕在化してから一変する。メキシコの債務危機をきっかけとして，国際金融における貸付の割合は激減し，債券（ボンド），すなわち日本でいう公債や社債（いわゆる「公社債」）の発行による資金調達の割合が高まることとなった。その後，ローンと債券などの証券発行による資金調達の割合は，国際的な金融危機や国内金利など金融市場の動向によって変化している。

1980年以降は，各国における金融の自由化，経済のグローバル化およびIT技術の進展があいまって，金融技術の発展と資金調達方法の多様化が進んだ。これによって資金調達方法の相対化が進展し，ローンと証券発行の境界が以前ほど明確ではなくなっている。

銀行借入（間接金融）から社債などの証券発行による資金調達（直接金融）への動きは，金融におけるセキュリタイゼーション（証券化）とよばれる。証券化という言葉は，資産（銀行にとっては借入人に対する債権）の流動化を利用した証券発行の仕組みを指すのにも用いられる（→**コラム6-6**）。

2では国際金融市場で発行される証券の種類について整理し，ローンと証券発行の複合的手法を概観する。つぎに**3**で最も一般的な無担保債券に関する問題を取り上げる。

2　証券の種類

証券という名称　証券の種類は以下の各分類に述べる通りであるが，日本や日本法において慣用的または法的に用いられる用語とロンドンから発達したユーロ市場の慣用法や英国法における用語とにはズレがあ

❖コラム6－6　債権の証券化

2008年の国際金融危機（→**コラム6－2**）は，サブプライムローンの証券化取引が原因であるといわれる。この場合の証券化とは，債権などの資産を弁済期まで保有しないで譲渡し，債権が生み出す元利金支払などのキャッシュフローを引き当てに証券を発行して現金にかえることを意味する。なぜ証券化が金融危機の原因になったのかを**図表6－3**で理解しよう。

証券化取引は，以下にみる大数の法則により，多数の債務者の1人ひとりの住所のいかんや，1つひとつの債権の不履行や差し押えによる価値把握とは関係なく組成される。重要なのは，キャッシュフロー（たとえば**図表6－3**の④→⑤や⑥→⑧のお金の流れ）が止まらないということである。

資金が必要な銀行・債権者Aは，多数の借入人・債務者Cに対する多数のローン債権①を譲渡するために，特別目的会社・譲受人Bを日本または海外に設立する。債権の集合的な譲渡②を受けたBは，その集合的な債権が生み出す⑥→⑧のキャッシュフローを引き当てに投資家Iに対してコマーシャルペーパーや社債などの証券を発行③（証券化）する。他方，Bは，社債に対するIの払込金④を利用してAに譲渡代金⑤を支払う。

ここで，Bは債権を譲り受けて証券を発行することという特別の目的を有する会社であり，その他の事業は行わないことが法的に確実に定められていることが重要である（たとえば流動化法参照）。すると，Bは単純な事業しか行わないのでBが発行する証券の信用力は計算しやすくなる。つぎに，集団としての債務者Cの債務不履行の確率（デフォルト確率）は，観測回数に対するその事象の実現回数の割合は観測回数を多くすると計算上の確率に近づくという大数の法則により，予め計算できる。したがって，デフォルト確率が高いカテゴリーの債務者に対する債権を譲渡するときには，契約上の元利金額から割り引いて，すなわち70％とか60％の金額で譲渡すればよいことになる。さらに，信用力が足らない分は他の銀行による信用・流動性補完の仕組みを利用する。

以上の仕組み（「仕組み金融」）によって，Bの発行する証券の格付けはスタンダードアンドプアーズやムーディーズなどの格付機関によりAAA（トリプルA）というような高い格付けを獲得することが可能となる。高格付けの証券は，各国の生命保険会社などの機関投資家が安心して購入したり，投資ファンドが購入したりする。

以上のような仕組み金融が成り立つためには，たくさんのプレーヤーが関与することが必要であるが，プレーヤーの国籍や所在は問題とならない。したがって，リスクは世界的に分散されており，1つの証券化取引だけが失敗したとしても，リスクはどこかで吸収されるから，世界的な金融危機にはならない。

米国では信用力の劣る債務者に対して，住宅価格が上がり続けるという前提で住宅を担保とした貸付や借り換えを積極的に進めたために，不動産バブルがはじけたとたんに大量の元利金の支払が滞ることとなった。つまり，証券化取引の前提であるキャッシュフローが循環しなくなったのである。このことによって，取引のプレーヤーが連鎖的に支払不能や倒産に追い込まれた。

商品開発力の優れた米国の金融機関（投資銀行）は，積極的に信用力の劣る債権を利用した証券化取引のアレンジャーになり，目先の利く他の金融機関も何らかの形でこれらの取引に関与した。そして多くの場合投資家が特定の証券を組み込んだ投資ファンドであ

図表６－３　債権の証券化（住宅ローン）

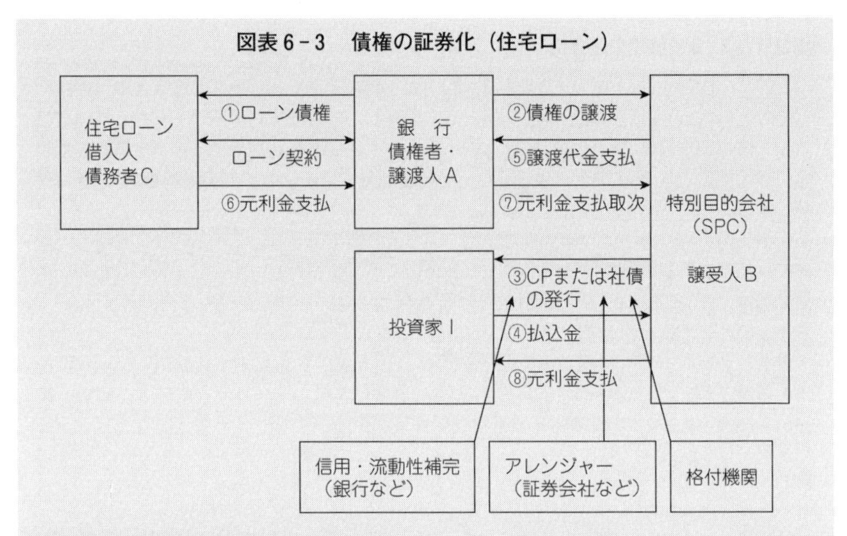

り，ファンドがさらに証券化商品を発行していたり，証券化取引のプレーヤーである銀行や証券会社自体が投資家として証券化商品を購入していたために，リスクが予想以上に広範囲にかつ複合的に連鎖していった。このため，プレーヤーのだれかが負担できなくなると，それが世界中のプレーヤーに連鎖していき，世界的な金融危機になったのである。証券化取引のメージャープレーヤーがいた米国や欧州の経済が打撃を受けたため，日本を含む貿易相手国の経済も大きな打撃を受け，世界的な経済危機にもつながっていった。

る。用語間のズレについては各分類においても少し指摘したが，つぎのような相違にも留意したい。

一般的には，満期（償還期間）が１年を超えない証券は「コマーシャルペーパー」(commercial paper)，１年以上のものはボンド（bond）またはノート（note）という名称が用いられる。ボンドやノートには会社が発行する社債のほかに，国債，公債や国際機関が発行する国際債が含まれ，日本でいう債券に該当する。

以上をあわせた一般名称は英語では「債務証券」(debt securities) または一般的には証券という。規制法上の証券という言葉（金商法２条参照）と慣用的な用語にも重要な相違があるので，注意が肝要である。

以下のユーロ債や○○債という用語は慣用的に用いられているが，債券以外の証券を含む意味である。

図表6-4　債券の発行市場による分類

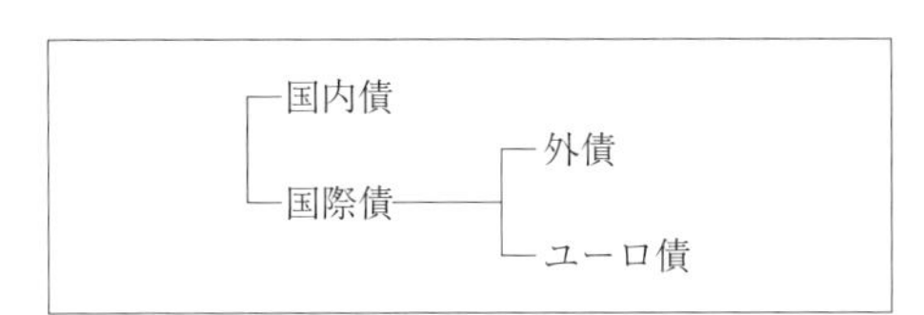

発行市場による分類

(1)　国内債と国際債，外債とユーロ債　　債券は，発行される市場によって，居住者が国内市場で発行する国内債と，それ以外の国際債に区別される。つぎに国際債は，非居住者が国内市場で発行する外債（いわゆる「サムライ債」）と，居住者または非居住者を問わずユーロ市場（オフショア市場）で発行するユーロ債に分けられる（→**図表6-4**）。たとえば，米国のディズニー社が，日本の投資家に販売することを目的として，日本の証券会社を引受人として，日本で発行した円貨社債は，外債である。外債は，発行者が非居住者である点を除けば，国内債と変わるところはない。これに対して，ユーロ債は，一般に，ユーロ市場，すなわち債券の表示通貨国の国内市場以外で発行されるもので，真の国際的証券発行といえる。ユーロ債のうち，欧州統一通貨によるものを，ユーロ建てユーロ債ということがある。

以上に対して，日本からみて外国で発行される債券を外債とよぶ用法もある。

(2)　グローバル・ボンド　　これに対して，グローバル・ボンドとよばれる債券は，通貨所属国の国内だけではなく，国外の欧州や米国などの主要市場でも同時に発行するもので，上記の国内債および国際債の両方の側面を有している。このため，ユーロ債の場合以上に国内法による規制を受けることになる。

グローバル・ボンドは，多額の起債，市場の分散，および時間と場所を選ばない決済手続により，他の債券に比較して高い流動性を実現でき，これが投資家にとっての魅力となっている。グローバルな決済が可能となったのは，主要市場の証券保管・決済システムのネットワーク化が高度に発展したからである。

発行条件の相違による分類　ストレート・ボンド（straight bond，略称SB）は，国際的証券発行による最も基本的な資金調達方法である。ストレートとは特別の発行条件がつけられていないという意味で，ストレート・ボンドは日本の普通社債のように，定められた利率（固定金利）による利払いと満期時における元本の返済（償還）を約した債券である。

これに対して，特殊な発行条件（味付け）が付された債券として，転換社債（convertible bond）およびワラント債（bond with warrants）がある。転換社債とは一定の価格で株式と交換できる権利のついた社債のことをいい，ワラント債とは株式を引き受ける（→本節**3**）オプションのついた社債のことである。ワラント債はオプションを行使し株式を引き受けるとき新たな資金が必要であるが，転換社債とは異なり，権利行使後も普通社債が手元に残る。会社法の用語ではなくなったが，一般的には新株予約権が付与された社債に該当する（会社法2条22号，236条1項3号参照）。

変動金利で発行される債券は変動利付債（FRN）（floating rate note）とよばれ，利率がユーロ市場の短期金利に連動して定期的に変わる。

発行形態に注目した分類　**(1)**　コマーシャルペーパー　　コマーシャルペーパー（CP）とは，償還期間が1年を超えない短期証券をいう。CPは日本では約束手形の形で発行されるが，社振法によりペーパレス化されたものは短期社債とよばれる（社振法66条と比較）。ユーロ市場で発行されるものは「ユーロCP」（ECP：Euro-commercial paper）という。通常は単発ではなく継続的に発行するための「プログラム」という仕組みが利用される。ユーロCPのプログラムは，一般的に金融機関による引受約束（コミットメント）がない点に特色がある。ユーロCPは上場されないのが普通である。

金融機関が信用供与義務・信用リスクを負わないことによって，①金融機関監督当局による自己資本規制にかからないため手数料が少なくてすみ，また②引受シンジケートや引受リスクに対応した各種の契約条項が不要となり，契約書類が簡素になるというメリットがある。優良な借手にとっては引受コミットメントは必ずしも必要でないから，その分安いコストで証券を発行できることになる。

(2)　中長期の債券　　中長期の債券は，単発で発行される場合と継続的なプログラムを利用して発行される場合がある。後者は慣例上「中期債」（MTN：medium-term note）プログラムとよばれるが，満期が1年を超えるいかなる期間の債券でも発行できる仕組みである。中期債はユーロCP同様に原則として引受コミットメントなしで証券を発行する融資方式であるが，発行のための契約書や開示書類の要件が若干厳しいため，大口投資家向けの私募債のほか，引受シンジケートを通じた一般投資家向けの発行も可能である。

MTNは期間，額面，通貨，変動固定等を自由に選択できる柔軟性がある。このため，投資家の特定の期待（たとえば金利は下降するというような）に合致する，あるいはスワップ等のデリバティブを付して特定のリスクを回避（リスク・ヘッジ）するようなニーズ別商品，あるいは大口投資家向けの私募債として発行されることが多い。

3　ユーロ債の法的問題

ユーロ債市場の意味　ユーロ市場（オフショア市場）とは第Ⅱ節**2**でみたユーロカレンシー市場とつぎのユーロ債の発行市場と流通市場のことをいう。

債券の「発行」（issuing）とは，後にみるように，金融機関から発行者に対する発行条件の提示に始まり，主幹事の選定と発行の委託（「マンデート」交付），対外発表と引受業者に対するインビテーションの発信による募集開始（ローンチング）を経て，発行体への発行代わり金の払込み（クロージング）で終わる一連の手続を指す。払込日までを発行市場（プライマリー・マーケット）とよび，払込日の翌日からは既発行債券の取引となり，この市場を流通市場（セカンダリー・マーケット）とよぶ。

ユーロ債の発行市場および流通市場は，ICMA（International Capital Market Association www.icmagroup.org）が作成するルールにより一般的に規律される。ICMAは，ユーロ市場における引受業者と債券取引業者の業界団体が2005年に合併して設立した自主監督団体である。

ユーロ債の定義　ユーロ債とは，最も広義には，その表示通貨国の国内市場以外で発行される債券であるといえる（ユーロカレンシーと比較→第Ⅱ節**2**）。しかし，通常は，債券の表示通貨の国内市場外で発行され，かつ，主としてその通貨の国内市場外で販売されるものがユーロ債とよばれる。さらに，国際的なシンジケートによって引き受けられることや，ヨーロッパの1つまたは複数の資本市場で発行されることを，その特徴として加える場合がある。

ユーロ債市場には，国内債市場と同様な意味での固有の公的規制は存在しない。歴史的には，公的規制を受けないオフショア市場として人工的につくられたからである。しかし，実際には，複数の国家が，ユーロ債発行の関係者およびその行為を通じて，ユーロ債市場に直接的または間接的にその規制を及ぼしている。

ユーロ債の特徴

ユーロ債は，一般的に，債券の表示通貨の国内市場外で発行され，国際的なシンジケートによって引き受けられ，かつ，主としてその通貨の国内市場外で販売されるという特徴を有する。さらに，ユーロ債は，無担保の債務証券であって，発行者が証券所持人に対して将来の一定の期日（償還期限）に券面記載の金額を支払い，償還期限まで利息を支払うことを約束するものが一般的である。

以上のほか，無記名（持参人払い）債券であること，発行者による元利金の支払に対して発行者の所属国の源泉徴収税が免除されることなどが特徴として指摘されていた。しかし，近年この差異は減じているといわれる。

ユーロ債の発行手続

ユーロ債の発行手続の第一段階は，投資銀行や証券会社等の金融機関が，ユーロ債の発行による資金調達に関心のある需要者に対して，それぞれの発行条件を提示して，発行委託のマンデート（委任状）を獲得するまでの期間である（→第Ⅱ節**3**）。

つぎに，発行委託を受けた主幹事（lead manager）は，債券を購入する可能性のある投資家を効率よく発掘し，効果的に販売するために，他の証券業者とともに契約によりシンジケートを組織し，これを管理する。シンジケートの組成から終了までが発行手続の中心的部分である。1980年初頭までは①仮募集方式（open priced deal）が主流であったが，1980年以降は②買取方式（bought deal）（会社法679条参照）が増加した。①の仮募集方式による方法は他の方法の基本形であり，またシンジケートローンの組成方法とも共通点が多いので，以下この方法を中心に説明する。

図表６－５　ユーロ債発行の手順

①募集発表日（announcement day）またはローンチング（launch day）
②値決め日（pricing day）
③調印日（signing day）または募集取扱日（offering day）
④払込日（closing day）

シンジケートの組成主幹事は，マンデート獲得後，アンダーライター（引受業者）による幹事団（managing group）の組成を開始する。大型起債の場合は売りさばき団（selling group）も利用される。伝統的な仮募集方式の英国スタイルのものでは，幹事団の他に，それ以外の引受業者からなる引受団と，さらに売りさばき団を加えた３段階型がとられる。

発行者と主幹事の間で（一応の）発行条件が決まると，発行者の発行意思および金融当局の許認可を確認した上で，発行企業名，予定される発行時期と規模，暫定的な発行金額と条件等がスクリーンや電話を通して市場関係者に公表される。同時に，幹事団や売りさばき団に参加予定の業者に対して，正式のインビテーション（招聘）が発信され，投資家宛の販売活動が開始される。インビテーション・レター発信日が，募集発表日（announcement day）またはローンチング（launch day）となる（→**図表６－５**）。

仮募集方式では，募集発表日には発行条件は確定されておらず，その後１週間前後で市場動向や関係者の反応を見極めた上，値決め日（pricing day）に条件が決定される。これに対して，買取方式は，主幹事（または幹事団）が発行者に発行条件を提案（買い申込み＝bid）し，承諾されると発行総額を買い取る方式である。この場合は，発行と確定発行条件を確認し，引受約束の分担と販売需要の連絡を要請するインビテーションが発信される。

買取方式では，主幹事は発行総額についての引受責任を分散するために，条件決定後またはそれ以前に幹事間契約（agreement among managers）を締結して幹事団を組成する必要性が大きくなる。主幹事（または幹事団）は，発行者に対して引受責任を負うだけでなく，売りさばく任にもあたらなければならない。

仮募集方式では，値決め日の直後に調印日（signing day）が設定される。調印日には，発行者と幹事団の間で（元）引受契約（subscription agreement）が署名され，有効に成立する。さらに，シンジケート・メンバーに対する債券の正式な割り当て（allotment）が通知される。この日に債券が正式にオファー（募集）されることから，募集取扱日（offering day）ともよばれる。これに対して，買取方式の場合では，募集発表日には発行条件が確定しており，その後直ちに引受契約が調印されるので，値決め日および募集取扱日は必要ない。

発行手続の最終段階は，払込日（closing day）である。払込日には，財務代理人契約（fiscal agency agreement）または信託証書（trust deed）および支払代理人契約（paying agency agreement）が成立することとなる。払込みは，メンバーが債券の代わり金を支払い，起債者が債券を引き渡す（仮債券が所定の預託機関に預託される）と同時に債券代わり金が起債者に送金されることによって，完了する。このような債券の受渡しや決済の集中管理等はユーロクリア（www.euroclear.com）などの国際証券保管振替決済機関で行われる。山形地判平成11・11・11，仙台高判平成12・10・4金判1106号47頁（ユーロクリアを利用した保管振替による債券の譲渡が日本法上も有効とされた事例。控訴棄却）参照。

仮募集方式では，募集発表日から調印日（募集取扱日）までの期間が長く（1週間から2週間），その間の市場における金利上昇リスクは，発行者が負担することになる。これに対して，買取方式では，シンジケートの構成が単純で，市場の動きが激しい場合でも迅速な起債ができるが，市況が悪化した場合，主幹事が発行総額の引受リスクを負うことになる。このため，幹事にはいっそうの資金力と販売力が求められる。

ユーロ債発行に関する契約　ユーロ債発行には前述のようにさまざまな契約が関係する。これらは，第1に，シンジケート組成に関するもの，第2に発行者と債券所持人（bondholder）である投資家（日本法では「社債権者」）に関するものに分けられる。

(1) サブスクリプションとアンダーライティング（引受）　シンジケートに関する契約には，発行者と幹事団の間のサブスクリプション・アグリーメントいわゆる元引受契約（subscription agreement）および幹事間契約（agreement among managers）があり，場合によっては，幹事団と他の証券業者との間で売りさばき団契約（selling group agreement）が締結される。伝統的な英国型の仮募集方式では，幹事団と幹事団以外の引受業者との間で引受契約（underwriting agreement）が締結されることもある。

シンジケート組成の際に最も重要な契約は，サブスクリプション・アグリーメントである。「サブスクリプション」とは，証券発行に際しての引受（証券会社のする引受と区別して「元」引受という）のことであり，「証券（株式を含む）を取得して代金を払い込む約束」を意味する。通常は日本法上の社債権者のように，発行者に対して資金を供与する者が証券を取得して払い込む約束をする。しかし，仮募集方式においては，証券会社（投資銀行）にとって，つぎのアンダーライティング（引受）約束（underwriting commitment）が重要となる。

英国型の仮募集方式では，①幹事団は，発行者の代理人として，投資家（売りさばき団が利用される場合はそのメンバーである業者）に対する販売のために債券を募集すること，および②払込日に引受がなく払込がされていない債券があれば，これらを取得して代金を払い込む（to subscribe and pay for）という約束がされる。

以上の②がアンダーライティング（引受）約束であり，「投資家が取得しなかった残額について，自らがサブスクライバーとなり，払込をすることを約束する」（金商法2条6項参照）ことと定義できる。アンダーライティングが幹事団の主要な義務である。

以上に対して，米国型の仮募集方式では，幹事団が発行者から直接本人として債券を取得し，その他の業者は幹事団からこれを買い受ける形式をとる。また，最近の買取方式では，主幹事（または連帯して幹事団）が，発行者から債券の発行総額を一括して取得して代金を払い込む（to subscribe and pay for）約束がされる。これらの場合，発行者は主幹事または幹事団に対して債券のオファー（募集）をし，主幹事または幹事団は，これを引き受けて自分のものとして取得した後に，自らの責任で投資家を見つけて販売することになる。したがって，発行者と主幹事または幹事団との関係は，上述の本来的なサブスクリプションの意味を有する。

元引受契約に含まれる主要な条項には，①債券発行に関する事項（発行者の発行約束と幹事の引受約束），②費用の負担方法，③事実の表明および保証（→第

Ⅱ節**3**），④上場および登録，⑤払込みおよび仮大券・確定債券の発行，⑥募集・売出に関する幹事の行為規制（幹事は関連国の証券取引関係法・会社法を遵守し，その違反の結果として発行者に生じた損害を賠償する旨の規定），⑦幹事および引受手数料，⑧前提条件（→第Ⅱ節**3**），⑨価格安定操作，⑩契約の終了（事情変更の際の幹事の契約解消権に関する規定），⑪通知の方法，⑫準拠法および裁判管轄（→第Ⅱ節**3**）がある。

(2) 債券の各条項　　発行者と債券所持人である投資家との関係は，債券券面上に記載された債券の要項（terms and conditions of the bonds or the notes）によって定まる。債券の要項は，投資家に交付される発行目論見書（日本で売り出す場合は，売出届出目論見書）に含まれている。ユーロ債は，慣習的に持参人払い（または無記名）証券（bearer bond）と解釈されていることから，英米法上，発行者と債券所持人との間に直接の契約関係を生じさせることになる。日本では，発行者と投資家たる「社債権者」との契約関係を，債券自体の効力と区別して，「社債契約」とよんでいる。

債券の要項には，つぎのような条項が含まれている。①一般的事項（この債券が，財務代理人契約および支払代理人契約等の関連規定に服する旨の定め），②債券の種類・表示通貨・金額および権利移転の方法，担保または保証に関する事項，③ネガティブ・プレッジ条項（→第Ⅱ節**3**），④利息，償還および買入消却，⑤元利金支払の方法，⑥消滅時効，⑦課税上の取扱い，⑧債務不履行事由（→第Ⅱ節**3**），⑨債券または利札の再発行について，⑩公告の方法，⑪債券所持人（社債権者）集会，⑫財務代理人（または債券の受託者）等に関する事項，⑬準拠法および裁判管轄（→第Ⅱ節**3**）。東京地決平成15・7・31判時1850号84頁（外国公社が日本で発行した債券（サムライ債）の保証人たる外国国家が債券の要項の別紙の保証の要項上の日本の裁判管轄からの主権免除を放棄する旨の記載に従い日本の裁判所の裁判管轄権が認められた事例，ナウル円貨債事件）参照。

ユーロ債では，発行者は，投資家保護のために，受託者との間で投資家を受益者とする信託証書（trust deed）を取り交わす慣行がある。受託者は，投資家に対して信託義務を負い，発行者が債券の条項を遵守しているかを監視し，債務不履行事由の存在を発見したときは投資家全員のために債務不履行を宣言すべきかどうか等を判断し，適切な措置をとらなければならない。受託会社の権利義務は，会社法の社債管理者（会社法704条以下，担信法35条）に類似している。

受託者がおかれない場合は，財務代理人契約（fiscal agency agreement）によって財務代理人がおかれる。財務代理人は発行者の代理人であり，社債原簿の作成管理，元利払事務のとりまとめ，発行者と社債権者との間の連絡等の事務を行う。

受託者をおくことで投資家の利益保護が図れると同時に，些細な債務不履行事由の生じた際に個別の投資家による訴訟等の性急な行動を防止できるという利点があるが，反対に，受託業務は財務代理人業務と比較すると費用がかかり，発行者にとって負担が多いというデメリットもある。また，国際的な優良企業の場合は財務代理人契約で充分とされる。なお，信託証書または財務代理人契約に含まれる条項のうち，債券所持人の権利義務に関するものは，債券の要項において言及（参照）されることによって，その内容が発行者と債券所持人との契約関係に組み込まれるのが慣行となっている。（→前記債券の要項①）

第7章

国際的企業活動

——生産物責任，代理店・販売店——

I　生産物責任

【設例7－1】 日本のＡ社は，中国のＢ社から冷凍食材を輸入して日本で販売するとともに，それを加工して冷凍食品を製造し，米国，EU諸国および中国に輸出している。Ａ社が配慮すべき生産物責任とは，どのようなものか。

1　生産物責任とは

国際取引と生産物責任

第2章から**第5章**では，国際物品売買契約上の物品の引渡や代金の支払などが運送，保険，決済といったさまざまな国際取引によって完了するのをみた。しかしながら，物品の生産者や輸入者などには，国境を越えて輸出入される物品に関して，なお注意すべき問題がある。たとえば，海外に輸出した電器製品に接続不良の欠陥があり，それが原因で製品が発火して火事になったり，海外から輸入して販売した薬に服用上の説明の誤りがあり，それによって服用者が死亡したりした場合，生産者や輸入者などは，被害者や遺族から損害賠償などを請求されることがある。このような「生産物の欠陥による損害について生産者等が負う責任」は生産物責任（products liability；日本ではPLと略すことも多い）とよばれ，生産者や輸入者などにとっては適切な対応が求められる重要な法的問題になっている。生産物責任ついては製造物責任の語もよく知られるが，諸外国の法には製造物のほか，農作物などの未加工品も含めた生産物に関してこの種の責任を認めるものがあ

図表7-1　生産物責任の関係図

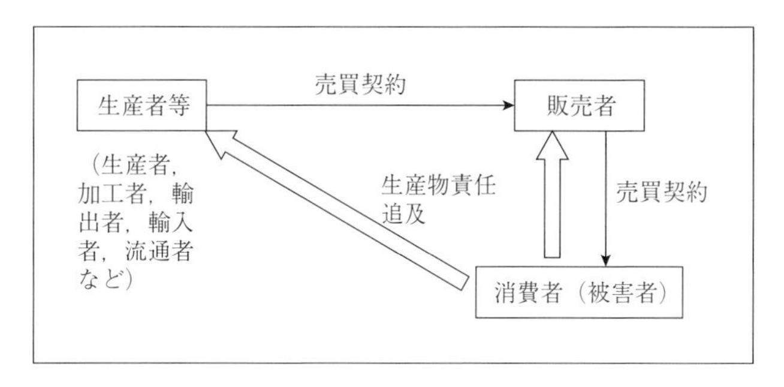

るため，より広い意味の生産物責任をここでは基本的に用いる。

生産物責任の特色

現代では生産技術の発展により，いろいろな商品が工場で大量に生産され，市場で大量に販売・消費される。安全・無害な商品の生産を目指して技術の向上が日々努力されているが，この大量生産・大量消費社会においては，生産過程で商品に何らかの不具合・欠陥が発生するおそれが避けられないのも事実である。生産物に不可避的に潜在する生産物の欠陥リスクに関して，生産物責任では，生産者等の負担において被害者を救済する特別な法理論が採用されている。すなわち，伝統的な民事責任の法理論では，被害者が直接の契約関係のない生産者等に契約責任を追及するのは難しいため，不法行為責任を追及することになるが，そこでは一般に加害者の過失が成立要件の1つである（日本民法709条等参照）。しかしながら，高度・専門的な技術が使われもする生産物の設計・生産・加工等のどの段階でどのようなミスがあって生産物に欠陥が生じることになったかという生産者等の過失を一般の消費者が立証することは，多くの証拠が生産者の下（工場や本店など）にあるので困難である。そこで考え出されたのが，過失の証明を軽減・不要とする特別な損害賠償責任である。これは基本的に，生産物の欠陥から損害が発生したとの証明があれば生産者等の責任を認めるものであり，先駆けである米国では厳格責任（strict liability）とよばれる。被害者保護を重視した生産物責任の考え方の根拠は，生産者等のほうが，①欠陥・損害発生の防止に近い立場にあり，②生産物の価格へのリスクの上乗せや生産物賠償責任保険への加入などにより損失を分散できることにある。このような生産物責任を認める法は，米国からヨーロッパ，そして日本など，さまざまな国に広がった。

2 諸国の生産物責任法

日 本

日本では，製造物に欠陥のあることを基本的な要件とし，製造業者等の過失を文言上要件としない製造物責任法が1995年に施行された。同法上，製造物責任が認められるためには，①製造物（2条1項）の欠陥（3条・2条2項），②損害の発生（3条），③欠陥と損害との間の因果関係（3条），④免責事由（開発危険の抗弁等。4条）に該当しないこと，⑤請求期間制限内であること（5条）が必要である。

「製造物」に，自然の農産物は含まれない（2条1項参照）。「欠陥」とは，「当該製造物の特性，その通常予見される使用形態，その製造業者等が当該製造物を引き渡した時期その他の当該製造物に係る事情を考慮して，当該製造物が通常有すべき安全性を欠いていること」（2条2項）をいう。欠陥の概念は，一般に①製造上の欠陥，②設計上の欠陥，③指示・警告上の欠陥に分類される。なお，「欠陥」は製造物の安全性に関するものであるから，製造物の品質や性能の瑕疵は欠陥でない。中国の工場で製造された冷凍餃子への毒物混入事件に関連して販売中止などの措置がとられた同工場が製造した別の冷凍食品（毒物の混入はない）について，取引観念上商品価値はないので日本民法改正前570条の瑕疵担保責任における「瑕疵」（現行民法では562条の契約不適合）はあるけれども，毒物の混入が現実にないならば身体・生命などに被害を生じさせる客観的な危険性はないので，製造物責任法3条・2条2項の「欠陥」があるとはいえないとした事例（東京地判平成22・12・22判時2118号50頁。大阪地判平成22・7・7判時2100号97頁，判タ1332号193頁も同旨）が参考になる。

製造物責任を負う主体は，製造・加工・輸入の各業者（2条3項1号）と表示（実質的）製造業者（同2号・3号）である。販売業者は，①欠陥発見の期待可能性がないことや，②被害者からは契約責任の追及を受けうることから，原則として同法上の責任主体から除外されている。

輸入業者は，基本的には販売業者と同様の立場の者であるが，①被害者が海外の製造業者を訴えることは困難であるところ，欠陥製品を国内市場の流通においた点で製造業者と同じ立場にあると考えられること，②製造業者や輸出業者との契約において責任の転嫁や求償権の確保等の対策を講じられることなどから，責任主体に加えられている。輸入業者は一般に，自己の名義で，または自己の計算で製品を業として輸入する者とされ，通関代行者や単なる輸入仲介者はこれにあたらないといわれる。輸入業者の認定にはとくに問題のないケースが多いが（中国医療用漢方薬の輸入に関する名古屋地判平成16・４・９判時1869号61頁，判タ1168号280頁，イタリア製自動車の欠陥に関する東京地判令和３・３・26LEX/DB25589406等。輸入業者であることの否定事例として，台湾製電気ストーブに関する東京地判平成17・３・24判時1921号96頁，米国製風力発電売買に関する東京地判令和３・６・22LEX/DB25601210等），輸入取引決済代行者も含めて，実質的観点からの総合的考慮により，当該主体が製造業者と同じ立場の安全確保義務を負う輸入業者か否かを判断する必要があるケースも考えられる。保税地域を経由する場合について，輸入許可を受けて保税地域を経て製造物を本邦に引き取った者を輸入業者とした裁判例（韓国化成肥料の輸入に関する東京地判平成26・７・15判時2238号58頁）がある。日本では，輸入業者を被告とするにとどまり，海外の製造業者までは被告としない訴訟がよく見受けられる（中国製ふとん乾燥機の欠陥に関する大阪地判平成25・３・21／2013WLJPCA03216005，前掲東京地判令和３・３・26など。なお，外国の製造業者を被告とする訴訟として，墜落した航空機のフランス製造業者を被告として製造物責任を追及した中華航空機墜落事件（名古屋地判平成15・12・26判時1854号63頁，裁判所ウェブサイト等。結論的には，欠陥なしとして製造物責任を否定）がある）。

被害者には自然人の他，法人も含まれる。また，被害者は，企業が購入した製造物を利用したサービスの提供を受けたにすぎない場合（前掲中華航空機墜落事件参照）も，製造者に対して製造物責任を追及することができる。被害者は加害者に対して，過失が証明できるのであれば民法709条の不法行為責任も追及できる（製造物責任法６条）。この場合，責任主体や請求期間などについて製造物責任法上の制限の適用はない。

取引相手として直接の契約関係にある者に対して，製造物責任の追及を試みるケースがよくみられる。たとえば，輸入製造物を購入して加工品を製造して販売したところ，加工品に輸入製造物に由来する欠陥があったために出荷先業者から返品等を受けたとして，輸入製造物の買主が輸入業者（売主）に債務不履行責任と並んで製造物責任を追及する事例（前掲東京地判平成22・12・22，前掲東京地判平成26・7・15，前掲東京地判令和3・6・22等。売主である輸入業者からカナダ産馬肉の代金支払請求訴訟を提起された買主が製造物責任に基づく損害賠償請求権による相殺の抗弁を提出した東京地判平成16・8・31判時1891号96頁も参照）がある。生産物品質保険契約に基づいて中国製塩蔵マッシュルームの買主に保険金を支払った外国保険会社から事業譲渡を受けた日本保険会社が，売主である輸入業者に対して債務不履行責任と製造物責任に基づく損害賠償請求権の代位取得を主張したケース（東京地判平成25・12・5判時2215号103頁，判タ1419号302頁）では，塩蔵マッシュルームの欠陥を認定して売主の製造物責任が肯定された一方で，瑕疵ある塩蔵マッシュルームの販売という売主の債務不履行行為を認定しつつ帰責事由がないとして債務不履行責任が否定されたのが興味深い。

米国　米国では一般に，生産物責任の請求原因として，不法行為法上の①過失責任と②不実表示，③契約法上の保証責任，④不法行為法上の厳格責任の4つを用いることができる。どれかが成立すればそれが認める責任（州によっては懲罰的損害賠償も）を被告に追及できるが，最も重要な④不法行為法上の厳格責任は，つぎのような展開により米国で広まった。伝統的な英米法では，生産物責任の追及は①〜③に基づいていたところ，過失の証明や直接の契約関係（直接の契約関係の存在は，①不法行為法上の過失責任でも，被害者の範囲を画する基準として用いられていた）などの必要という短所がそれぞれにあった。短所は20世紀に入り判例により克服されて行ったが（たとえば，過失の推定までには原則としていかないものの過失推論則の適用が①で認められたり，また直接の契約関係が不要とされたりした），ついに1963年のカリフォルニア州最高裁のグリーンマン判決（Greenman v. Yuba Power Products, Inc., 377 P. 2d 897 (Cal. 1963)）が，生産物責任にも④不法行為法上の厳格責任を認めた。これにより，米国の生産物責任法理は革命的な新時代に入った。

グリーンマン判決における不法行為法上の厳格責任の生産物責任への導入は，1965年の不法行為法第2次リステイトメントでさっそく，402A条として採用された（当時，このような判例はまだ同判決しかないといわれる中での，指導的な判例法の再記述であった）。同条は，不合理に危険な欠陥のある生産物に関して厳格責任を認めるもので，ペンシルバニア州などほとんどの州の判例・制定法で採用されていった（ミシガンなどの５州は厳格責任を採用していないが，これらの州でも実務上，立証事項や被告が負う責任は厳格責任の場合と変わらないとの指摘もある)。その運用の中で，厳格責任は過失責任（行為時での危険性の認識ないし認識可能性が要件の１つであり，行為時の技術水準では危険が予見できなかったとの抗弁が許される）と異なり，生産者の行為でなく生産物の客観的状態を問題にするので，販売時の技術水準では認識できなかった危険性についても生産者は責任を負うとの強化がいくつかの州でされていった。しかしながらこの強化の下では，生産者は危険性について販売時にどれだけ調査をしてもムダということであり，安全な生産物の設計や使用の指示・警告をできるだけ行おうとするインセンティブ，ひいては新製品開発の意欲が損なわれる。また，販売時にはわからなかった危険性が認識されたために製品の回収や警告を生産者が公表したとたん，多数の訴訟が提起されたりした。そして設計・警告上の欠陥は本当に厳格責任か，また技術水準の抗弁を許容すべきでないか等の議論が起こり，第２次リステイトメントの考え方を修正する判例も出てきた。

このため，生産物責任法の明確・均一化をめざして，1998年に不法行為法第３次リステイトメントが作成された。そこでは，①製造上の欠陥について厳格責任が維持されたものの（１条），②設計上の欠陥と③警告上の欠陥については過失責任と同様に扱うという修正（すなわち②③に関しては，予見可能な損害発生の危険を合理的に回避できたのにしなかったことを要件とする２条）が採用された。他方で，過失原理に基づく販売後の警告義務（10条）や，行政規則に基づく欠陥物のリコール命令に違反した場合の責任（11条）について新規定がおかれた。しかしながら第２次の402A 条と対照的に，第３次の２条には草案段階から拒否する州判例が出るなど，現状では普及の方向性が確実でない。ニューヨーク等の約10州がすでに２条の支持を明らかにしているようであるが，ジョージア等の約10州はこれを拒否しているといわれる。興味深いのはペンシルバニア州であり，地区の連邦裁判所が，州最高裁で２条が採用されるとの見込みで同条を採用する判決をしたものの，この見込みがはずれて，地区の連邦裁では第３次が適用されるが，州裁判所は第２次のままという混乱が生じた。その後，州最高裁は第３次を拒否し第２次を維持する判決をした。このように実務的には，リステイトメントを抽象的に検討するだけでは不十分であり，各州の制定法および判例法の正確な情報が必要である。

欧州連合（EU）構成国

EUでは，域内の競争条件を一定に保つために1985年に生産物責任に関する指令が作成され，各構成国はそれを実施する国内法を制定している（なお指令は，欧州経済地域のノルウェー，リヒテンシュタインとアイスランドにも適用がある）。指令によると，生産物責任は生産物の欠陥に基づく責任であり（1条），過失は文言上，要件でない。生産物は，あらゆる動産である（2条。1999年の改正により，農産物も含まれる）。生産者や輸入者等が基本的な責任主体であるが，生産物の販売者も例外的に責任を負う場合がある（3条）。開発危険の抗弁を免責事由（7条）として採用するか否かは，各構成国のオプションである（15条b号。ルクセンブルク，フィンランド，ノルウェー以外は採用）。また構成国は，責任限度額を定めることもできる（16条）。この生産物責任指令により，ヨーロッパではかなりの法調和が達成されている。

しかしながら注意すべきなのは，各構成国の生産物責任の実際は，各国の法の全体を個別にみないとわからないことである。というのは，指令は実施法以外の各構成国法中の生産物責任に関する法の適用を必ずしも排除しないからである（13条）。たとえばドイツでは，指令に基づく生産物責任法の制定前から，一般の不法行為法であるドイツ民法823条1項の過失を推定し，立証責任を生産者側に転換する最高裁判例の確立により，独自の生産物責任判例法理の展開がある。指令9条b号を実施するドイツ生産物責任法11条では物的損害について，被害者による500ユーロの自己負担があるが，このような負担はドイツ判例法理になく，被害者は500ユーロ分の回収も可能である。また，ドイツ薬事法84条以下の医薬品に関する特則は，実施法である生産物責任法の適用を排除するが，民法823条1項の判例法理はこの特則と並行して適用される。

中　国

中国の製造物責任法は1987年施行の民法通則122条が出発点であるところ，製品の欠陥に基づいて製造者の責任を認める製品品質法が1993年に施行され，商品に欠陥がある場合等における事業者の責任を定める消費者権益保護法（1994年施行）がさらに続いた。そして食品の欠陥に関する食品安全法が2009年に施行された後，不法行為全般について定める2010年施行の侵権責任法が製造物責任について規定をおいた。これらは，過失を要件としない厳格責任を採用するといわれる。

侵権責任法には，製造物や欠陥，免責事由について条文がないが，これらは製品品質法２条（製造物とは，加工・製造を経て販売される製品のこと），46条（欠陥とは，不合理な危険が存在すること，または国・業界の基準に合致しないこと），および41条２項（免責事由には，開発危険の抗弁も含まれる）に従って判断されるといわれる（ただし，医薬品等の欠陥には開発危険の抗弁がない。侵権責任法59条）。製造者の責任は侵権責任法上，過失を要件としない（41条）。被害者は，製造者だけでなく販売者にも損害賠償請求ができ（43条１項），販売者は過失がないときでも賠償を拒めない。すなわち販売者は，被害者との関係では厳格責任を負っているのと等しく，被害者への賠償金支払後に製造者に対して求償することになる（43条２項）。注目すべきなのは，懲罰的損害賠償が認められることであり（侵権責任法47条など），その額は被害額の２倍以下であるとされる（2014年改正消費者権益保護法55条２項。ただし，食品安全法96条２項）。

なお中国では，外国の製造者を被告とする訴え提起がしばしばみられるようである。理由として，損害賠償額が低くなる中国法（たとえば被害者死亡の場合，中国法では死者の将来の賃金等の逸失利益は一般に損害賠償の対象とならない）でなく外国法を準拠法にできれば大きな賠償を得られる可能性があることや，責任主体として輸入者が明文で定められていないこと等が指摘される。

図表７－２　日米欧中の生産物責任の比較

	日本	米国	EU	中国
農産物	×	△（州による）	○	×
販売者	×	△（州による）	△（例外的）	○
開発危険の抗弁	○	△（州による）	△（構成国による）	○
懲罰的損害賠償	×	△（州による）	×	○
限度額	×	△（州による）	△（構成国による）	×

3　生産物責任の準拠法

各国の生産物責任法には一定の調和がみられるが，それでも多くの違いがあり，法の抵触が生じている。このため準拠法決定が問題になる。日本の法の適用に関する通則法は，①生産物の引渡地法（例外的に②生産業者等の主たる事業所所在地法）を原則としつつ（18条），③より明らかな密接関係地法（20条），さらに④当事者による事後的法選択（21条）の例外をおく（準拠法が外国法になるときは日本法の累積的適用がある。22条）。

原則的準拠法　①生産物引渡地法 ①の地での引渡が通常予見不能なら， ②生産者の主たる事業所所在地法	＜	③より明らかな密接関係地法	＜	④当事者による準拠法の変更	＋	日本法の累積的適用

生産物責任に関して通則法18条以下の適用により準拠法が決定された事件として，台湾製甜杏仁粉を輸入・販売した日本会社Ｙとの事業総合賠償責任保険契約に基づいて保険金をＹに支払った保険会社Ｘが，欠陥のある甜杏仁粉を製造した台湾業者ＡらとＹが低額で和解して保険代位請求権の保全義務に違反したと主張して，Ｙに対して不当利得返還請求をした事件（東京地判平成30・7・24LEX/DB25556645）や，主機関等の損傷により航行不能に陥ったリベリア貨物船の船主ら（リベリア法人）が船舶エンジン製造のライセンサーら（日本会社）に製造物責任に基づく損害賠償等を訴求した事件（東京地判令和2・10・6LEX/DB25586701）がある。前者では，台湾から日本までの輸出・輸送は台湾会社側の手配と費用負担において行われ，買主は着荷した甜杏仁粉を受領し輸入通関手続を行っていたので，本件甜杏仁粉は日本において引き渡されたと認められるから，本件甜杏仁粉に関する製造物責任については日本の製造物責任法が適用される（通則法18条）とされた。後者では，原告らと被告らは，日本法が適用されることを前提に訴訟活動をしているから，日本法を準拠法とするのが相当である（通則法21条参照）とされた。

米国では，柔軟な機能的アプローチを含むさまざまな準拠法選択の方法論が発展しているため，各州の抵触法がどの方法論を採用しているか，個別に検討すべきことになる（事案ごとに最密接関係地法を判断する方法論が有力であるといわれる）。なお，「調査した判例の３分の２において裁判所は，①損害発生地，②被害者の住所地，③生産物の取得地，④生産地，⑤生産者の主たる営業所所在地のうち３つが自州にあるときは自州法を，また，①〜⑤のうち２つずつが２つの法域にそれぞれあるときは，その法域のうち被害者に関係する法域の法を，さらに，単に①〜⑤のうち２つが集中する法域しかないときは，その法域の法を，生産物責任の準拠法にしている」との分析がある。ルイジアナ州とオレゴン州は，制定法により生産物責任の準拠法を定めている。それによると，自州での生産物の取得可能性を条件に，①自州の居住者が自州で損害を被ったとき，または，②自州で生産物が生産・取得され，かつ，被害者が自州の居住者であるか，もしくは，損害が自州で発生したとき，自州法が準拠法になる（このような連結点の組み合わせが自州にないとき，争点ごとの分析により自州以外の地の法が準拠法になる）。

EUの契約外債務の準拠法に関する規則（ローマⅡ規則）は，その地での生産物の市販を条件に，①被害者の常居所地法⇒②生産物の取得地法⇒③損害発生地法を段階的に（ただし，加害者がその地での市販を予見できないときは，④加害者の常居所地法。しかし①〜④の場合でも，当事者の同一常居所地法があればそれを），原則的な準拠法としつつ（５条１項），より明らかな密接関係地法の例外（２項），さらに当事者が選択した法の優先（14条）を定める。

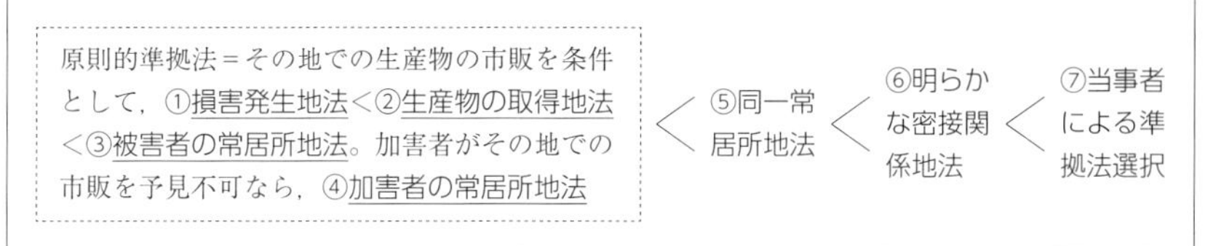

1973年の生産物責任の準拠法に関するハーグ条約が発効しているEU構成国（フランスなどの６カ国）では，同条約が優先する（ローマⅡ規則28条１項）。同条約によると，①被害者の常居所地法（ただしこの地が，結果発生地，加害者の主たる営業所所在地または被害者による生産物取得地と一致する場合であって，かつ，加害者がこの地での生産物の流通を予見できたとき）⇒②結果発生地法（ただしこの地が，加害者の主たる営業所所在地もしくは被害者による生産物取得地と一致する場合または被害者がこの地の法を選択した場合であって，かつ，加害者がこの地での生産物の流通を予見できたとき）⇒③加害者の主たる営業所所在地法が，段階的に準拠法となる（４条〜７条）。

中国の渉外民事関係法律適用法は，①被害者の常居所地法を原則とする。しかし例外的に，加害者の主たる営業所所在地法もしくは不法行為地法を被害者が選択した場合，または加害者が被害者の常居所地で事業をしていない場合，②加害者の主たる営業所所在地法または不法行為地法が準拠法となる（45条）。

①被害者の常居所地法 ＜	②加害者の主たる営業所所在地法，または，不法行為地法 （被害者による選択があるか，加害者が①の地で事業をしていない場合）

4　生産物責任事件の国際裁判管轄権

財産関係事件に関する日本の国際裁判管轄権（**→第12章**第Ⅰ節**2**）を決定する民事訴訟法では，生産物責任事件において重要である不法行為地（3条の3第8号）が管轄原因の1つとして定められている。同号の「不法行為に関する訴え」には生産物責任事件も含まれるところ，「不法行為があった地」には，①加害行為地と②結果発生地が含まれる（同号かっこ書）。生産物責任に関しては一般に，①加害行為地は欠陥があると主張されている生産物の生産・製造地であり，②結果発生地は身体傷害や死亡が起きた地であると解されている。不法行為の準拠法決定（通則法17条）と異なり，①と②のどちらかが日本にあれば管轄原因が認められる。ただし，①加害行為地が外国で②結果発生地が日本という隔地的不法行為については，②は当事者の予測可能性のために，日本での結果発生が通常予見可能である場合に限り認められる（同8号かっこ書）。

同8号の「結果」には，生産物の欠陥が引き起こした直接の法益侵害である身体傷害や死亡などだけでなく，入院費の支払や死亡被害者の所得の逸失・遺族が受けていた扶養利益の喪失などの二次的・派生的経済損害も含まれるか，が問題になる。通常，これらの発生地は被害者や遺族の住所地になるが，この地がどこであるかについて加害者である生産者の予測が及びにくいことなどから，否定的な見解も少なくない。しかしながら，このような損害もまずは「結果」とみて，あとは日本における発生の通常予見可能性の判断に任せるのが妥当であろう。

なお，外国会社ら（原告）から日本会社ら（被告）への製造物責任等の訴訟において，被告らの応訴により日本の国際裁判管轄権を認めた事件（前掲東京地判令和2・10・6）がある（ただしこの事件では，単に被告の主たる営業所所在地（3条の2第3項）に基づくのでよかったと思われる）。

❖コラム7-1　行政の取締法規，業界の自主規則

生産物の欠陥については，前述の私法・民事法のほかに，生産物の安全性の基準や生産物の危険性が明らかになった時に義務づけられる警告・リコールに関する各国の行政法規にも，生産者等は十分に注意しなければならない。このような行政法規としては，日本の消費生活用製品安全法や電気用品安全法，米国の連邦交通自動車安全法や連邦食品医薬品化粧品法，EUの一般製品安全指令を実施する構成国法，中国の欠陥消費財リコール管理弁法などがある。また，業界の自主規制も遵守すべきルールとして重要である一方で，業界団体が創設する損害填補制度も有用である。

5　国際取引における生産物責任への対応

【設例7－1】におけるA社が配慮すべき生産物責任とは，基本的には前述のような生産物責任法に基づく民事上の特別な責任のことになるが，国際私法，行政法規や業界ルールにも配慮が必要である（そして全体的な法的対応としては，さらに訴訟や仲裁などの紛争解決の法も重要である)。他方で，実務的対応として，A社は生産物賠償責任保険に入ることが肝要であろう。

A社は売買契約を結ぶ時に相手方との間で，生産物責任のクレームや訴訟が提起された場合の対応について取り決めることができる。これは，A社のバーゲニングパワーないし契約交渉次第であるが，たとえばA社が輸入者（買主）の立場になる，中国の生産者・輸出者（売主）との国際物品売買契約では，冷凍食材の欠陥に関しては売主の責任で対処し，仮にA社が被害者から提訴されて損害賠償をしたときは売主が求償に応じる旨の条項を契約に入れることが実務上考えられる。なお，CISGは，国際売買契約の対象である物品の欠陥が引き起こした人身損害には適用されないが（→5条。**第3章**第Ⅱ節**(5)**参照)，物的損害に関する売主と買主の間の契約事項については適用がありうる。

Ⅱ　販売店・代理店

【設例7－2】　日本のメーカーA社は，海外に輸出してきた製品の人気が確実なものとなってきたことから，海外の企業との間で総代理店契約を締結し，A社製品を総代理店に供給して現地で販売してもらおうと考えている。総代理店契約とはどのようなもので，どのようなことに配慮すべきか。

1　販売店・代理店とは

国際取引と販売店・代理店

販売店・代理店とは一般に，継続的な契約関係に基づいて，ある事業者が供給する製品・サービス等の商品を取扱う拠点として，これらを販売等する事業者のことをいう。販売店・代理店は，商品を供給する事業者（供給者，サプライヤー）とはあくまで別個の企業であるが，供給者の名称を前面に出して商品の販売等を行うため，供給者の販売網の一組織としての色彩が濃い。

国際取引において販売店・代理店は，供給者である企業の海外進出の有力な選択肢として活用される。国際物品売買契約（→**第2章**参照）を締結して自社製品を単に輸出することは国際取引として重要であるが，海外に拠点を構えてそこを通したほうが，より確実・大量かつ効率的な販売を見込める。海外進出の際は，海外支店の設置や海外子会社の設立も有力な選択肢であるが，これらは綿密な計画や多大な初期投資を必要とし，進出が失敗したときのダメージも小さくない。これに対して販売店・代理店は，これらになってくれる海外企業を供給者が探して，それらと販売店契約または代理店契約を結ぶことでスタートする。契約関係に基づいて当該企業（販売店・代理店）に製品・サービスの販売をしてもらう形になるので，設備的な投資は基本的に必要ない上に，販売店・代理店がすでに構築している販路を利用できる等のメリットが存在する。一方，供給者には，自社の製品・サービスの販売を預けるに足る信頼できる海外企業を探す必要性がある。

販売店と代理店

供給者から商品を購入した上で販売等するものが販売店（distributor）であり，他方，供給者を代理して供給者の商品を販売等するものが代理店（agent）であると一応区別される（→**図表7-3**）。販売店は，独立した当事者として自己の勘定とリスクで供給者から商品を購入し，顧客に販売する。代理店は，供給者からの委任により代理権を与えられた代理人として，供給者と顧客の間の売買等の取引を仲介または媒介する。しかし，供給者から商品を購入した上で販売する事業者が代理店を名乗っているケースもある。また，販売店・代理店に相当する事業者には，特約店，取扱店，販売代理店，総代理店など多様な名称があり，その正確な実体は，供給者と事業者との間の契約を見て判断するほかないことも少なくない。

図表7-3　販売店と代理店の関係

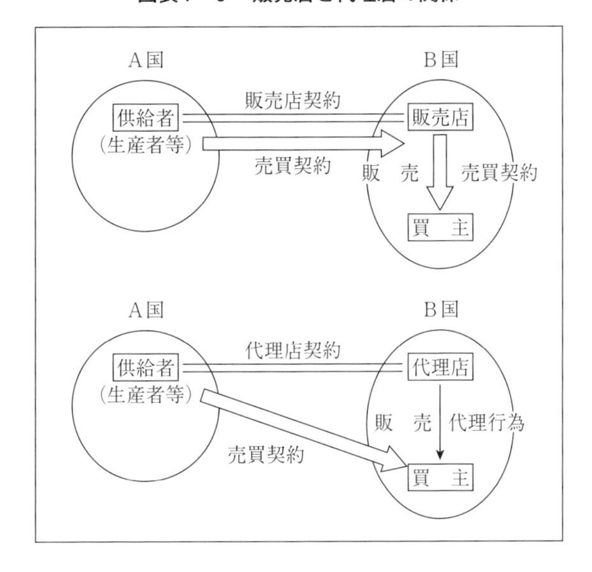

なお，純粋な意味の代理店はまれであり，実務的にもデメリットがあるといわれる。まず，代理店が代理権を越えて取引をするリスクがある。さらに，代理店を用いた販売は供給者自らの現地での事業と同視され（代理店が供給者の恒久的施設に該当するとの判断），現地の国から直接に課税されるリスクもある。

フランチャイズ

フランチャイズとは一般に，供給者の商標・ノウハウの使用を含む包括的な販売権だけでなく，ビジネスモデルや店舗のコンセプトも与えられ，統一的な方法によって事業経営についての統制・指導・援助を受けるとともに，これらが指示通りに遵守されているかも管理されるビジネス形態のことである。フランチャイズでは，同一の企業イメージの下で事業を行う権利が供給者から与えられ，その対価としてロイヤルティ（加盟金）が供給者に支払われる。フランチャイズ店は，供給者との関係がいっそう強化された販売店であり，小売業や飲食業に多い。フランチャイズを用いたコンビニや外食の中国や韓国などへの海外進出は，近時とくに盛んである。

海外進出の形態

企業が海外に進出する形態には，販売店・代理店も含めてさまざまなものがある（→**コラム7-2**）。どの形態で海外に進出するかは，それぞれの企業がメリットとデメリットを勘案して総合的な経営判断がされるべき事柄である。なお，現地企業の設立のときに行われることのある合弁とは，複数の企業が事業を行うために共同で出資することであり，とくに現地の企業に入ってもらうことに目的がある。そのメリットは一般に，①資金調達の便宜・資力の増加，②事業失敗における危険の分散，③技術やノウハウの共有（**第9章**第Ⅱ節），④現地企業の実績に基づく円滑な市場参入，⑤現地政府に受け入れられやすいこと（国有化防止）である。デメリットは，各企業間の経営方針の相違・利害関係の対立のリスクとその調整の必要性である。一定の業種に関しては，現地法人との合弁企業でないと許認可がおりない国もある。

❖コラム 7-2　企業の海外進出形態

企業の海外進出の形態には，販売店・代理店以外に，つぎのようなものがある。

形　態	内　　容			法人格の有無等
現地企業	現地の法に従って設立される会社等の法人や組合等の社団。進出企業が単独で設立することもあれば，現地の企業と合弁契約を結んで設立することもある	（子）会社	進出企業が現地の法に従って設立する会社。進出企業とは別個の法人として，独立採算で営業活動を行う	法人格あり／進出企業の支配下
		パートナーシップ	進出企業が現地の法等に従って設立する組合型の企業。進出企業とは別個の企業主体として，独立採算で営業活動を行う	種類による／進出企業の支配下
現地支店	海外で独立採算により営業を行う営業所。資金・経費は，創業資金を除き，現地での営業活動によって賄われる			法人格なし／進出企業の一部
駐在員事務所	市場調査や宣伝活動など営業を目的としない業務を行う事務所。設置・運用に必要な資金・経費は進出企業からの送金によって賄われる			法人格なし／進出企業の一部
外国企業の買収（M&A）	外国の企業自体やその営業部門を買取る取引（株式取得・事業譲渡）。すでに実績のある企業の組織・販路等をそのまま利用することができるが，法的規制，金銭的負担，労務管理等，検討すべきさまざまな課題が出てくる			買収の仕方による

2　販売店契約・代理店契約とは

販売店契約・代理店契約

販売店・代理店は，販売店契約・代理店契約に基づく。これらは継続的契約であり，とくに物品売買の販売店契約の場合には，これを基本にして供給者と販売店との間で売買契約の締結が個別に繰り返され，対象商品の販売者への供給が継続・反復的に行われることになる。国際的な販売店契約・代理店契約は重要な国際契約として関心が高く，契約条項については実務において定型化が進んでいる（国際商業会議所（ICC）などによるモデル契約がある）。なお，販売店契約・代理店契約そのものは通常，売買契約でないため，CISG（→**第3章**）の適用はない（これに対して，個別に締結される国際的な物品売買契約には，CISGの適用がありうる）。

契約内容

主な契約内容は，①販売店では販売権の付与，代理店では代理権，それらが独占的なものであるか否か，②販売対象商品，③販売地域，④商標等の使用，⑤最低購入量，競争品の取扱い，販売促進・宣伝，販売活動報告等に関する販売店・代理店の義務，⑥販売店・代理店への協力，報酬支払等についての供給者の義務，⑦契約の期間・更新・終了，終了時における補償金，⑧販売店・代理店側の秘密保持や競業避止，などである。

実務的には，後日における争いを避けるため，どの契約条項も可能な限り詳細に定めることが重要である。たとえば，販売地域として指定された国・地域における販売店・代理店の独占権については，単に「独占的」と書くだけでは後日，紛争が発生する可能性がある。というのは，それだけでは，供給者自身も当該国・地域で商品を自ら販売することが許されなくなるのかどうか明瞭でないからである。また，販売店・代理店が取り扱うことが制限される競争品についても，「同様の」「競合する」などという曖昧な表現でなく，機能や形状，大きさ等をできる限り詳細に定めておかないと，後日，認識の違いから販売店・代理店と供給者との間で紛争になることがある。

3　総代理店とは

総代理店

供給者が，ある商品について販売店契約を締結するにあたって，ある地域（国）の全域を対象としてその地域では，ほかに販売店を指名せず，供給者自身もその商品を販売しないことを条件とする販売権（一手販売権）を販売店に付与するとき，このような販売店を総代理店，輸入総代理店または総発売元などとよぶ。一手販売権の付与を目的とする総代理店契約は，外国事業者が国内市場に参入するために活用されることが多い。

独占禁止法上の問題

総代理店は，その商品について指定地域では他の販売店・代理店という競争者がいないことになるので，有利な立場で販売を展開できる。一方，供給者は，指定地域では総代理店に販売を頼るしかないので，自己の商品の販売に総代理店を専念させるためにさまざまな義務を総代理店契約の中で課そうとする。有力なのは，その商品と競合する他社の商品を総代理店が取り扱ってはならないとすることである。このような競争品の制限は，独占禁止法上問題になることがあり，各国の独占禁止法とその運用を調査しておくことが重要になる。たとえば日本では，公正取引委員会の「流通・取引慣行に関する独占禁止法上の指針」が，総代理店契約に関連しての競争品の取扱いに関する制限と独禁法上の問題について述べている（なお，総代理店と並行輸入の問題に関しては，→**第10章**第Ｖ節参照）。

4　販売店・代理店の保護立法

販売店・代理店の従属的地位

販売店・代理店契約の特徴の１つとして，供給者による契約の更新拒絶，解約，終了から販売店・代理店を保護する立法の存在がある。販売店・代理店は，供給者から商標や販売ノウハウ等の供与を受けて商品を販売し，また，競争品の取扱いを制限されるなど，力関係としては供給者の方が強く，経済的に供給者に従属する地位におかれることが少なくない。供給者からの一方的な販売店契約・代理店契約の打ち切りにより供給者の商品が入ってこなくなったら，販売店・代理店は事実上廃業を迫られる。また，販売店・代理店が自己の努力と功労で販路を十分に築き上げたところで，供給者が，契約を一方的に打ち切って現地子会社を設立し，それに販路をただ乗り的に利用させることがあるかもしれない。このような販売店・代理店の従属的性質または経済的弱者性を考慮して，とくに販売店契約・代理店契約の終了に関しては，販売店・代理店を保護する立法を制定する国も多く，国際取引ではこの種の保護立法を考慮に入れることが重要である。

諸国の販売店・代理店保護法

販売店・代理店保護法があるのは，EU構成国，中東・アラブ諸国，中南米諸国などである。EUでは1986年にいわゆる代理商指令が作成され，各構成国は代理商に関して指令に従って国内法を制定している。特徴的なのは，契約終了後における代理店の補償請求権（補償金額は原則として１年分）と損害賠償請求権に関する指令17条と18条である。両条の適用は，欧州司法裁判所のイングマール事件判決（C-381/98 *Ingmar GB Ltd. V. Eaton Leonard Technologies Inc.*, [2000] E.C.R. I-9305）で，代理商が構成国で活動しているならば本人（供給者）が構成国の法人でなく，代理商契約の準拠法が構成国の法でないときでも確保される，と判示された。日本には現在のところ販売店・代理店の保護立法はないが，判例法理を通じて一定の保護が達成されてきている。そして，日本でもこの種の立法を求める動きがある。

5　販売店・代理店に関する諸問題の準拠法

販売店契約・代理店契約自体の準拠法

販売店・代理店契約に基づく債権・債務の諸問題（たとえば，①販売店・代理店が競合他社の製品を取り扱っている，②供給者が販売店による発注に応じない，③販売店・代理店が，供給者から許諾された範囲を越えて供給者の商標を勝手に使用した，④供給者が一方的に，販売店・代理店に対して販売店・代理店契約の更新拒絶または解約申入れをした，などがある）は，契約の準拠法によって規律される。契約の準拠法に関して，諸国の国際私法は基本的に当事者自治の原則を採用し，日本でも法の適用に関する通則法は当事者による準拠法選択を認める（７条）。販売店契約・代理店契約も，当事者が準拠法を選択していればそれによる。当事者による準拠法選択は，販売店・代理店契約の条項として定められるような明示的なもの（化粧品の総代理店契約についてフランス法の準拠法合意があるとした東京地判平成25・４・26LEX/DB25512252，スイス在住フランス人と日本会社との間の美容フランチャイズ契約についてフランス法を準拠法とする契約条項に関する東京地判平成26・３・26裁判所ウェブサイト，LEX/DB25446336。ただし，いずれも根拠条文となるべき７条への言及はない）だけでなく，黙示的なものでもよい。ただし，黙示的な準拠法選択合意は，当事者の言動や過去の継続的関係などの事情から一義的に主観的意思が明らかである場合に限って認められるべきである（ハワイ州居住米国人とハワイ州会社間の非独占的代理店契約について，ハワイ州法の黙示的合意を認めたと解される東京地判平成24・12・21判タ1408号367頁参照）。

当事者による準拠法選択が明示的にも黙示的にもないとき，契約の最密接関係地法が準拠法になるが（8条1項），契約の特徴的給付者の常居所地法（関係事業所の所在地法）が最密接関係地法と推定される（8条2項）。この点について，特徴的給付の決定は困難であり8条2項の推定はできないが，8条1項の適用において経済的弱者の保護を考慮して，販売店につき最密接関係地法はその常居所地法であるとの考え方がある。確かに，販売店契約・代理店契約では特徴的給付を簡単には決定できないが，販売地域の指定がされたり当該地域での競争品の取扱いが制限されたりするなど，販売店・代理店側の義務に重心があると思われる。販売店契約・代理店契約の各条項は，結局のところ販売店・代理店が実施すべき販売行為の成功に関心が向いているといえ，販売店・代理店のみが契約の特徴的給付を行うと考えるべきであろう。したがって，販売店契約・代理店契約では，販売店・代理店の常居所地法（関係事業所の所在地法）が最密接関係地法として推定されるべきである。裁判例においては，販売店・代理店契約の特徴的給付が何かを詳しく取り上げたものはみあたらない（日本会社が締結したと主張するドイツ会社および米国会社との間の代理店契約に関して8条を適用して準拠法を日本法とした大阪地判平成25・6・20裁判所ウェブサイト，LEX/DB25445698があるが，単に「8条により」と述べるにとどまる）。また，契約の準拠法判断が特にないままの裁判例もある（オーストラリア会社を供給者とするワインの独占的輸入・販売代理店契約に関する東京地判平成22・7・30判時2118号45頁，イタリア法人（供給者）と日本会社との間におけるイタリア製鞄等の独占販売店契約上の最低購入義務違反等に関する東京地判平成27・2・13判時2265号47頁，カルティエの時計の無料修理に関して販売店契約の内容が問題になった東京地判平成28・3・30LEX/DB25535724など）。

国際的強行法規の適用

法廷地法としての日本法に販売店・代理店契約に関して適用可能な国際的強行法規がある場合，契約準拠法にかかわりなく，その強行法規の適用が認められうる（優越的地位の濫用を規律する独禁法2条9項5号・19条等は，国際的強行法規である可能性がある）。さらに，販売店・代理店契約に準拠法選択合意があるが，その準拠法の所属国には販売店・代理店保護法がない場合に，販売店・代理店が販売活動を行う国の販売店・代理店保護法中の強行規定を適用することができるかの問題は，通則法の解釈上，今後取り組まれるべき課題であろう。

個別の売買契約の準拠法

販売店契約を基本契約として供給者（売主）＝販売店（買主）の間で結ばれる個別の売買契約には，前述の通りCISGの適用が考えられる。一方で，この売買契約の準拠法は，販売店契約の準拠法とは別に存在する（なお，日本会社（供給者）と米国カリフォルニア法人の間の中国におけるゴルフ用品の独占的販売代理店契約（準拠法を日本法とする合意あり）に基づく個別の売買契約の準拠法を日本法とする黙示の合意を認めた東京地判平成30・10・25LEX/DB25557678参照)。個別の売買契約に準拠法合意がないときに，売買契約における売主（供給者）の常居所地法の推定（8条2項）を経済的弱者（販売店）の保護を理由に覆して，個別の売買契約の最密接関係地法（8条1項）を販売店の常居所地法とする可能性は議論されてよいであろう。

供給者と第三者の共謀による新たな販売店の指名

独占的販売店・代理店契約の供給者が販売店・代理店以外の第三者と共謀し，契約に違反して新たな販売店・代理店が指名されることがある。このとき，供給者が販売店・代理店に契約の更新拒絶または解約を一方的に申し入れることが多い（デンマーク会社（供給者）と日本会社のチーズパウダー販売代理店契約に関する東京地判平成11・5・28判時1727号108頁や，フランス法人（供給者）と日本会社の化粧品独占的販売代理店契約に関する東京地判平成22・1・29判タ1334号223頁等で，この点が争われた)。このうち，供給者による第三者の販売店・代理店指名や更新拒絶・解約については独占的販売店・代理店契約違反が問題になり，これは前述した当該契約の準拠法によって規律される。販売店・代理店と第三者間では不法行為が問題になり，通則法17条以下によって準拠法が決まる。加害行為になるのは通常は供給者による新たな販売店・代理店の指名，その結果は販売店・代理店が商品の販売をできなくなった（またはその実績が落ちた）ことであろう。結果の発生地が販売店・代理店による商品の販売地であることの通常予見可能性はあると考えられ，17条による準拠法は当該地になることになる。20条に関しては，独占的販売店・代理店契約の準拠法（たとえば供給者の国の法）の合意がある場合に，とくにこれらの者すべての間の紛争解決の準拠法を1つにすることを考慮して，その法を明らかな密接関係地法として不法行為の準拠法とすべきとの考え方があるかもしれない。しかし一般的には，ここでの不法行為について，結果発生地法より明らかに密接な関係をもつ地の法があるケースは稀であるように思われる（前掲東京地判平成22・1・29参照）。

6 販売店・代理店と日本の国際裁判管轄権

日本の国際裁判管轄権（→**第12章**第Ⅰ節**2**）を決定する民事訴訟法では，販売店・代理店が重要な役割を演じるであろう事業活動地（3条の3第5号）が管轄原因の1つとして定められている。すなわち，日本にある販売店・代理店を通じて日本で商品販売等を行っている外国の供給者が，同5号の「日本において事業を行う者」に該当するケースが考えられるのである。実際に該当するかどうかは，具体的な事件で販売店・代理店がどのような活動を供給者のためにしているかを慎重に判断して決めることになる。その判断は，①供給者による指揮管理への内部的な従属性はどの程度大きいか，②外部にいる顧客に対して，供給者と販売店・代理店が企業としての一体的外観をどの程度示しているか，などが基本的な考慮要素になると思われる。なお，純粋な代理店を通じての商品販売は，同号の日本における事業に該当することが少なくないであろう。

販売店契約・代理店契約では，国際裁判管轄権の合意が定められることがある（美容フランチャイズ契約に関してパリ商事裁判所の管轄合意が付加的管轄合意と解された前掲東京地判平成26・3・26など）。供給者の国の裁判所のみに専属的に国際裁判管轄権を認める合意が注目されるが，このような国際的専属管轄合意は，原則として有効である（なお，3条の7第4項参照）。他方で，被告の住所地国に専属管轄を認める合意は，それがはなはだしく不合理で公序法に違反するとき等の場合は無効であることが，チサダネ号事件判決（最判昭和50・11・28民集29巻10号1554頁）で示されている（この判例法理は現在も妥当すると考えられる）。この点に関して，販売店・代理店の従属的性質または経済的弱者性を考慮して，供給者国の専属管轄の合意は公序法に反して無効であると解すべきとの議論があり，注目される（日本会社Xとフランス法人Y（供給者）の間における化粧品の販売代理店契約にあるフランス裁判所の専属的管轄合意を有効とした東京地判平成20・4・11判タ1276号332頁があるが，Xの従属的性質や経済的弱者性の観点からの公序違反は主張されていないようである)。

7　販売店・代理店契約と国際商事仲裁

販売店・代理店契約に関する紛争の解決方法として，国際商事仲裁が選ばれることは少なくない。これに関連して，仲裁合意の有効性や仲裁人の選任，また仲裁判断の執行などが，日本の裁判所で扱われたケースもみられる。まず，仲裁合意の有効性・効力が争われた事件には，ニューヨークで設立する会社を独占販売代理店とする契約の効力が問題になった事件（最判昭和50・７・15民集29巻６号1061頁），イスラエル会社を独占的販売代理店とする契約に違反しての第三者への販売権付与と一方的契約終了に関する事件（東京地判平成３・８・28判タ779号276頁），独占的販売店契約の供給者であるモナコ公国会社が第三者と共謀しての販売店指定・契約不当破棄に関する事件（東京地判平成23・３・10判タ1358号236頁）など，多数がある。仲裁人の選任が裁判所に請求された事件としては，日本の運送会社とインド会社（総代理店）間における総代理店契約の新契約移行に絡むもの（東京地判平成17・２・９判時1927号75頁）がある。仲裁判断取消請求事件には，供給者であるドイツ会社と日本会社間の独占的製造販売権許諾契約の更新拒絶に関する事件（東京地判平成16・１・26判時1847号123頁，判タ1157号267頁）など，また，仲裁判断の執行請求事件としては，テキサス州会社を独占的販売店とする契約の供給者による一方的解除を原因とする損害賠償請求の事件（名古屋地一宮支判昭和62・２・26判時1232号138頁，判タ645号239頁）などがある。さらに，仲裁合意があるために保全命令申立が却下された事件として，非独占的販売エージェント契約の供給者である韓国会社からの更新拒絶を原因とする損害賠償請求に関する事件（東京地判平成19・８・28判時1991号89頁，判タ1272号282頁）がある。

国際商事仲裁における諸問題は，バラエティーに富み興味深い。EU では，代理商指令などによる販売店・代理店保護のために，裁判所が販売店・代理店契約中の仲裁合意の効力を否定したり，仲裁判断の承認・執行を拒否したりすることについてダイナミックな議論がある。

8 総代理店契約締結における国際取引法上の配慮

【設例7－2】でＡ社が締結しようとしている総代理店契約とは，前述**3**前半のように，一手販売権を販売店に付与する販売店契約のことをいう。配慮すべき事柄としては，まず，後日の紛争を予防するために契約書は可能な限り詳細にすること（前述**2**参照）がある。また，関係する国の独占禁止法（前述**3**後半参照）や，販売店・代理店保護法（前述**4**参照）の存在・内容などにも十分注意することになる。

第8章 外国会社と多国籍企業

【設例8－1】 甲国法に準拠して設立された法人Ｘ社は，日本法人Ｙ社との間で日本において継続的に取引することを検討中であるが，実はＸ社は甲国において設立されているものの，甲国においては一切事業活動を行っておらず，日本において事業活動を行うことを主たる目的としている。Ｘ社がＹ社と日本において継続的に取引することによってどのような法的問題が生じるか。

I 外国会社

1 外国会社をめぐる国際的規律

外国会社をはじめとする外国法人をめぐる国際的規律には，外国法人に関する外人法上の規制と，法人一般に関する国際私法上の規律という２つの側面がある。前者の外国法人に関する外人法上の規制とは，自国内での外国法人・外国会社の法人格の承認，権利享有，私法的活動の国家的監督に関して適用される国内実質法（民法・会社法その他）上の問題である。他方，後者の法人一般に関する国際私法上の規律とは，法人の設立の要件は何か，法人格がいかなる範囲で認められるか等といった法人にかかわる基本的問題についていかなる国の法が適用されるかという準拠法決定の問題である。外国法人に関する外人法上の規制と法人一般についての国際私法上の規律は，異なる問題でありながら緊密に関連し，相互補完的に機能して，全体として外国会社・外国法人をめぐる国際的な規律を形成している。

2 外国会社に対する外人法上の規制

内外法人の区別

外国法人・外国会社が内国において活動するに際して外人法によって規制をなす場合には，まず，その前提として，いかなる法人・会社を「外国」法人・「外国」会社として扱うかということが問題となる。原則として，外国法人・外国会社とは外国法に従って設立された法人・会社であると解されているが（会社法2条2号参照），各種の外人法の規制目的に応じて，当該規制の潜脱を防ぐために，設立準拠法だけでなく，法人の資本・構成員・議決権の帰属等の実態に着目した内外法人の区別がなされる場合もある（外国人土地法2条，船舶法1条，航空法4条，電波法5条等）。

外国法人の認許

外国法人・外国会社が，当該法人格を付与した国のみならず，わが国においても法人として活動するためには，わが国において法人格が承認される必要がある（外国法人の認許）。民法35条1項は，法文上，外国法人については認許しないことを原則としつつ，例外的に一部の外国法人を認許するとの立場をとった上で，一定の種類の外国法人については特別な承認行為を要することなく自動的に認許するという一般的認許主義を採用している。民法35条1項により認許される外国法人としては，国および国の行政区画，外国会社，法律により認許された外国法人（保険事業に関する外国相互会社（保険業法185条以下参照）），または条約により認許された外国法人（日米通商航海条約4条，日中投資保護協定3条参照）があげられる。

また，条約により成立した法人，いわゆる国際法人は，条約自体に準拠して設立された法人（国際連合等）と，条約に従い本拠地の国内法に準拠して設立された法人（度量衡万国中央局等）とに大別されるが，いずれについても，わが国の当該条約への加盟により当然認許されると解される。

さらに，外国公益法人については，外国の公益と内国の公益が抵触するおそれがあること等を理由として認許の対象に含まれておらず，外国の公益法人は，あらためて内国法人としてわが国で設立し直さなければ，わが国において法人として活動することはできない。しかし，このような規律については国内公序偏重の時代遅れなものであるとの批判が強い。

仮に外国法人が内国において認許されない場合，当該外国法人は内国における活動を禁じられるわけではないが，法人格が承認されないことから，内国では権利能力なき社団・財団としてのみ扱われることになる。

外国法人の権利享有　認許された外国法人は，同種の日本法人と同一の私権を享有する（民法35条２項本文）。ただし，外国自然人が享有することのできない権利，および法律または条約中に特別の規定がある権利についてはこの限りでない（同35条２項ただし書）。現在のところ，外国法人に限定して権利享有を禁止する法律や条約は存在しないため，外国法人については，法人の性質上享有しえない権利を除き，外国自然人と同様に権利の享有の制限がなされている。なお，外国自然人・外国法人の権利享有を禁止・制限する法律の中には，外国法人の権利享有を禁止・制限するにあたり，当該法人の設立準拠法に加え，法人の資本・構成員・議決権の帰属についても考慮した上で，当該法人が「外国」法人であるか否かを判断するものがみられる。

外国会社に対する監督　認許された外国法人は，内国において法人として活動することができるが，国内の取引秩序を害することのないよう，その活動は国家的監督の下におかれる。

外国法人の中でも，営利法人である外国会社に対する監督については，会社法817条以下で規定がおかれている（非営利法人については，民法37条参照）。外国会社が日本において継続して取引を行う場合には，日本における代表者（その日本における代表者のうち１人以上は，日本に住所を有する者でなければならない）を定めなければならないと規定されており（会社法817条１項），この日本における代表者は，当該外国会社の日本における業務に関する一切の裁判上または裁判外の行為をする権限を有するとされ（同817条２項），この代表者の権限に加えた制限は，善意の第三者に対抗することができない（同817条３項）。なお，かつては，外国会社が日本において継続して取引を行う場合には営業所の設置が義務づけられていたが，営業所の設置を必要としない電子商取引の普及を背景に，2002年の商法改正により営業所の設置義務については廃止されている。

また，外国会社は，設立準拠法，日本における代表者の氏名および住所その他の事項を日本において登記しなければならず（会社法933条），さらに，わが国の株式会社に相当する外国会社は，賃借対照表に相当するものを日本において公告しなければならない（同819条）。このように，外国会社の組織内容・財務状況を公にすることで，外国会社と取引する国内の債権者の保護が図られている。外国会社は，外国会社の登記をするまでは日本において継続して取引をすることができず（同818条１項），これに違反して取引をした者は，取引の相手方に対し，外国会社と連帯して当該取引によって生じた債務を弁済する責任を負い（同818条２項），過料が科される（同979条２項）。なお，外国会社の事業が不法な目的に基づいて行われたとき等，一定の場合には，日本の裁判所は，外国会社が日本において取引を継続してすることの禁止または日本に設けられた営業所の閉鎖を命じることができる（同827条）。

さらに，日本に本店を設けまたは日本で営業を行うことを主な目的とする外国会社（擬似外国会社）について，このような会社は日本において継続して取引を行うことができないとし（会社法821条１項），これに違反して取引をした者は，取引の相手方に対し会社と連帯して当該取引によって生じた債務を弁済する責任を負う（同821条２項）とされた。2005年改正以前の商法482条では，擬似外国会社に対する規制として，擬似外国会社に内国会社と「同一ノ規定」に従うことを求めていたが，この「同一ノ規定」に会社の設立に関する規定が含まれるか否かという点について学説は対立していた。会社の設立を含むすべての規定との趣旨，つまり，擬似外国会社の法人格を否定し，内国会社としての再設立を求める趣旨であると解すれば，かえって内国の取引の安全が害されるおそれがあり妥当でないことから，会社法821条では，擬似外国会社の法人格自体は肯定しつつ，擬似外国会社が日本において継続的に取引を行うことを禁じ，これに違反して取引を行った者に，取引の相手方に対し会社と連帯して当該取引によって生じた債務を弁済する責任を負わせることによって，法律回避的な設立を防ぐことにしたのである。**【設例８－１】**では，X社は擬似外国会社にあたるため，Y社と日本において継続的に取引をすることはできず，これに違反して取引を行ったX社側の取引関与者はX社と連帯して当該取引から生じた債務を弁済する責任を負うこととなる。

3　外国会社に対する国際私法上の規律

法人の従属法の決定

法人は，いずれかの国の法に従って法人格を付与され，法人の組織・機関なども当該国の法に従って構成されるのが通例である。このように，法人の成立・組織・機関といった法人にかかわる基本的事項を原則として規律する法として，法人の従属法という概念がある。通則法には，法人の従属法についての明文規定がなく，法人の従属法が具体的にいかなる国の法であるのかという問題については解釈に委ねられている。法人の従属法の決定については諸説があるが，なかでも学説上とくに有力であるのは，設立準拠法説（通説）と本拠地法説である。設立準拠法説とは，法人が設立の際に準拠した法を法人の従属法とする見解（英米法系諸国，およびスイス，オランダ等の一部の大陸法系諸国で採用）であり，固定性，明確性といった点で優れるが，他方，この説に従うと，設立者が設立地の選択を通じて法人の従属法を恣意的に操作することが可能となるとの欠点が指摘されている。また，本拠地法説とは，法人の本拠が所在する地の法を法人の従属法とする見解（ドイツ，オーストリア等の大陸法系諸国で採用）であり，本拠地における法人の設立が求められた上で，当該本拠地の法が法人の従属法とされるため，法律回避的な法人の設立を防ぐことができるという利点がある。しかし，本拠地法説によると，法人の本拠が移転される場合には法人の従属法も変更されることとなるため，法人をめぐる法律関係が不安定になる，また「本拠地」が具体的にどのような地を指すのか必ずしも明確でないといった欠点がある。わが国では，従属法としてとくに要請される固定性，明確性という性質を備えた設立準拠法説が通説となっており，法律回避的な法人の設立を可能にしてしまうという設立準拠法説が抱える欠点については，擬似外国会社に対する規定等の外人法上の規制をなすことによって補われている。

法人の従属法の適用範囲　ある一国の法に従い作出された法主体であるという法人の本質からして，法人に人格を付与した国の法たる法人の従属法は，法人の設立，内部組織，消滅等，法人についての基本的事項に原則として適用される。ただし，第三者との取引関係においては，取引保護の見地から従属法の適用が制限される場合がある。さらに，日本国内で継続して取引を行う外国会社についてはわが国の外人法による規律を受けるため，これらの点をも考慮すると，法人の従属法の適用は事実上かなり制限される。

(1)　法人の設立，内部組織・内部関係，消滅　法人の設立に関する問題，たとえば，定款の作成，設立登記といった問題に法人の従属法が適用される。また，法人の内部組織・内部関係に関する問題，たとえば，法人の機関の構成・対内的権限，法人と社員との関係，社員相互間の関係等の問題に法人の従属法が適用される。さらに，法人の消滅に関する問題，たとえば，法人の解散事由，法人の清算手続等の問題に従属法が適用される。

⑵　法人の権利能力　　法人の一般的権利能力，つまり，法人格の存否および範囲についても法人の従属法が適用される。しかし，法人の従属法によれば，定款上定められた法人の目的によって法人の権利能力が制限され，ある行為が目的外の行為として無効となる場合であっても，行為地における取引保護の見地から通則法４条２項（自然人の行為能力）を類推適用し，行為地法によれば法人の権利能力が認められるときには法人の権利能力を肯定し，当該行為を有効と解するのが多数説の見解である。ただし，法人の債権者や社員の利益保護と取引保護との間でバランスをとって，会社法933条２項１号で設立準拠法の登記が義務づけられている外国会社については，設立準拠法（法人の従属法）が公にされていることから，通則法４条２項の類推適用の対象から外すべきとの指摘がある。

法人の個別的権利能力，つまり個々の権利義務を法人が享有しうるか否かという問題は当該権利義務の準拠法によるが，当該権利義務の享有を認める前提として，法人の従属法が当該権利義務の享有を認めていなければならない。

⑶　法人の行為能力　　法人の行為能力，つまり法人の機関の権限の有無・範囲についても法人の従属法による。ただし，法人の行為能力が，取引の相手方等の第三者との関係で問題となる場合には，法人の権利能力におけるのと同様に，取引保護の見地から通則法４条２項を類推適用し，法人の従属法によれば行為能力が認められない場合であっても，行為地法によれば行為能力が認められるときには行為能力を肯定する見解が有力である。

Ⅱ　多国籍企業

【設例８－２】　甲国法人Ｘ（売主）は乙国法人Ａ（買主）との間で物品の売買契約（契約準拠法は甲国法）を締結した。ＸはＡに当該物品を引き渡したが，ＡはＸに代金を支払わなかったため，Ｘは，Ａは日本法人Ｙの100パーセント出資の子会社であり，実質的にはＹがＡを完全に支配・管理していることから，Ａの法人格は否認され，Ａの債務不履行についてはＹも責任を負うべきであると主張して，Ｙに対して代金の支払を求めて日本において訴えを提起した。ＸのＹに対する請求については，いかなる国の法が適用されるか。

1　多国籍企業とは

多国籍企業の定義については諸説あるが，その概念の中核的要素をとらえていえば，多国籍企業とは，複数の国においてそれぞれ設立された個々の企業が共通の資本や支配を介して統一的指揮の下に事業活動を行う企業グループであるといえるだろう。国際取引がますます活発化する世界経済において，多国籍企業はその中心的な役割を担っている。多国籍企業は，経済的には，個々の企業が統一的指揮の下に結びつき一丸となって事業活動を展開し利益を追求する１つの統一体であるととらえられるが，法的にみると，多国籍企業を構成する個々の企業１つひとつがそれぞれ別個の法人格を有する主体であり，多国籍企業全体が１つの主体となるわけではない。この点を利用して，多国籍企業は，本来は多国籍企業本体・親会社に向けられるべき法的な責任追及や規制の影響をその一分肢たる個々の企業のみに負わせ，多国籍企業本体・親会社についてはそれらが及ばないよう策をめぐらせてきた。しかし，多国籍企業の親会社が統一的指揮の下に子会社の行為を支配しているにもかかわらずその責任追及から逃れ，親会社による指揮に従い活動しているにすぎない子会社のみがスケープゴートになるという状況は，社会における公正な責任負担という点からも，法規制の実質的な遵守の確保という点からも決して望ましいものではない。1960年代からこうした多国籍企業の活動については国際的な批判が高まり，その結果，1970年代にはOECDの多国籍企業行動指針，ILOの多国籍企業および社会政策に関する原則の三者宣言が出されるなど，いくつかの国際機関において多国籍企業の活動を規制する動きがみられた。さらに，近年，企業の社会的責任（CSR）の問題が大きな注目を集めたことから，多国籍企業が事業活動を行う上で，グループ全体として人権に十分配慮することがますます強く要請されるようになっている。各国の国内法の適用においては，多国籍企業の活動の実態に即して，多国籍企業の末端の子会社だけでなく，多国籍企業の親会社・姉妹会社についても捕捉しようとする試みがさまざまな局面においてなされてきたが，ここでは，なかでも，多国籍企業による事業活動にかかわる国際裁判管轄の問題，多国籍企業による事業活動に関する国際私法上の問題，多国籍企業に対する規律管轄権の問題について取り扱う。

2　多国籍企業による事業活動と国際裁判管轄

わが国の民事訴訟法上，多国籍企業が事業活動により利益を得ていることとのバランスから課される応訴の負担という点で問題となる規定として，民事訴訟法３条の３第４号および同条第５号がある。民事訴訟法３条の３第４号は，「事務所又は営業所を有する者に対する訴えでその事務所又は営業所における業務に関するもの」について，「当該事務所又は営業所が日本国内にあるとき」にわが国の国際裁判管轄を認めている。さらに，民事訴訟法３条の３第５号は，「日本において事業活動を行う者（日本において取引を継続してする外国会社〔会社法（平成十七年法律第八十六号）第二条第二号に規定する外国会社をいう〕を含む）に対する訴え」について「当該訴えがその者の日本における業務に関するものであるとき」にわが国に国際裁判管轄を認めている。以上のように，民事訴訟法３条の３第４号においては，国内土地管轄規定たる民事訴訟法５条５号と同様に，業務関連性を条件とした上で事業拠点（事務所または営業所）の存在に基づき，わが国の国際裁判管轄が認められている。さらに，民事訴訟法３条の３第５号においては，米国法上の doing business 管轄に想を得て，今日では物理的な拠点がなくとも事業活動を行うことが十分に可能となっていることを考慮し，わが国における事業拠点の有無にかかわらず，わが国において事業活動を行っている場合にはわが国の国際裁判管轄を認めるとされた。

民事訴訟法３条の３第４号における「事務所又は営業所」という概念の解釈にあたっては，従来の国際裁判管轄権の存否判断における「営業所・事務所」概念についての解釈が参考となるであろうが，これまでの裁判例では，被告たる外国会社の登記された営業所や現業事務所といった拠点，すなわち，被告外国会社と法人格を同じくする拠点がわが国にある場合には，当該拠点が被告外国会社の「営業所・事務所」に該当することがとくに問題なく認められてきたものの（最判昭和56・10・16民集35巻７号1224頁，東京高判平成12・12・20金判1133号24頁ほか），他方で，子会社・関連会社といった，被告外国会社とは異なる独自の法人格を有する事業拠点がわが国にある場合には，当該拠点を被告外国会社の「営業所・事務所」とみることにつき，一貫して消極的な判断が下されてきた（東京地判平成19・11・28判例集未登載（裁判所ウェブサイト参照），横浜地判平成18・６・16判時1941号124頁ほか）。その際，当該拠点が被告外国会社の完全な支配下にある等，法人格の形骸化による法人格否認の要件が満たされているようなごく例外的な場合に限り，被告外国会社とは法人格の異なる拠点を被告外国会社の「営業所・事務所」として認めるという姿勢が示されてきている。しかし，このような解釈については，「営業所・事務所」概念の解釈として狭きに失すると批判する見解もある。学説においては，むしろ，子会社などの，被告外国会社と法人格の異なる拠点であっても，法人格の相違に拘泥せず，当該拠点が支店・営業所と同様の機能を果たしている場合には，営業所所在地管轄を肯定することに好意的な見解が少なからず提示されてきた。そのような見解の中では，被告外国会社とは法人格の異なる事業拠点がわが国に所在していることにより営業所所在地管轄が肯定されるか否かを判断するにあたっては，①当該拠点がわが国で被告外国会社のためにどのような役割を果たしているか（契約締結権限等が付与されているか），②人員の交換の有無，③役員の兼任，④資本関係，⑤外観（外部への表示）等の企業間の緊密なつながりを示す事実に着目して，当該拠点が被告外国会社のわが国における事実上の「営業所・事務所」に該当するか否かを判断すべきとも主張されている。

さらに，わが国における事業活動に基づく管轄を認める民事訴訟法３条の３第５号については，この規定により子会社を日本に設立して事業活動している外国親会社を管轄上とらえることができるのではないかとの期待が寄せられているが，この場合，外国親会社を日本の国際裁判管轄権に服さしめるには，子会社を通じて行われた事業活動が「親会社」の事業活動であることを証明する必要がある。上述の裁判例のように，法人格の形骸化による法人格否認の要件が満たされているような場合に限定して，子会社により行われた活動を外国親会社の事業活動としてとらえるのであれば，子会社を通じてわが国において事業活動を行う外国親会社に対して本条が適用される機会は非常に限られたものとならざるをえない。法人格の形骸化による法人格否認の要件が満たされている場合に限定しない，上記のような企業間の緊密なつながりを示す事実に着目した，より柔軟な解釈が望まれよう。

3　多国籍企業による事業活動に関する国際私法上の問題

企業が海外に進出する際，現地に支店や代理店をおくことも考えられるが，より多くの場合には子会社を設立する進出形態がとられる。このような進出形態がとられる背景には，親会社とは法人格の異なる子会社に現地で実際の事業活動を行わせることで，子会社が実行した事業活動から生じた責任が自らにも追及される事態をできる限り阻止しようとする親会社の意図がある。株主有限責任の原則によると，親会社は株式の引受価額を限度とする間接的有限責任のみを負担することになるが，企業株主が株式を用いて企業グループを形成し，子会社の株式のほとんどを所有するような場合にまで，一般の投資家を想定して確立された株主有限責任の原則を厳格に貫くことについては疑念が呈されており，法人格否認の法理（当該事案限りで会社の法人格の独立性を否定し，会社とその背後の実体（親会社等）を同一視することにより事案の衡平な処理を図る法理。米国法，ドイツ法上もこの種の法理が存在している）による有限責任の排除によって，あるいは結合企業規定，一般私法の解釈等の他の法律構成によって，親会社の責任を追及する途が開かれている。

子会社による事業活動から生じた責任を親会社に問う場合，実質法上，その責任の根拠には，契約責任，不法行為責任，会社法上の責任等，さまざまなものがありうる。たとえば，子会社が直接的な当事者となっている契約について，子会社の債務不履行責任を親会社に拡張し追及することができるか否か，すなわち，実質的な契約当事者の確定が問題とされるような場合，法律構成としては，法人格否認の法理を用いて子会社の債務不履行責任を親会社に拡張することが考えられる。また，直接には子会社がなした不法行為につき親会社も責任を負うか否かが問題となる場合であれば，法人格否認の法理を用いる方法に加えて，使用者責任を拡大する方法によって親会社に責任を課すことも考えられる。さらに，親会社の子会社に対する影響力行使によって子会社および第三者に損害が生じたような場合であれば，法人格否認の法理を用いる方法に加えて，親会社を子会社の事実上の役員（支配者）とみることによって会社法上の「役員等の第三者に対する責任」を親会社に課すことも考えられよう。

このような実質法の状況をふまえた上で国際私法上の問題を検討すると，まず，法人格否認をめぐる準拠法決定については，法人格否認の問題を一律に法人の権利能力の取消または制限にかかわるものとして子会社の従属法によらしめる見解等もあるが，有力説は，上記のように法人格否認が多様な場面で問題となりうることをふまえて，法人格否認の準拠法を一律に決することは適切でなく，場合に応じて判断する必要があるとしている。論者により，その場合分けは必ずしも一様ではないが，なかでも有力であるのが，法人格否認を，①会社債権者全体の保護を目的とした会社法上の制度的利益を擁護するための法人格否認と，②一般私法法理によって対処しきれない問題を一般条項として処理して特定債権者を保護することを目的とした個別的利益調整のための法人格否認に分け，①については子会社の従属法，②については個々の事案の性質により個々の法律関係を規律する法によるとの見解である。たとえば，上記の親会社の子会社に対する影響力行使によって子会社および第三者に損害が生じたとして親会社の責任を追及する場合には，会社債権者全体の保護や会社法上の利益が問題となっているから，子会社の従属法によるべきこととなる。また，子会社の債務不履行責任を親会社に拡張できるか否かが問われている場合，あるいは子会社がなした不法行為につき親会社が責任を負うか否かが問われている場合には，特定債権者の保護や個別的利益の調整が問題となっているから，それぞれ契約準拠法，不法行為準拠法によって親会社の責任の有無を判断すべきこととなる。したがって，このような見解に従えば，**【設例８－２】**では，契約準拠法たる甲国法によってＹの責任の有無が判断されることになろう。このような解決は，親会社の責任を追及する際に法人格否認の法理による以外の法律構成もとられうることを鑑みれば，妥当なものといえよう。

わが国の裁判例においては，従来，親会社や関連会社の責任が追及された渉外事件では，法人格の否認に関する準拠法決定については，一切触れられていなかったり（東京地判昭和63・３・16金判814号31頁），どのように判断したのか必ずしも明確でなかったり（東京地判平成10・３・30判時1658号117頁，東京高判平成14・１・30判時1797号27頁）で，法人格否認に関する準拠法決定についての裁判例の立場は長らく判然としなかったが，近年，子会社の契約上の責任を親会社に追及できるかが問題となった事案において，法人格否認の法理の適用の有無については契約準拠法によるとの判断を示した裁判例（東京地判平成29・1・13判例集未登載（控訴審：東京高判平成29・6・29判例集未登載））が現れており，注目される。

4　多国籍企業に対する規律管轄権

国家が多国籍企業に対して輸出管理関連法や競争法といった経済規制立法を適用しようとする場面では，多国籍企業の親会社が外国子会社を用いて規制を潜脱することを防ぐために，自国の親会社だけでなく，外国子会社にまで所有・支配といった関係を通じて規制を及ぼそうとすることがある。

国際法においては，国家は領域内外における自国民あるいは自国企業の行為，利益等について規律する権限（規律管轄権）を有するとされている（属人主義）。ここで，自国企業として規律の対象となるのは当該国家の法に基づいて設立された法人であり，多国籍企業に関していえば，その構成部分たる各法人はそれぞれの設立準拠法所属国の規律管轄権に服することになる。

しかし，かつて，米国は，輸出管理関連法分野において，外国資産管理規則等の適用対象となる「米国の管轄権に服する者」という概念に米国企業によって所有・支配される外国子会社を含めることで属人主義を拡大し，多国籍企業に対して規律管轄権を行使した。しかし，この管轄権行使に対し，子会社設立国は当該国の法律・政策との抵触を理由に激しく反発し，結局，米国は，外国子会社への規律の撤廃を余儀なくされた（**→コラム8-1**）。このように，国家が多国籍企業に対して規律管轄権を行使するにあたっては，まず，最初の関門として国家間の利益・政策の抵触がどの程度かという点が問題となってこよう。仮に，国家間の利益・政策の対立が激しい法分野では，親会社による所有・支配関係があるとしても，規律管轄権行使は事実上困難となる。

他方，国家間の利益・政策の対立がさほど大きくない場合であれば，親会社による所有・支配を根拠とした規律管轄権行使は成功裏に行いうる。たとえば，競争法分野において，かつて欧州競争法の適用に関してみられたように，事業活動の指揮を執っている域外親会社と域内で実際の活動を行う域内子会社を一体として規律するという規制方法については，各国の反発はそれほど強いものではなく，域外親会社による子会社の支配を介して域外親会社を管轄権上

❖コラム8-1　Fruehauf事件

1964年にフランス法人 Fruehauf-France S.A.（以下，F）は，フランスのトラック製造業者との間でトレイラーの売買契約を締結した（トレイラーは最終的に中国に輸出予定）が，トレイラーの引渡直前に，米国財務省は，Fの株式の3分の2を所有する米国親会社に対し，当該契約が米国の外国資産管理規則に違反するとして，契約の履行を中止するよう命じた。米国親会社等を相手取ってFのフランス人取締役が提起した訴訟では，フランス控訴院は，契約を履行しないという決定は会社の利益にならないとして，契約の履行を監督するため暫定的業務執行人を選任することを認めた。さらに，フランスの外交抗議もあり，結局，米国財務省はFが米国親会社の支配下にないと認め，外国資産管理規則が適用されるべき「米国の管轄権に服する者」にはあたらないとして，命令を撤回した。

❖コラム8-2　染料カルテル事件

1969年，EC委員会が，共同体内で設立された子会社等に加えて，共同体域外で設立された親会社 Imperial Chemical Industry Ltd.（以下，ICI）に対し，染料の均一的価格引き上げに加担しEEC設立条約旧85条に違反したとして過料の支払を命じる審決を下したため，同年ICIはヨーロッパ司法裁判所に審決取消訴訟を提起した。ヨーロッパ司法裁判所は，ICIが共同体市場内での販売価格に関し子会社の政策に決定的影響を及ぼすことができ，問題とされた価格引き上げの際にこの権限を行使していたことに着目し，競争ルールの適用にあたって親会社・子会社間の形式上の分離は市場におけるそれらの行為の一体性に勝るものではないと判示して，ICIに対するEC委員会の規律管轄権を肯定した。

捕捉することに成功している（→**コラム8-2**）。このように，国家間の利益・政策の対立がさほど大きくない法分野においては，親会社を規律管轄権上捕捉できるか否かは，親会社による「支配」が認められるか否かにかかっており，「支配」を認定するにあたっては，①株式の保有状況，②子会社と親会社の一体性を示す外観の有無，③子会社の政策等の決定方法等が問われることとなる。

第9章 国際技術移転とプラント輸出

I 国際技術移転

【設例9－1】 日本法人の総合機械メーカーAは，ポンプの製作に関する技術について，日本とS国のほか主要国で特許権を有している。Aは，この技術の独占的な実施を認める実施許諾契約をS国法人の総合機械メーカーであるBと締結し，S国内でこの技術を用いたポンプの製造と販売をBに許諾しようと考えている。そして，Bは，この技術をもとにポンプを甲国内の工場で製造し，それを甲国で販売する予定である。今後，AとBが契約を締結するにあたって，どのような法的問題が存在するであろうか。

1 総　説

国際技術移転契約とは 技術保有者が，産業上利用可能な技術的知識（以下，技術という）を必要とする者に対して，技術を提供し利用させることを技術移転といい，それに関する契約が技術移転契約である。これは技術援助契約とよばれることがあるほか，技術を受け入れる側の立場から，技術導入契約ともよばれる。

提供される技術には，特許権や実用新案権等のような独占的な権利が与えられて保護されているものもあれば，ノウハウのようにそうではないものもある（ノウハウには，設計図，計画書，見本，マニュアル等のような有形のものと，秘訣等のような無形のものとがある）。移転とは技術を提供し利用させることであり，それは，特許権等の権利の譲渡，技術の実施許諾（ライセンス），技術の開示（たとえば，技術が記載された書類の交付や技術の口頭での伝達）等によって行われる。

このような技術移転契約のうち，活動する国を異にする者の間で行われる契約が国際技術移転契約の典型例である。同一産業に属する企業間や異種産業に属する企業間，先進工業国の企業間や先進工業国内の企業と発展途上国内の企業との間，民間企業間や政府機関と民間企業との間等，その当事者はさまざまである。

国際技術移転契約は，合弁契約やプラント輸出契約等に付随して行われることも多い。資本参加した合弁会社に技術保有者が技術を移転する場合，技術保有者にとっては技術情報の管理や秘密の保持が容易となることや，合弁会社への出資を特許発明やノウハウ等の現物出資で行えば資本調達の必要がないこと等から，合弁契約に付随して技術移転契約が行われやすい。また，発電所，石油精製施設等の建設を目的として生産施設を供給するプラント輸出契約（本章第Ⅱ節「プラント輸出」を参照）でも，生産施設を提供することに加えて，生産技術の移転が不可欠な場合も考えられるので，プラント輸出契約に付随して国際技術移転契約が締結されることがある（なお，プラント内部では物を生産する技術等が稼働していることから，プラント輸出契約は技術移転契約の側面も有する）。

国際技術移転を行う目的　国際技術移転が行われる目的はさまざまである。技術保有者は，すでに投資した技術開発費を回収するために国際技術移転を行うことがある。この場合，技術移転によって，技術保有者は，技術を製品化するというプロセスを経ずに，直接的に技術開発費を回収できることになる。また，海外の他社に技術を移転し，他社にその技術に基づく製品を製造・販売させることは，自社の技術に基づく製品の市場を海外に拡大することにもつながる。他方で，技術を受け入れる者は，その技術の自社での開発が不可能である場合や，自社でその技術を開発するよりも，外国の他社からそれを受け入れるほうが研究開発のコストや時間等の面で効率的である場合，技術を受け入れることがある。さらに，外国の他社に基本的な技術を移転する代わりに，他社からはそれを改良したものを受けたり（これはグラントバック（grant-back）とよばれる），技術を互いに利用し合う（これはクロスライセンス（cross license）とよばれる）というような相互的な技術移転も行われており，自社の技術の発展・完成を目的とした国際技術移転もある。

国際技術移転と法 国際技術移転に関する統一法は存在せず，国際技術移転契約の規律においては，契約条項や各国の国内法が重要な役割を果たすことになるが，国際技術移転において，法律上とくに注意すべきことはつぎの点である。

まず，移転の対象となる技術の保護の程度が各国で同じではないということに注意が必要である。特許権等のような独占的な権利が与えられて保護されている技術でも，特許権等の産業財産権は国ごとに独立した権利であるので，技術移転が行われた場合に，その技術が受入国で権利として認められていなければ，技術提供者も技術を受け入れた者も，第三者の行為に対する差止めや製品の廃棄等の請求ができないことになる（→**第10章**）。このため，特許発明を移転する場合，移転先でも特許権を取得してから技術移転が行われることが通常である。

また，技術移転契約にも契約自由の原則が妥当するが，とくに国際技術移転は，たとえ私企業間の取引であっても，一国の安全保障や経済政策等に大きな影響を与えることがあるから，国家政策を実現するために，各国では国際技術移転に対してさまざまな公法的な規制が行われている。わが国でも，核兵器や武器等に転用可能な技術の移転を規制するために，「外国為替及び外国貿易法」（外為法），不当な取引制限や不公正な取引方法等を規制するために，「私的独占の禁止及び公正取引の確保に関する法律」（独占禁止法）等によって規制が行われている。また，今日，主要な先端技術は先進国に偏在し，発展途上国は技術受入国の立場に立っているため，発展途上国では，自国の利益を確保するために，特別法によって技術移転契約が厳重に規制されていることがある。たとえば，技術移転契約の締結には行政官庁による許認可を要するとされていたり，契約内容について強行規定が定められていたりすることによって，技術移転が規制されている。わが国や外国のこのような公法規制に違反すると行政上の制裁や刑事罰が科されたり，また，それらは契約条項の有効性や準拠法の決定に影響を及ぼす場合もあるので，注意が必要である。

公法規制が，国際技術移転契約に大きな影響を与えるので，以下では，まず，国際技術移転契約の成立の際に関係するわが国の公法規制として，わが国の外為法上の規制と独占禁止法上の規制を概説する。その上で，国際技術移転で多くみられる実施許諾契約の概要，そして，国際技術移転契約の準拠法について説明してみる。

2　国際技術移転に対する公法規制

外為法による規制

(1)　外為法とは　　外為法は，「外国為替，外国貿易その他の対外取引が自由に行われることを基本とし，対外取引に対し必要最小限の管理又は調整を行うことにより，対外取引の正常な発展並びに我が国又は国際社会の平和及び安全の維持を期し，……我が国経済の健全な発展に寄与することを目的とする」ものである（１条）。国際技術移転に関するわが国の外為法上の規制としては，現在，特定技術の移転に対する許可制と指定技術の導入に対する事前届出制・事後報告制がある。

(2)　技術の移転に対する許可制　　技術を移転する国際契約のうち，国際的な平和および安全の維持を妨げることとなる一定のものについては制限が設けられている。たとえば，国際的な平和および安全の維持を妨げることとなる特定技術を特定国で提供することを目的とする取引を行おうとする者は，経済産業大臣の許可を受けなければならない（25条１項）。特定技術や特定国の具体的内容は，外国為替令の17条，別表等で定められている。簡単にまとめていうと，特定技術とは，武器または主要供給国間で合意した軍事用途にも転用可能な高度技術汎用品である。また，外為令別表の１～15項のリストにあげられている技術については，特定国は，すべての外国（地域）とされている。

経済産業大臣の許可を得ないで前述の取引を行った者には，行政上の制裁，また，刑事罰が科される。行政上の制裁として，経済産業大臣は，３年以内の期間を定めて特定技術の提供等を禁止することができる（25条の２第１項）。刑事罰としては，懲役もしくは罰金または，これらの併科の刑事罰が規定されている（69条の６第１項１号・第２項１号）。

(3)　技術の導入に対する事前届出制・事後報告制　　さらに，外為法は，技術を導入する契約のうち，国の安全を損ない，公の秩序の維持を妨げたり，または，公衆の安全の保護に支障をきたすことになるおそれがあるものや，わが国経済の円滑な運営に著しい悪影響を及ぼすことになるおそれがある一定のものについて，財務大臣および事業所轄大臣への事前届出や事後報告の義務を課している（30条1項・55条の6）。事前届出や事後報告の対象となる技術として指定されているものは，対内直接投資等に関する命令の別表2に定められている航空機に関する技術，武器に関する技術，火薬類の製造に関する技術，原子力に関する技術，宇宙開発に関する技術である（同命令5条1項，別表第2。対内直接投資等に関する政令5条1項1号・6条の4第2項も参照）。

事前届出が必要とされる契約を行った者に対して，財務大臣および事業所轄大臣は，届出を審査した結果，国の安全を損ない，公の秩序の維持を妨げたり，または，公衆の安全の保護に支障をきたすことになるとして定められたものに該当すると認める場合，一定の手続を経て，その取引条項の全部もしくは一部の変更，または，中止の勧告・命令をすることができる（30条5項・7項，27条10項）。また，事前届出を行わなかった者や事後報告を行わなかった者に対しては，それぞれ，懲役もしくは罰金，または，これらの併科という刑事罰が規定されている（70条27号，71条7号）。

独占禁止法による規制

わが国の独占禁止法では，国民経済の民主的で健全な発達を促進すること等を目的として，私的独占，不当な取引制限および不公正な取引方法等が禁止されている。そして，独占禁止法は，「事業者は，不当な取引制限又は不公正な取引方法に該当する事項を内容とする国際的協定や国際的契約をしてはならない」（6条）と規定する。したがって，国際技術移転契約でも，不当な取引制限や不公正な取引方法に該当するものは，この規定に違反することになる。公正取引委員会は，「知的財産の利用に関する独占禁止法上の指針」（2007年。2010年，2016年改正。以下，この指針を「知的財産指針」という。この指針は，公正取引委員会のウェブサイト（http://www.jftc.go.jp/dk/guideline/unyoukijun/chitekizaisan.html）からも入手可能である）を作成し，技術の利用に関する行為に独占禁止法を適用する際の基本的な考え方を明らかにしている。この指針は，事業者の事業活動が行われる場所がわが国の内外のいずれであるかを問わず，わが国の市場に影響が及ぶ限りにおいて適用される。どのような実施許諾契約が独占禁止法と抵触しうるかの概要については，後述**3**を参照。

この規定に違反した者に対して，独占禁止法では，行政上の制裁，また，刑事罰が規定されている。行政上の制裁として，公正取引委員会は，そのような事項を内容とする契約の締結の差止め等，違反行為を排除するために必要な措置を命じることができる（7条1項）ほか，課徴金の納付を命じることができる（7条の2）。また，刑事罰としては，不当な取引制限や不公正な取引方法に該当する事項を内容とする国際的協定や国際的契約をした事業者は，懲役または罰金に処せられる（90条1号）。

3　技術の実施許諾契約

実施許諾契約とは

技術の実施許諾契約とは，技術を必要とする者に対して，技術保有者が技術の実施（技術の使用，技術に基づく製品の製造・販売等）を認める契約のことであり，これは技術移転の中心となるものである。この契約はライセンス契約ともよばれている。実施許諾契約では，技術提供者は実施許諾者（ライセンサー），技術を利用する者は実施権者（ライセンシー）とよばれる。

このうち，技術の実施許諾に関する国際契約の典型例が，活動する国を異にする者の間で行われる契約である。この国際契約においては，たとえば，各国で使用されている用語の意味が異なることもあるし，実施が認められる技術の内容・範囲等の認識に当事者間で相違があることも十分に考えられるので，それらについて明確に定めておくことがとくに重要となる。また，国際技術移転については前述のような公法規制も存在し，契約条項の有効性が，契約の準拠法のほかに，公法規制によっても影響を受けることがある。このため，関係する国の公法規制と契約条項が抵触しないように注意する必要がある。なお，技術の実施許諾契約書については，マテリアルズ208頁以下を参照。

実施許諾契約の対象

実施許諾契約では，まず，実施許諾される技術が何であるかが特定されなければならない。それが特許発明の場合には，特許番号によって特定することができる。それに対して，許諾される技術がノウハウである場合には，たとえば，「○○装置の設計，製作，据付けおよび運転に必要かつ有益な実施許諾者の有する技術的知識」というように，その性質上抽象的にしか特定することができない。したがって，ノウハウの場合には，設計図等の文書で具体的に内容を特定しておくことが必要となる。

実施権

⑴　実施の内容　　契約によって実施許諾を受けた者は，その技術の実施，すなわち，技術の使用，技術に基づく製品の製造・販売等を適法に行うことができることになる。その契約で，実施許諾者は，使用，製造，販売等の権利を包括して許諾することもできるし，それらの権利を限定して許諾することもできる。また，実施許諾者は，数量，地域，製品の種類，使用分野，実施許諾期間等を制限して，許諾することもできる。

ただ，実施の制限に合理的な理由がない場合には，不公正な取引方法として，独占禁止法違反となることもある（知的財産指針を参照）。

⑵　実施権の種類　　実施権は，独占的な実施権（exclusive license）と非独占的な実施権（non-exclusive license）に大別される。独占的な実施権とは，契約で定められた範囲内で，実施権者がその技術の実施を独占的に行うことができるものであり，独占的な実施権の実施許諾者は，その実施権の範囲と重複する実施権を第三者に許諾することはできない。この実施権には，実施権設定後は，第三者だけでなく，実施許諾者自身も実施することができないものと，実施できないのは第三者だけで，実施許諾者は実施可能なものとがある。これに対して，非独占的な実施権は，同一内容の実施権を複数の者に与えることができるものである。わが国の特許法は，特許発明の実施許諾に関して，専用実施権と通常実施権の２種類の実施権を規定している。専用実施権は独占的な実施権である。しかも，この実施権は，専用実施権の設定された範囲内にあっては，特許権者もこれを実施できないという種類のものである（特許法68条ただし書）。他方，通常実施権は，非独占的な実施権であり，同一内容の実施権を複数の者に与えることが認められるものである。このように実施権の種類はさまざまであることから，**【設例９－１】**の実施許諾契約でも，実施権の種類を特定しておくことが必要となる。

⑶　再実施権（サブライセンス）　　実施許諾契約で定めれば，実施権者は技術をさらに他の者に実施させること（サブライセンス）も可能である。**【設例９－１】**においても，Ｂが，技術をさらに他の者に実施させることを望む場合，それを契約で明示しておくことが必要となる。

実施許諾者の義務

⑴　技術供与義務　　実施許諾契約によって，実施許諾者は，技術の実施を認めたり，技術を開示したりする義

務を負うことになる。ただ，技術の実施を認めたり，技術の開示が行われたりするだけでは，実施権者が技術を十分に利用しきれず，技術移転の目的を十分に達成することができないことも考えられる。このような場合には，技術者の派遣等による技術指導も契約で定められることになる。

⑵　技術についての保証　　特許発明やノウハウが技術的効果を欠いていたり，移転された技術の実施が他人の権利によって制限を受けたりする等，移転された技術に瑕疵があることも考えられる。技術的効果や権利の効力を欠くこのような場合の責任を明確にするため，実施許諾契約で，実施許諾者がその責任を負うかについて定められることがある。

実施権利者の義務

⑴　実施料の支払　　技術の実施許諾の対価としての実施料（ロイヤリティ）の支払に関する事項は，契約事項の中心となるものの１つである。実施料は，その技術の技術的評価や経済的評価，マーケットプライス等の検討を経て，当事者の交渉によって決定される。実施料の支払は，一括払（lump sum payment）による場合や，技術の使用，製品の製造・販売等の実績に応じて支払われるとする継続的実施料（running royalty）の支払による場合もあるが，契約締結後，まずは一定額の頭金（down payment）が支払われ，実施許諾期間中は継続的実施料が支払われる方式が一般的であるといわれている（なお，継続的実施料を支払う方式においては，技術の使用，製品の製造・販売等の実績にかかわらず，実施権者に最低実施料（ミニマム・ロイヤリティ）の支払を義務づけることもある）。

なお，知的財産指針では，たとえば，許諾した技術とは関係しない技術に基づく製品の製造数量等に応じて実施料の支払義務を課すように，実施許諾者が許諾技術の利用と関係ない基準に基づいて実施料を設定する行為は不公正な取引方法に該当する場合があるとされている。

⑵　秘密保持義務　　とくにノウハウは，その性質上，第三者に知られてはならないものであるため，実施権者の秘密保持が重要となる。したがって，ノウハウの移転の際には，実施権者は秘密を保持すること，および，実施権者の従業員からの漏洩を防ぐための措置や秘密を保持しなければならない期間等について契約で定められることが多い。

⑶　改良技術　　実施権者は，実施許諾者から提供された技術をもとに実施

❖コラム 9-1　競業避止義務

特定の者が行う営業と競争的な性質を有する営業を行わない義務を競業避止義務という。この義務は，実施権者の従業員からノウハウが漏洩しないようにするため，実施許諾契約の中に，実施権者の従業員に対して，とくにその退職後における競業避止義務が定められることも考えられる。しかし，このような定めは，実施許諾者と実施権者の契約によってその従業員の職業選択の自由を奪うという問題も有している。

権者が改良した技術について実施許諾者に報告し，その技術を実施許諾者に提供し利用させる義務を負うことが実施許諾契約で定められることがある。これは，グラントバック（grant-back）とよばれている。知的財産指針によれば，その中でも，とくに，実施権者の改良技術に関する権利を実施許諾者に譲渡したり（これをアサインバック（assign-back）という），実施許諾者に改良技術の独占的な実施を許諾したりすることを契約で定める場合には，これらの条項が実施権者にとって不利益な条項となるから，不公正な取引方法に該当し，独占禁止法に抵触する場合があるとされている。

また，技術に権利を有する者がそれぞれの権利を相互に実施許諾することをクロスライセンスというが，技術移転契約の当事者が改良技術等をクロスライセンスをしあうことも考えられる。これによって，その当事者間だけでの技術の独占が生じるような場合には，不当な取引制限として独占禁止法違反の問題が生じることになる（知的財産指針を参照）。

(4)　権利不争義務　実施許諾契約では，実施権者は，契約の対象となる技術に関する権利（特許権等）の効力について異議を唱えてはならない旨が定められることがある。この義務は，権利不争義務とよばれている。しかし，知的財産指針によれば，このような条項によって，無効にされるべき権利が存続し，その権利の対象となる技術の利用が制限されることにもつながるから，この義務を課すことは不公正な取引方法に該当する場合があるとされている。

終了事由，紛争解決条項

さらに，実施許諾契約の終了事由が契約で定められることがある。ただ，知的財産指針では，契約終了事由に関する契約条項の中で，実施許諾者が一方的にまたは適当な猶予期間を与えることなく直ちに契約を解除できる旨を定める等，実施権者に一方的に不利益な解約条件を付す行為は，不公正な取引方法に該当する場合があるとされている。

❖コラム９-２　パテントプール

パテントプールとは，ある技術に権利を有する複数の者が，それぞれが有する権利またはその技術の実施権を一定の企業体や組織体に集中し，当該企業体や組織体を通じてパテントプールの構成員等が必要な実施許諾を受けるものをいう。

知的財産指針によれば，パテントプールは，事業活動に必要な技術の効率的利用に資するものであり，それ自体が直ちに不当な取引制限に該当するものではないが，たとえば，パテントプールによって，新規参入者や特定の既存事業者に対する実施許諾を合理的理由なく拒絶する等の行為は，それが，共同して新規参入を阻害したり，共同して既存事業者の事業活動を困難にするものとなって，その取引分野における競争を実質的に制限する場合には，不当な取引制限に該当するとされている。

これ以外に，紛争が生じた場合に備えて，準拠法条項（→本節**4**）や管轄合意条項・仲裁条項が含められる場合がある。

4　国際技術移転契約に適用される法

準拠法の問題　特許権等の譲渡や技術の実施許諾に関する国際契約においても，契約の成立，債務不履行の場合の効果，権利の譲渡等の問題がどこの法によって判断されるかということが問題となる。これらの問題は，法の適用に関する通則法や条理によって指定される法のほか，公法規制による。

契約の準拠法　契約の成立や債務不履行の場合の効果等，国際技術移転契約の債権的側面に関する問題は，国際技術移転契約の準拠法による。国際技術移転契約の準拠法は，売買契約等の他の国際契約と同様に，法の適用に関する通則法７条等によって決定される。たとえば，契約書で準拠法が定められている（準拠法条項がある）場合，契約の準拠法は，当事者が明示に選択したその法である（７条。契約の準拠法については，**第２章**。なお，法例が施行されていた当時に黙示の選択を認めた裁判例として，東京高判平成２・９・26判時1384号97頁がある）。

物権の準拠法　他方で，特許権等の譲渡，実施権設定の要件や第三者への対抗要件等，国際技術移転契約の物権的側面に関する問題は，条理により，保護国法によると解されている。

公法規制 安全保障や経済政策等の国家政策を実現するため，国際技術移転に対して公法的な規制が行われていることから，国際技術移転契約が公法規制の影響を受けることに注意しなければならないことはすでに述べた通りである（→**第1章**，本節***1*** · **2** · **3**）

Ⅱ　プラント輸出

【設例9－2】 S国の電力会社Aは，S国内に風力発電所を建設することを計画し，その設備の設計，製造，船積み，建設地での据付け，試運転までを請け負う企業を決定するため，競争入札の勧誘を行った。この競争入札には，日本の共同事業体BとT国の共同事業体Cが参加した。BとCは，それぞれの国の電力会社，総合機械メーカー，建設会社，商社等から構成されている。入札の結果，Bは，Cが示した額よりも低い額を示し，落札した。今後，AとBが契約を締結するにあたって，どのような法的問題が存在するであろうか。

1　プラント輸出契約とは

プラントとは，機器，計器，制御装置等から構成される生産設備のことであり，そのような生産設備を海外へ供給する契約がプラント輸出契約である。たとえば，発電所，石油精製施設，製鉄所等を海外で建設することを目的として，それらの建設に関する生産設備を輸出する契約がそれである。**【設例9－2】**においては，風力発電所の建設に関する生産設備（風力発電機等）を供給する契約がそれにあたる。プラント輸出は，技術集約的で付加価値が高く，発展途上国の工業化に貢献しうる輸出ビジネスとして1960年代後半から急速に活発になった取引形態である。

プラントを設置し，これを稼働させ目的を達成するためには，一般的にはプラントの設計，製造，船積み，建設地での据付け，試運転，生産のプロセスが必要となる。プラント輸出契約では，このうちのプラントの設計，製造，船積みだけを引き受けるもの，上記のすべてを引き受けるもの，その一部を下請業者に委託するもの等があり，その内容は多種多様である。他方で，プラントの内部では物を生産する技術が稼働しており，また，プラント運転のために技術者が派遣される場合もあるので，プラント輸出契約は技術移転契約の側面も有する（→本章第Ⅰ節）。さらに，プラント輸出契約は，大規模で長期間に及ぶ契約であることが通常であり，発注者（employer）と受注者（contractor）以外に，下請業者，資材供給者，専門家，保険会社，銀行，政府等，多くの者が関係する。

以下では，プラント輸出契約の特徴となる点に焦点をあてながら，プラント輸出契約について説明する。

2　契約の種類

受注者の業務範囲からの分類　受注者の業務範囲から，プラント輸出契約は，FOB型，ターン・キー型，プロダクト・イン・ハンド型等に分類されている。これらは，発注者や受注者が有する技術力や資金力等にあわせて選択される。ただ，この分類の境界は明確ではなく，しかも，プラント輸出契約の内容は多種多様であることから，個々の契約がつねにこのいずれかに分類できるというわけではない。

FOB型　プラントを製造して引き渡す契約がFOB型の契約である。この契約では，プラントを設計・製造し，これを建設地向けに船積みすることによって業務は終了する。ここではFOBという語が用いられているが，これはインコタームズでいわれているFOBと同じ意味ではない。後述するターン・キー型の契約はプラントの設計，製造，船積み以外の業務を含むのに対して，この契約は，それを含まず，プラントを建設地向けに船積みすることによって履行が終了する契約条件であることを表現する用語として，FOBという用語が用いられているだけである。したがって，FOB型の契約のプラントの引渡条件はつねにFOBであるというわけではない（インコタームズにおけるFOBについては，**第2章**）。

ターン・キー型　キーを回せば稼働できる状態までにしてプラントを引き渡す義務を負う契約をターン・キー型の契約とよぶ。この契約では，受注者は，プラントの設計，製造，船積みに加えて，建設地での据付け，試運転等，キーを回せば稼動できる状態までの業務を引き受ける。この契約のうち，受注者がそのすべてを行うものはフル・ターン・キー型，その一部

(たとえば，プラントの据付け）を第三者に行わせるものはセミ・ターン・キー型（中抜きターン・キー型）とよばれている。**【設例９－２】**のプラント輸出契約は，フル・ターン・キー型にあてはまるものといえよう。

プロダクト・イン・ハンド型　この方式は，ターン・キー型の業務に加えて，一定の製品等を生産できることまでを確認して引き渡すことを業務とするものである。

EPC 型，BOT 型　さらに，EPC 型や BOT 型とよばれる契約もある。EPC とは，設計（Engineering），調達（Procurement），建設（Construction）のことであり，EPC 型の契約では，受注者は，プラントの設計，調達，建設の業務を行う。この契約の業務内容は，ターン・キー型の契約と重なるものが多いといえよう。BOT とは，Build，Operate，Transfer のことであり，受注者がプラントを建設（Build）し，それを運営し（Operate），投下資本を回収して，最終的な企業経営の可能性を確認した上で，発注者に引き渡す（Transfer）方式である。

3　契約に関係する者

プラント輸出契約は大規模で長期間にわたる契約であることが多く，プラント輸出契約には多くの者が関係する。プラント輸出契約は発注者と受注者との間で締結されるが，それは国や政府機関等が発注者となる公共事業であることもある。また，とくに大規模なプラント建設では，**【設例９－２】**のように，受注者は一企業ではなく，複数の企業がコンソーシアムやジョイントベンチャーという共同事業体を形成して，業務を引き受ける場合が少なくない。プラントの据付け等が下請業者によって行われることもある。発注者の依頼によって，プラント建設の立案，実施可能性の調査や契約交渉等に，コンサルティングエンジニアとよばれる専門家が関与する場合もある。さらに，銀行が，資金提供，契約対価決済，入札保証や履行保証に関与する。保険会社は，建設中のプラントに関する事故等の保険のほか，入札保証や履行保証に関与する。プラント輸出は大規模事業であることも多く，国家政策に大きな影響を与えることも考えられ，また，技術移転の側面も有するから，プラントの輸出入にそれぞれの政府の許可等が必要とされている場合もある（技術移転については，本章第Ⅰ節）。

❖コラム９-３　コンソーシアムとジョイントベンチャー

共同事業体のうち，各構成員が対象作業を分担し（たとえば，プラントの設計や製造等の業務ごとに分担したり，対象設備ごとに分担したりする），責任も自己の分担部分に限られるものがコンソーシアム（consortium），構成員が，対象作業を分担することなく，一体の組織の下で共同作業を行い，その責任も各持分額に応じて割合的に定まるものがジョイントベンチャー（joint venture）であるといわれている。この共同事業体に外国企業が参加することもある。このように共同事業体が受注者となることによって，技術・労働力の相互補完や資金負担・危険の分散等の利点がもたらされることになる。

４　契約の締結――随意契約と競争入札

プラント輸出契約が締結される方法としては，随意契約による方法と競争入札による方法がある。**【設例９－２】**は競争入札の方法によるものである。

随意契約は，発注者が特定の相手と任意に交渉して，適当と思われる相手を選択して締結する契約である。これは，相手方が特殊な特許発明やノウハウをもっている場合や，過去に受注の経験があり，発注者との間に信頼関係が存在するような場合等に用いられるといわれている。

他方，競争入札による方法は，入札の勧誘の上で，入札参加者に文書によって価格等について意思表示をさせ，発注者は，自分に最も有利な内容を表示した者と契約を締結する方法である。発注者が国家，政府機関等の公的機関の場合には，この方法によることが多いといわれている。競争入札には，一般競争入札と指名競争入札がある。一般競争入札は，入札を希望するすべての者に入札の機会を与えるものであるのに対して，指名競争入札は，予め定められた基準に合致する者のみに入札参加の資格を認めるものである。

なお，プラント輸出契約では，落札者の決定から正式の契約が締結されるまでの間に相当の時間を要することがある。このような場合，当事者が安心して契約上の義務の履行の準備にとりかかることができるように，契約前に契約の基本的事項を確認した文書が交付されるのが慣例といわれている。この文書はレター・オブ・インテント（letter of intent）とよばれている。

❖コラム9-4　入札保証

入札手続は，発注者，入札参加者，その他の関係者にとって，大変な費用と手間のかかる手続であるので，落札した者が契約を拒否することになると，その影響は重大である。そこで，落札した者による契約の放棄を防止するため，発注者は，入札に際して，入札参加者に入札保証（bid security）の提供を求めることが多い。入札保証の手段としては，銀行や保険会社等が発行する保証書（bid bond）によって行われることが多いといわれている。保証書には，落札者が受注を拒絶した場合，銀行や保険会社等が保証書に表示された金額を支払う旨が記載されている。

5 契約書

契約書を構成する書類　ウィーン売買契約が適用される場合を除くと，プラント輸出に関する統一法は存在しない。このため，プラント輸出契約でも当事者間における個別の契約が重要となる。(なお，契約条項で解決できない事項は，各国法によって判断される)。

契約書には，契約の履行として建設されるプラントの構造，建設の工程や当事者の権利義務等が詳細に記載されることになるので，その内容は膨大で複雑となる。契約書は，一般に，契約書式 (form of agreement)，契約条項，仕様書・図面等から構成される。

契約書式　プラント輸出契約の契約書式は，一般の契約と同様に，標題，頭書，前文，本文，結句，署名等から構成される。しかし，一般的に採用されているプラント輸出契約書の作り方では，契約書式には，契約条項，仕様書・図面等による旨が記載され，本文の詳細は，契約書式ではなく，契約条項，仕様書・図面等に記載される。

契約条項　契約書式に基づいて，契約条項には当事者の権利義務が詳細に規定される。この契約条項は一般条項と特別条項から構成される。一般条項には他の同種の契約にも一般的に使用できる条項が規定されており，プラント輸出契約では，国際機関や国際的な民間団体等が作成した各種の標準一般条項が広く利用されている。他方，特別条項には，各契約の特殊性に応じて一般条項を修正・追加した事項が規定される。一般条項は標準的な契約類型を想定して作られているため，個別の契約に適した契約条項とするため，特別条項で修正・追加がなされる。

❖コラム9-5　標準一般条項

著名な標準一般条項としては，国連欧州経済委員会（ECE）の各種プラント建設工事用標準契約約款，国際コンサルタント協会（FIDIC）の「電気・機械工事約款」や「土木工事約款」等がある。国連国際商取引法委員会（UNCITRAL）も「工業施設建設のための国際契約作成に関するリーガルガイド」を作成している。

仕様書・図面　仕様書と図面は，契約に基づいて実施されるべき作業内容を技術的な面から明らかにするものである。仕様書は，工事全般における当事者の権利義務を明確に定める一般仕様書と，工事内容，資材，施工技術等について詳細な技術的記述を定める技術仕様書に分けて作成されるのが慣例であるといわれている。当事者の権利義務は上記の契約条項でも定められる事項であるが，一般仕様書では技術的側面に主眼をおいて，これについての記述がなされる。ただ，契約条項に記載すべき事項と仕様書に記載すべき事項の間には明確な境界があるわけではなく，いずれに記載するかは便宜上の問題とされている。

契約書書類間の関係　このように，プラント輸出契約では，契約書式，契約条項，仕様書・図面等が1つの契約書を形成する。そして，各書類は相互に補完的に解釈されるのが原則である。しかし，契約書書類の内容が矛盾することも考えられる。その場合，各書類の優先関係については，一般的には，契約条項（特別条項が一般条項に優先する），仕様書，図面の順といわれているが，必ずしも確立されたものではないので，契約で明らかにしておく必要がある。

6　契約価格

契約価格の決定　プラント輸出契約の対価を決定する方式としては，①定額方式（lump sum），②単価方式（unit price），③実費補償方式（cost plus fee）がある。実際には，1つのプラント輸出契約の全体について，上記のいずれか1つの方式によるとせず，設計や製造等の業務ごとに上述の支払方式を組み合わせて契約が行われることもあるといわれている。

なお，プラント輸出契約は，長期間に及ぶ契約であるため，諸事情が大きく変化し，費用が増加する等，当事者の一方が著しく不利な立場におかれることもある。この場合に備えて，著しく不利な立場におかれた当事者は再交渉を要求する権利を有するとするハードシップ条項（hardship clause）がおかれることがある。

定額方式

定額方式は，契約価格を一定金額として定める方式である。フル・ターン・キー型の契約のほとんどが，この方式であるといわれている。この方式では，契約価格が固定金額とされているため，総費用を予め把握できることになる。その一方で，プラント輸出契約は長期間にわたる巨額の契約であることが多いため，契約期間中のインフレーションや為替変動等によって，資材や人件費等が高騰するリスクが受注者にはある。このリスクを回避するために，価格の変更や調整を可能とするエスカレーション条項（escalation clause）を定額方式に付して，インフレーションや為替変動等を契約価格に反映させることもある。

単価方式

単価方式は，工事に使われる機材の単価はわかるが数量を確定できなかったりする場合や，作業項目の単価はわかるが作業量を確定できなかったりする場合に採用される方式である。この方式では，たとえば，材料や作業項目ごとに予め算定した単価と暫定的な数量を数量表に記載しておき，実際の数量に乗じて対価が定められる。作業の種類が比較的少ない場合，また，プラント契約の一部について，この方式が用いられることがある。

実費補償方式

実費補償方式は，工事等に費やした実費に，一定の報酬を加算して対価を決定する方式である。セミ・ターン・キー型の契約の場合には，この方式が採用されることが多いといわれている。契約締結時に，契約が細部まで確定している必要がなく，また，受注者は，物価高騰・金利変動等のリスクを回避することが可能となる。その一方で，工費の不当な増大といったおそれもある。そこで，多くの場合，契約価格の最大限度や，コストが見積額を超過した場合の受注者の一定割合負担等を定めることによって，受注者に対するコスト節減の動機づけがなされる。

対価の支払

対価の支払は，分割払によってなされるのが一般的であるといわれている。分割払の方法としては，契約締結時に一定額が頭金として受注者に支払われ，その後，業務の出来高に応じて支払が行われることが多いといわれている。

7　履行保証・損害賠償額

プラント輸出契約では，発注者や受注者がそれぞれの義務の履行を怠った場合の損害も莫大なものとなるから，発注者や受注者に代わって一定額を支払う旨の保証が契約締結時に提供されるのが通例である。このような履行保証のために，銀行や保険会社等が発行する保証状が用いられている。

また，損害賠償の範囲や最高限度額等について，契約で定めておくことも重要となる。なお，国際契約の不履行による損害賠償についての統一規則としては，「国際商取引法委員会による損害賠償の予定及び違約金に関する条項」(UNCITRAL Liquidated Damages and Penalty Clause — Uniform Rules on Contract Clauses for an Agreed Sum upon Failure of Performance, 1983) がある。これは当事者による援用を必要とするものである。

8　秘密保持義務

プラントの内部では物を生産する技術が稼働しており，プラント建設の基本となる仕様書や図面等の技術資料の中には，秘密性を有するノウハウが記載されていることも考えられる。ノウハウの秘密性を保持するために，秘密保持義務が契約で合意されることがある。契約締結前の契約交渉にあたってもノウハウが開示されることもあるから，契約交渉にあたって，まずはじめに，秘密保持義務について合意することがある。

9　プラント輸出契約に適用される法

一般的には，プラント輸出契約の準拠法は，他の国際契約の準拠法について述べたことと同様に決定される（→**第2章**）。ただ，プラント輸出契約では，発注者は自国法を準拠法とすることを条件に入札手続を行うことが多いといわれている。プラント建設地以外の法が契約の準拠法となる場合には，建設基準や労働者の雇用等について，建設地の強行法に注意をする必要がある。

第10章 国際知的財産

国際取引の多様化および大規模化に伴い，近年，知的財産にかかわる国際取引も増大している。知的財産は，通常の商品やサービスと同様にそれ自体が取引の主役となるだけでなく，直接取引される商品等に付随した態様で取引における脇役として登場することもある。とくに，後者の立場で登場する知的財産は，通常の商品やサービスと性格を異にし，国際取引においても通常の商品やサービスとは異なる理解および取扱いが必要である。

I 知的財産

知的財産の定義 知的財産とは，「人間の知的活動の産物であって，財産的価値を有するもの」である。具体的には，発明，考案，デザイン，商標，著作物，営業秘密，ノウハウ等である。なお，政治思想や宗教といったものは，人間の知的活動の産物であり一定の財産的価値を有しているともいえなくはないが，それ自体は知的財産に含めない。ただし，政治思想を記載した書物や宗教思想を具現化した影像であっても著作物には該当する。

わが国における知的財産法制 わが国は，保護対象を，主に登録することにより保護する法制度として，特許法，実用新案法，意匠法および商標法等を有している。また，保護対象の登録を保護の要件としない法制度として，著作権法や不正競争防止法等を有している。さらに，わが国には，商号を保護する商法規定や半導体集積回路の回路配置を保護する法律，種苗法等が知的財産法制として設けられている。

知的財産の国際的保護 各国における知的財産は，基本的には後述する属地主義の下，各国ごとに制定された国内法令によって保護されている。一方で，知的財産の国際的保護は，さまざまな条約によっても確保されている。言い換えれば，条約によって最低限度の保護と保護の外縁とが規定され，国内法令によってより手厚い保護と保護の詳細とが定められているといえる。

Ⅱ　条約による知的財産の国際的保護

知的財産に関する条約

知的財産に関する基本条約としては，パリ条約やTRIPS協定（Agreement on Trade-Related Aspects of Intellectual Property Rights）がある。特許（実用新案）に関する条約としては，特許協力条約やブダペスト条約，欧州特許条約等が存在する。意匠に関する条約としては，工業意匠の国際寄託に関するハーグ協定がある。商標や原産地表示等に関する条約としては，商標法条約や標章の国際登録に関するマドリッド協定（議定書），原産地表示の防止に関するマドリッド協定，リスボン協定等がある。著作権に関する条約としては，ベルヌ条約や万国著作権条約，ローマ条約等がある。国際分類に関する条約としては，ストラスブール協定やロカルノ協定，ニース協定，ウィーン協定がある。そのほかにも世界知的所有権機関（WIPO）設立条約等も存在する。以下に，知的財産の国際的保護を形成する代表的な条約について述べる。

パリ条約

パリ条約は，工業所有権の国際的保護を目的として1883年に締結され，その後数度の改正を経て，1967年のストックホルム改正を最後に現在のものとなった。加盟国数は2022年７月現在で179カ国である。わが国は，1899年に加盟し，1975年に最新のストックホルム改正条約を締結した。

工業所有権の国際的保護のためには世界統一法の制定が理想的である。しかし，工業所有権の保護は国家の重要事項であり，各国の思惑が激しく対立し，統一法の制定は困難であった。そこで，各国の法律は各国が自由に制定し，その効力は当該国内に限定されるという属地主義を是認した上で，パリ条約は，可能な限り，各国の法制度を調整し，工業所有権を国際的に統一して保護するために締結された。

パリ条約は,「工業所有権の語は,最も広義に解釈するものとし,本来の工業及び商業のみならず,農業及び採取産業の分野並びに製造した又は天然のすべての産品(例えば,ぶどう酒,穀物,たばこの葉,果実,家畜,鉱物,鉱水,ビール,花,穀粉)についても用いられる。」と定義する(1条(3))。なお,わが国では,近年,「工業所有権」は「産業財産権」という言葉に改められたが,パリ条約の公定訳文では今もなお「工業所有権」の語が用いられている。

パリ条約の改正には全会一致の原則がとられている。多数の国々が加盟した現在ではすべての加盟国の利害を一致させることは至難であり,新たな改正は困難な状況である。とくに,近年では比較的多くの工業所有権を保有し保護を強化したい先進国と,先進国の保有する工業所有権を自由に実施して自国の産業の発展を図りたい発展途上国との間の対立が深刻化している。

しかし,パリ条約が前述のように長期間にわたって改正されていないからこそ,現在のパリ条約の各規定には長期間にわたる運用の蓄積があり,法的に安定しているといえる。また,多数の国々が加盟しており,パリ条約が適用される地域はすでに世界の広範囲に及んでいる。このようなことから,パリ条約は,工業所有権の保護に関する国際的な基本原則としてその地位が確立している。

さらに,パリ条約は,同盟国が相互に特別の取極めを行うことも認めている(19条)。したがって,パリ条約の同盟国は,パリ条約の規定に抵触しない限り,たとえパリ条約が改正されなくても,互いの合意に沿った特別取極を締結することができ,知的財産制度のより弾力的な運用が可能となる。

パリ条約の三大原則 パリ条約は実体規定(1条~11条)および管理規定(12条~30条)から構成されている。そして,実体規定のうち,内国民待遇の原則(2条(1)),特許独立の原則(4条の2(1))および優先権制度(4条A(1))は,「パリ条約の三大原則」とよばれている。

内国民待遇の原則は,各同盟国に対し,自国の法令において,他国の国民を自国の国民と同等に扱わなければならないという規定である。パリ条約では属地主義が採用されており,どのような国内法令を設けて工業所有権を保護するかは各同盟国の判断に委ねられている。しかし,内国民待遇の原則が存在することにより,各同盟国は,自国民にのみ有利な国内法令を設けて,自国において自国民を他の同盟国の国民よりも優遇することは認められない。すなわち,パリ条約に加盟すれば，自国民が他の同盟国において当該他の同盟国の国民に比べて不当な扱いを受けることを阻止できるのである。ただし，本規定は，他の同盟国の国民を自国民よりも優遇することについて何ら禁止するものではないと解釈されている。自国民をどのように遇するかは，各国の国内法令がそれぞれ規定すべきものだからである。

特許独立の原則は，各同盟国において取得された特許は，たとえ同一の発明について複数の国において取得された特許であっても，他の国の特許から独立したものとして扱わなければならないという規定である。たとえば，同一の発明に係る特許が他の国（同盟国に限定されない）で無効になったという理由だけでは，当該発明に係る自国の特許を無効にできない。ただし，一蓮托生的に無効にできないだけであって，各同盟国の特許要件（国内法令）に違反する特許を引き続き有効と認めなければならないわけではない。

優先権制度は，同盟国にした先の出願に基づく優先権を優先期間中に主張して他の同盟国にした後の出願は，その間に行われた行為によって不利な取り扱いを受けず，かつ，当該行為は第三者のいかなる権利等をも発生させないという利益を受けられる制度である。もっとも，このような利益は，後の出願のうち，先の出願に記載されていた部分にのみ限定して与えられる。

たとえば，外国に特許出願をする場合，出願人は当該外国の官庁（たとえば特許庁）に対して特許出願の手続をしなければならない。したがって，居住していない国に出願を望む者は，当該国に居住している者に比べて地理的に不利（たとえば郵送や連絡等に時間を要する）である。また，出願書類を当該国の言語に翻訳しなければならず，不慣れな当該国の手続に従う必要もあり，当該国の国民に比べて出願書類の作成にも時間を要する。国際的に先願主義が採用されている状況にあって，出願時の時間的な不利益は看過できるものではない。すなわち，内国民待遇の原則により，内国民と外国民とを同等に扱うと，結果として，外国民に時間的な不利益が生じる。そこで，自国への出願に比べて遅れて出願される他国への出願において，当該出願が遅れたことによる不利益が生じないように，内国民待遇の原則をさらに進めた規定として優先権制度を設けたのである。

ベルヌ条約　文学的および美術的著作物の保護に関するベルヌ条約は，1886年にベルンで締結され，数度の改正の後，1971年のパリ改正を最後に現在のものとなっている。加盟国数は2022年７月現在で181カ国である。わが国は1899年に加盟し，最新のパリ改正条約を1975年に批准した。

ベルヌ条約の題号は「文学的及び美術的著作物の保護」であり，第１条では「文学的及び美術的著作物に関する著作者の権利の保護」となっている。「著作物の保護」か「著作物に関する著作者の権利の保護」かによって若干の違いが生じるが，ベルヌ条約には著作者の権利である著作者人格権（６条の２）等が規定されており，ベルヌ条約の目的は後者であると了解されている。

ベルヌ条約は「『文学的及び美術的著作物』には，表現の方法又は形式のいかんを問わず，書籍，小冊子その他の文書，講演，演説，説教その他これらと同性質の著作物，演劇用又は楽劇用の著作物，舞踊及び無言劇の著作物，楽曲（歌詞を伴うかどうかを問わない。），映画の著作物（映画に類似する方法で表現された著作物を含む。以下同じ。），応用美術の著作物，図解及び地図並びに地理学，地形学，建築学その他の科学に関する図面，略図及び模型のような文芸，学術及び美術の範囲に属するすべての制作物を含む。」と定義している。ここで注意すべきは，「文学的及び美術的著作物」には，「学術の著作物」が含まれることである。すなわち，著作物の成立性に関してはその内容が問題となるのではなく，たとえば，「美術的」であるためには美術といえる程度の「美」が要求されるわけではない。

ベルヌ条約における基本原則は，内国民待遇の原則（５条⑴）および無方式主義（５条⑵）である。

ベルヌ条約の内国民待遇の原則は，趣旨としてはパリ条約の内国民待遇の原則と同様に内国民と外国民とを平等に扱わなければならないという規定である。しかし，ベルヌ条約における内国民待遇の原則は，著作者の本国ではなく，著作物の本国が基準となる。一方で，著作物の本国は，著作者の国籍よりも著作物の最初の発行国が優先する（５条⑷）。したがって，たとえば，Ａ国の国民がＢ国で最初に発行した著作物についてはその本国はＢ国となり，Ｂ国における当該著作者の保護は内国民待遇の原則によるのではなく，Ｂ国の国内法令によることになる（５条⑶第１文）。

もっとも，ベルヌ条約には，著作者が著作物の本国の国民でない場合にも，当該著作物の本国において内国著作者と同一の権利を享有すると定められている（同条第２文）。したがって，上記の例における著作者はＢ国の内国著作者と同一の権利が与えられるので，結局は内国民と外国民とが差別されることなく保護されることになる。なお，内国民待遇の原則には一部例外も設けられている（２条⑺・７条⑻・14条の３）。

無方式主義は，５条⑴の権利の享有および行使には，いかなる方式の履行をも要しない（５条⑵）という主義であり，登録を保護の要件とする登録主義と対立するものである。

無方式主義により，著作者は著作物の完成によって自動的な保護を受けることができ，その承継人も同様である（２条⑹）。ただし，同盟国は著作物が物に固定されていない限り保護しないことを定めることができる（２条⑵）。知的な創作性が具現化されてはじめて著作物となるという考え方があり，そのような考え方を採用する国では，「固定」は「方式」ではなく，著作物の存在を立証（具現化）するものと考えられるからである。

著作権に関して特許権と同様に登録主義を採用していた米国は，1989年にベルヌ条約に加盟した。万国著作権条約は，ベルヌ同盟国のような無方式主義国と以前の米国のような登録主義国との間の橋渡しを担っているが，著作権大国の米国がベルヌ条約に加盟した現在では万国著作権条約の重要性は低下している。また，万国著作権条約による保護は，ベルヌ条約によって与えられる保護に比べて保護の程度が低く，その意味でもベルヌ条約の重要性が増している。現在，工業所有権の国際的保護に関する基本原則がパリ条約であるならば，ベルヌ条約は著作物の国際的保護に関する基本原則となっている。

TRIPS 協定　TRIPS 協定（知的所有権の貿易関連の側面に関する協定）は，世界貿易機関（WTO）を設立するマラケシュ協定の附属書１Ｃとして1994年に成立し，1995年に発効した。TRIPS 協定の加盟国は WTO 加盟国であり，加盟国数は2022年７月現在で164カ国である。わが国は成立当初から加盟している。TRIPS 協定は，1986年から議論が開始された GATT のウルグアイ・ラウンドで議論が重ねられ成立した。

従来，知的財産に関する国際協定は，パリ条約やベルヌ条約のように，各分野ごとに個別にWIPOにおいて議論されてきた。しかし，WTOにおいてTRIPS協定のような知的財産に関する協定が締結されたことは，本章の冒頭でも述べたように，近年，国際取引（貿易）における知的財産の重要性が増大していることの1つの象徴である。

TRIPS協定がWIPOではなく，WTOで締結されたことの最大の意義は，加盟国がWTOの紛争解決手続（多数国が関与し，貿易制裁も可能）を利用できることにある。たとえば，パリ条約では同盟国間の紛争は国際司法裁判所に付託できる（パリ条約第28条(1)）が強制力が無く実効性に乏しい。

TRIPS協定の基本原則は，最低基準の原則（1条1），内国民待遇の原則（3条），および最恵国待遇の原則（4条）である。

最低基準の原則とは，加盟国がTRIPS協定において要求される保護より広範な保護を国内法令において実施することを容認するものである。すなわち，TRIPS協定における保護が最低基準であることを明確にしたものである。たとえば，TRIPS協定は，第2部から第4部までの規定について，1967年のパリ条約の1条から12条までおよび19条の規定を遵守する義務（2条1）を加盟国に最低基準として課している（パリ・プラス・アプローチ）。これにより，パリ条約に加盟していない国はもちろん，パリ条約には加盟しているが最新のストックホルム改正条約に加盟していない国についても，TRIPS協定に加盟すると，ストックホルム改正条約の上記規定を実施する義務が生じる。また，加盟国がパリ条約の上記規定に違反した場合は，TRIPS協定2条1違反として，WTOの紛争解決手続を利用できる。なお，TRIPS協定は，パリ条約の遵守義務だけでなく，ベルヌ条約の遵守義務（9条1）も最低基準として課している（ベルヌ・プラス・アプローチ）。

TRIPS協定における内国民待遇の原則は，パリ条約の内国民待遇の原則と同趣旨であり，内国民と外国民との平等を規定する。なお，GATTにおける内国民待遇の原則は輸入品と国産品との差別を禁止する。

最恵国待遇の原則とは，加盟国が他の国（加盟国であるか否かを問わない）の国民に与える利益等は，他のすべての加盟国の国民に対し即時かつ無条件に与えられるという規定である。知的財産に関する国際協定においてはじめて採用された原則であり，TRIPS協定の大きな特徴となっている。ただし，この原則にはいくつかの例外が設けられている（4条(a)から(b)・5条)。

TRIPS協定は，およそ貿易に関連するすべての知的所有権（著作権および関連する権利，商標，地理的表示，意匠，特許，集積回路の回路配置，および開示されていない情報）に対して適用される（1条(2))。また，TRIPS協定は，知的所有権の保護基準を規定するにとどまらず，民事上，行政上および刑事上の手続や，救済措置，紛争の防止および解決等についても規定し，従来の条約による規定に比べて，詳細かつより実効性のある規定となっている。

特許協力条約　パリ条約における特別取極の1つである特許協力条約（PCT：Patent Cooperation Treaty）は，出願人および各国の国内官庁の労力軽減と発展途上国への技術援助とを目的として，1970年にワシントンで締結され，加盟国数は2022年7月現在で156カ国である。わが国は1978年に特許協力条約に加盟した。

特許協力条約は加盟国における特許出願（実用新案登録出願を含む）の方式を定める方式統一条約である。特許協力条約を利用しようと望む者は，国際事務局または受理官庁（日本国特許庁も受理官庁の1つである）に対して，条約に規定された方式に則った出願を提出する。このとき，本国出願（または本国登録）は必要とされない。すなわち，最初の出願を本条約による出願とすることもできる。受理官庁（または国際事務局）は，当該出願が条約に規定されている方式を満たしているか検査した上で，条約に規定された方式を満たしている出願については国際出願日の認定を行う（以下，国際出願日が認定された出願を「国際出願」と称する)。なお，国際出願においてはパリ条約に規定されている優先権を主張することも認められている。

国際出願は，指定国の取り下げ等が行われない限り，原則としてすべての加盟国を指定したものとして扱われ（みなし全指定)，すべての指定国において国際出願日に出願された国内出願とみなされる。すなわち，1回の出願手続で複数国における出願が完了するとともに，出願時においては出願明細書等の翻訳文が不要となる。これにより，国際出願は加盟国における「出願の束」とよばれている。

原則としてすべての国際出願は，関連する先行文献を発見することを目的とした調査（国際調査）が国際調査機関により実施され，その結果は国際調査報告として，出願人のみならず，各指定国の国内官庁へも提供される。

各指定国の国内官庁は，国際調査報告を受け取ることにより，先行文献調査の負担が軽減される。また，独自に先行文献調査をする能力に乏しい発展途上国の国内官庁であっても，国際調査機関から質の高い国際調査報告を受け取ることにより，自国における権利の安定化を図ることができる。現在は複数の国際調査機関が存在し，分担して国際調査を行っているが，将来的には国際調査機関を１つに統一し，世界的に均一な国際調査が行われることが期待されている。

国際出願の出願人は，所定の期間内（優先日から30カ月以内）に，権利化を真に望む指定国を選択し，選択したそれぞれの指定国に対して国内移行手続を行う必要がある。一般に各指定国の国内官庁は，当該期間内に出願明細書の翻訳文の提出を要求する。すなわち，翻訳文の作成期間として12カ月しか与えられないパリ条約の優先権制度に比べて，国際出願は大きなメリットを有している。また，国際調査報告等により，当該期間内に権利化する意思がなくなった場合は国内移行手続と翻訳文の提出は不要となる。なお，出願人は，国際調査とは別に，国際予備審査（新規性，進歩性，産業上の利用性に関する予備的で拘束力のない見解）を請求でき，特許性に関する判断材料とすることができる。

国内移行手続が行われた国際出願については，当該国内移行手続が行われた指定国においてのみ，当該国際出願に対する審査が行われる。すなわち，各指定国における権利付与に関しては，当該国の判断に任されている。

ハーグ協定　工業意匠の国際寄託に関するハーグ協定は，意匠に関する国際登録制度を創設することを目的として1925年にハーグで締結され，加盟国数は2022年７月現在で77カ国（ただし1999年ジュネーブ改正協定は69カ国）である。わが国は2015年２月にジュネーブ改正協定に加盟し，その年の５月に発効した。ジュネーブ改正協定までのハーグ協定は，主に無審査主義国の制度を念頭にしたものであったため，わが国のような審査主義国の加盟が進まないという問題があった。これを修正，補完し，より多くの国が利用できる意匠の国際登録制度を目指してジュネーブ改正協定が1999年に採択された。ハーグ協定への加盟により，わが国において，特許，実用新案，意匠および商標のすべてについて国際出願が可能となった。

日本における出願人は，３つの公式言語（英語，フランス語およびスペイン語）のうちの１つ（日本語不可）により作成した願書を，紙媒体で日本国特許庁に提出するか，または，ウェブ上のeHagueを利用して電子的に国際事務局に提出する。このとき，特許協力条約と同様に，本国出願（または本国登録）は必要ないので，最初の出願を国際出願とすることもできる。ただし，ハーグ協定では，特許協力条約と異なり，出願時にすべての締約国を指定したことにはならないため，権利を望む締約国を出願の時点で指定国としなければならない（後から指定国を追加する事後指定は認められない）。

提出された書類に不備がなければ出願は国際登録簿に記録（国際登録）され，指定国における正規の出願と同じ効力が発生する。国際出願は，国際登録から12カ月後（他の期日を選択することも可）に国際事務局のウェブサイトで公表される。国際出願は，公表後に審査が開始され，公表後６カ月または12カ月までに各指定国において意匠権が発生する。各指定国は，この期間が経過するときまでにそれぞれの国内法に基づいて国際出願を拒絶することができる。すなわち，拒絶の通報がなされなかった指定国については，意匠権を発生させるための何らの手続も不要であり，たとえば，特許協力条約のような国内移行手続（審査開始手続）や，国内出願のような登録料を納付する手続も必要ない（登録料相当額は出願時に支払う）。また，国際登録後の更新（５年ごと）や名義変更などの維持管理手続も国際事務局に一元化されており，権利者の負担軽減が図られている。

マドリッド協定およびその議定書　標章の国際登録に関するマドリッド協定は，商標に関する国際登録制度を創設することを目的として1891年にマドリッドで締結され，加盟国数は2022年７月現在で55カ国である。しかし，国際登録に際して本国登録が必要なことや，出願言語がフランス語に限定されること，基礎となる本国登録が取り消されると国際登録も消滅する（セントラル・アタック）ことなど，要求水準が厳しく，米国，英国等の主要国のみならず，わが国も加盟していない。

マドリッド協定の議定書（マドリッドプロトコル）は，マドリッド協定の加盟国を増加させることを目的として1989年に締結され，加盟国数は2022年７月現在で112カ国である。わが国は1999年に加盟し，2000年に発効した。本国登録だけでなく本国出願を基礎としても国際登録が可能となったが，逆にいえば，必ず本国出願（または本国登録）がなければ国際登録を受けることができない。出願言語はフランス語に加えて英語およびスペイン語でも可能となった。さらに，セントラル・アタックに対する救済措置も設けられた。

しかし，マドリッド協定の議定書では，国際事務局に直接出願することは認められておらず，たとえば，日本特許庁に出願する出願人は，日本特許庁が指定する言語（現在英語のみ）で作成した願書を紙媒体（電子的な出願不可）で提出しなければならない。なお，出願人は，指定国を出願時に指定する必要がある（みなし全指定とはならない）が，事後指定も可能である。指定国は，国際事務局による指定国への通報後，1年（または18カ月）までに拒絶の通報が可能である。所定の期間内に拒絶の通報がされなかった場合は，国際登録の日（または，事後指定日）に商標登録を受けたのと同等の保護が与えられる。

Ⅲ　知的財産関係事件の国際裁判管轄

国際裁判管轄一般　民訴法改正以前の国際裁判管轄の一般論については，マレーシア航空事件判決（最判昭和56・10・16民集35巻7号1224頁）の立場が重要であった。この事件で最高裁は，「国際裁判管轄を直接規定する法規もなく，またよるべき条約も一般に承認された明確な国際法上の原則もいまだ確立していない現状のもとにおいては，当事者間の公平，裁判の適正・迅速を期するという理念により条理にしたがつて決定するのが相当」と判示する。そしてこれを発展させたファミリー事件判決（最判平成9・11・11民集51巻10号4055頁）を含めた判例理論を前提とすれば，具体的な事件についての国際裁判管轄の有無を判断するプロセスは，①まず，民訴法の定める裁判籍のいずれかが日本国内に存在するかどうかを確認する。ついで②民訴法の定める裁判籍のいずれかが日本国内に存在するときは，原則として，日本の裁判所の国際裁判管轄は肯定される。③しかしながら，民訴法の裁判籍が日本国内に存在していても，当該事件の具体的事情を考慮すれば，日本の裁判所が管轄権を行使することが国際裁判管轄の決定の理念である「当事者間の公平，裁判の適正・迅速」に反する「特段の事情」が存在すると認められるときは，日本の裁判所は管轄権を有しない，というものであった。

民訴法の改正と知的財産

しかるに長年の懸案であった国際裁判管轄に関する立法が，「民事訴訟法及び民事保全法の一部を改正する法律」により実現し，平成24（2012）年4月1日から施行されるに至った。これにより国際裁判管轄については，今後はこの民訴法の規定によることとなった。詳しくは**第12章**第Ⅰ節**2**を参照。

平成24（2012）年改正民訴法には知的財産権一般に関する規定はないが，当初の議論では規定を設けるべきとの意見もあり，①知的財産権の登録に関する訴えについては，その登録する地が日本であるときは，日本の裁判所に専属管轄を認める，②知的財産権の有効性に関する訴えについては，登録すべき地が外国にあるときは，日本の裁判所の管轄は認められない，③知的財産の侵害訴訟については，特段の規定は設けない，との意見があった。しかし知的財産権一般に関する立法化は結局見送られた。

知的財産関係係件の国際裁判管轄

もっとも，知的財産権の登録に関する訴えについては登録をすべき地が日本国内にあるとき，また，設定の登録により発生する知的財産権の存否または効力に関する訴えについては，その登録が日本においてされたものであるとき，日本の裁判所の専属管轄とするとの規定が新たに設けられた（民訴法3条の5第2項・3項）。この点は従来からほぼ異論がなかったところである。

つぎに問題となるのは，外国特許権の侵害訴訟についても，特許登録国の専属管轄とすべきかである。

被告の住所等による管轄

この点について従来から学説の多くは，被告の住所等が日本にある場合には（これを，請求のいかんを問わず，被告に対する管轄を肯定するところから，一般管轄ということがある），外国特許権侵害訴訟においてもわが国の国際裁判管轄を肯定してきた（結果的には外国の専属管轄を否定）。判例も，たとえば多極真空管事件判決（東京地判昭和28・6・12下民集4巻6号847頁）とカードリーダー事件判決（最判平成14・9・26民集56巻7号1551頁）はこれを当然の前提とする（ともに被告が日本法人であり，その普通裁判籍（一般管轄）が日本にある場合であった）。

この点を明確にしたのが，サンゴ砂事件判決（東京地判平成15・10・16判時

1874号23頁，判タ1151号109頁）である。裁判所は，米国特許権に基づく差止請求権を被告が有しないことの確認を求める訴訟について，「被告の普通裁判籍が我が国内に存するものであり，我が国において裁判を行うことが当事者間の公平，裁判の適正・迅速の理念に反するような特段の事情も存在しないから，我が国の国際裁判管轄を肯定すべきもの」と判示している。

改正民訴法の下で上の管轄が認められるのは，被告が自然人の場合は，その住所が日本にあるとき（民訴法3条の2第1項）であり，被告が法人の場合は，その主たる事務所または営業所が日本にあるとき，事務所または営業所がないときはその代表者その他の業務担当者の住所が日本にあるとき（同条第3項）である。これらの管轄一般について，詳しくは**第12章**第Ⅰ節**2**を参照。

つぎに知的財産事件でも財産所在地と不法行為地の管轄などが問題となる。この点についても，詳しくは**第12章**第Ⅰ節**2**を参照。

【設例10－1】 日本会社Xは，ウルトラマンシリーズの映画著作物の日本における著作権者であり，タイ王国においても著作権を有する。Xは，日本会社A社に対し，日本および東南アジア各国における本件著作物の利用を許諾している。タイ王国に在住する実業家Yは，同人が社長を務めるB社がXから日本を除くすべての国において，独占的に本件著作物についての配給権，制作権，複製権等を許諾されており，その旨の契約書があるとして，タイ王国において本件著作物を利用している。

香港に所在するC法律事務所は，B社の代理人として，A社およびその子会社等に対し，A社の香港，シンガポールおよびタイ王国における子会社が本件著作物を利用する行為は，B社の独占的利用権を侵害する旨の警告書を送付した。

そこでXは，Yに対し，警告書が日本に送付されたことによりXの業務が妨害されたことを理由とする不法行為に基づく損害賠償，Yが日本において本件著作物についての著作権を有しないことの確認等6つの請求を求める訴訟を提起した。日本の裁判所は本件に国際裁判管轄権を有するか。

財産所在地管轄

上の**【設例10－1】**の基礎となった円谷プロ事件判決（最判平成13・6・8民集55巻4号727頁）において，最高裁は，上の6つの請求のうち，著作物についての著作権を有しないことを確認する請求については，日本に請求の目的物つまり著作権が存在するとして請求の目的である財産の所在地としての日本の国際裁判管轄を肯定した。なお，本件は民訴法の改正以前の判例であるが，改正民訴法３条の３第３号も財産権上の訴えについて「請求の目的が日本国内にあるとき」に日本の裁判所の国際裁判管轄を認めるから，本件についても同様の結論となろう。

不法行為地管轄

また最高裁は，上記事案において，業務妨害による損害賠償請求についても不法行為地が日本にあるとして日本の管轄を肯定した。

知的財産侵害訴訟において，民訴法改正後，直接に不法行為地管轄が問題となった事件として，東京地判平成26・７・16や東京地判平成26・９・５（いずれも判例集等未登載）がある。これらの事件では著作権および著作隣接権が侵害されたと主張して損害賠償を求める訴えについて，その侵害行為の少なくとも一部が日本国内にあるとして，民訴法３条の３第８号に基づき日本の国際裁判管轄が認められている。

また，民訴法改正前の知財高判平成22・９・15判タ1340号265頁は，特許権侵害に基づく差止請求も同法５条９号の「不法行為に関する訴え」に含まれることを明言した上で，わが国の国際裁判管轄を肯定した。現在の３条の３第８号の「不法行為に関する訴え」もこれと同様に解されよう。その他の合意管轄や併合管轄などの問題となりうる管轄権の基礎については，**第12章**第Ⅰ節**2**を参照。

Ⅳ　知的財産権の準拠法

国際知的財産関係事件において主として問題となるのは，知的財産権の準拠法，知的財産権侵害の準拠法と知的財産権の譲渡契約および実施契約の準拠法である。

知的財産権の準拠法

【設例10－２】　日本に住所を有する日本人Ｘは，FM信号復調装置について米国の特許権を有するが，その装置の技術と重なる日本の特許権は，日本に本店を有する日本会社Ｙが有している。Ｙは本件装置を用いた機器を日本において製造し，Ｙの子会社のＺ（米国Ａ州に本店を有するＡ会社）に輸出し，Ｚは米国内で本件機器を販売した。
そこでXは，Yを被告として日本の裁判所に訴訟を提起し，Xの有する米国の特許権の侵害を理由として，米国への輸出を目的とするYによる本件機器の日本における製造およびYの米国への輸出行為の差止めおよびわが国において占有する製品の当該廃棄を求めるとともに，損害賠償を請求した。Xの請求についてどの国の法が適用されるか。

はじめに

法の適用に関する通則法（通則法。同法制定前は「法例」がわが国の準拠法ルールの主たる法源であった）には，国際知的財産事件の準拠法について明文の規定はない。そこで明文の規定のない国際的な知的財産権の法適用関係については，学説判例は対立し，定説をみない。大別すると，通則法の規定の適用を前提とするかどうかにかかわりなく，準拠法という手法によるとする見解と，公法的手法により，内国知的財産法の属地的適用を認める見解とに分かれる。前者の立場が有力と思われる。

また準拠法による解決を採用したとしても，物権類似の構成をとるか，条理によると解するかについても見解は一致しない。通則法の制定の際にも，知的財産については保護国法（知的財産の保護が求められる国の法）によるとの意見もあったが，結局は明文化は見送られ，従来通り，解釈に委ねられることとなった。

以下には知的財産権の準拠法に関する注目すべきいくつかの判例を取り上げる。

カードリーダー事件——特許権の効力と特許権侵害の準拠法との区別

(1)　特許権の効力　　上の【設例10－2】に該当する，日本人特許権者による米国特許権に基づく差止めおよび廃棄請求について，カードリーダー事件判決は，この問題を特許権の効力の問題と法性決定し，「特許権の効力の準拠法に関しては，法例等に直接の定めがないから，条理に基づいて，当該特許権と最も密接な関係がある国である当該特許権が登録された国の法律による」として米国法が準拠法になるとする。ただし，米国特許権の侵害を積極的に誘導するわが国内での行為の差止めまたはわが国内にある侵害品の廃棄を命ずることは日本の公序に反するとして，米国特許法の適用を排除した。

(2)　損害賠償請求　　また，特許権の侵害による損害賠償請求の問題については，不法行為と性質決定し，法例11条1項でいう原因事実発生地とは米国特許権の直接侵害行為が行われ，権利侵害の結果が生じた米国であるとした上で，米国特許法によれば，米国外における侵害の積極的誘導行為も不法行為を構成しうると判示する。しかし，法例11条２項（通則法22条１項に相当）によれば，わが国の法律も累積的に適用されるところ，わが国は，特許権の効力を自国の領域外の積極的誘導行為に及ぼすことを可能とする法律の規定をもたないから，原告の特許権侵害による損害賠償請求は認められないとした。

本件は，特許権の効力については条理によるとした上で，登録国法主義を採用したこと，特許権の効力と損害賠償を区別したこと，ともに米国法が準拠法になるとしながらも，結果的には日本法を適用したことが注目される。

職務発明の準拠法

つぎに特許法上の職務発明について，日立製作所事件判決（最判平成18・10・17民集60巻８号2853頁）は，日本人従業員が日本会社に対して職務発明に対する相当の対価を求めた場合に，外国特許を受ける権利の対価請求の準拠法について，「外国の特許を受ける権利の譲渡……の対価に関する問題は，……譲渡当事者間における譲渡の原因関係である契約その他の債権的法律行為の効力の問題であると解せられるから，その準拠法は，法例７条１項の規定により，第１次的には当事者の意思に従って定められると解するのが相当である」と判示し，本件譲渡契約の成立および効力については，その準拠法をわが国の法とする旨の黙示の合意が存在するとする。現行の通則法では７条のみならず，労働契約の特則である12条の適用もありえよう。なお，特許を受ける権利自体やその効力の準拠法について，同判決は傍論であるが，「特許権についての属地主義の原則に照らし，当該特許を受ける権利に基づいて特許権が登録される国の法律である」と述べている。

著作権関連の準拠法

(1)　著作権の効力・侵害　　問題になっている著作物の翻訳文が掲載された小説を出版等した行為が著作権（翻訳権）を侵害したと主張して，著作権に基づく当該小説の印刷，製本，販売および頒布の差止め並びにその侵害に基づく損害賠償が請求された事件で，東京高判平成16・12・９（判例集等未登載）は次のように判示した（原審（東京地判平成16・５・31判時1936号140頁，判タ1175号265頁）の準拠法判断を引用)。すなわち，著作権に基づく差止請求は「著作権の排他的効力に基づく，著作権を保全するための救済方法というべきであるから，その法律関係の性質を著作権を保

❖コラム10-1　イタル・タス事件

Itar-Tass Rusian Agency v. Rusian Kurier, Inc., 153 F.3d 90 (2d Cir. 1998)

この事件は，著作権の準拠法につき，ロシア国民によりロシアで発行された新聞雑誌などの米国における著作権侵害につき，著作権の帰属（ownership）についてはロシア著作権法を適用し，侵害の問題には米国著作権法を適用すべきとした米国第２巡回区控訴裁判所の判決である。原告は，米国法が著作権の帰属の問題に適用されると主張し，被告はロシア法が適用されると主張した。米国法とロシア法の相違は，米国法の職務著作の規定によれば，すべての原告が著作権者となり，原告適格を有するが，ロシア法によれば，原告のうち，イタル・タス通信のみが原告適格を有する。裁判所は，ロシア国民によりロシアで発行された新聞雑誌などの米国における著作権侵害につき，著作権の帰属の問題についてはロシア著作権法を適用し，侵害の問題には米国著作権法を適用すべきとした。

全するための救済方法」と法性決定し，その準拠法は「ベルヌ条約５条⑵により，保護が要求される国の法令の定めるところによる」とした。これに対し，著作権侵害を理由とする損害賠償請求については「不法行為」と法性決定し，法例11条１項に従って準拠法を決定した。また，別の事件で，小型 USB フラッシュメモリを製造する行為により著作権（翻案権）が侵害された主張として請求された著作権侵害に基づく損害賠償について，知財高判平成23・11・28（判例集等未登載）は原審判決（東京地判平成23・３・２（判例集等未登載））を引用して，その請求は「その被侵害利益が著作権であるというほかは，不法行為一般の問題であって，ベルヌ条約５条⑵にいう『保護の範囲及び著作者の権利を保全するため著作者に保障される救済の方法』とは認められないから，法例11条又は通則法17条によるのが相当である」と判示した。

このように差止請求と損害賠償請求で法性決定を異にする裁判例がある一方で（これは上述のカードリーダー事件判決に沿うものである），いずれの請求も不法行為と法性決定した裁判例もある（東京地判平成28・９・28（判例集等未登載））。不法行為と法性決定される場合，現行の通則法の下では17条のほか，20条～22条も適用される可能性があろう。

⑵　著作権の譲渡　著作権の譲渡については，保護国法主義を採用する立場が判例上，有力である。たとえば，キューピー人形事件判決（東京高判平成13・５・30判時1797号111頁，判タ1106号210頁）は，「著作権は，その権利の内容及び効力がこれを保護する国……の法令によって定められ，また，著作物の利

用について第三者に対する排他的効力を有するから，物権の得喪について所在地法が適用されるのと同様の理由により，著作権という物権類似の支配関係の変動については，保護国の法令が準拠法となる」と判示する。

> **【設例10－3】** オランダ法人Xは，画家サルバドール・ダリとの間で，ダリの創作した作品の著作権に係る契約を締結した。その後，ダリは死亡したが，死亡前に遺言により全財産の包括承継人をスペイン国と指定していたため，スペイン国がダリの全財産を包括承継し，スペイン文化省は，全世界のダリ作品に係る著作権の管理権および利用権をダリ財団 Y_1 に譲渡した。一方，日本の地方自治体および百貨店等 Y_2 らは，日本において，「ダリの世界」等と題する展覧会を開催し，展覧会の会場では，ダリの著作に係る絵画を掲載する本件書籍（Y_1 の編集・発行）が販売された。
>
> そこでXは，著作物に係る著作権をダリとの契約により譲り受けたとして，著作権に基づき，Y_1 Y_2 に対し，差止，廃棄，損害賠償等を請求する訴訟を提起した。Xの請求についてどの国の法が適用されるか。

上の設例に概略該当するダリ事件判決（東京高判平成15・5・28判時1831号135頁）も傍論ながら，著作権につき保護国法主義を採用し，わが国を保護国とする著作権の移転およびその対抗要件の準拠法は日本法であり，著作権法77条1号・78条1項により，Xは，本件著作権の取得について対抗要件である著作権の移転登録を了しない限り，Y_1 Y_2 に対し著作権に基づく請求をすることはできない，と判示する。

問題となるのは著作権につき保護国法主義をとるとして，保護国とは具体的にどの国を指すかである。保護国とは当該訴訟において問題となっている著作物の利用行為ないし著作権を侵害する行為が行われた国であると解すべきである。本件に即していえば，問題となったダリ作品の利用行為・侵害行為が行われたのは日本であるから，本件では日本法が保護国法になる。またダリ事件で問題とされている著作物の利用行為・侵害行為が行われたのは日本のみであるが，仮に複数の国で利用行為・侵害行為が行われたときは，著作権が国ごとに存在し，保護されることを考えると，複数の異なる保護国法が適用されると解すべきであろう。

知的財産権の譲渡契約および実施契約の準拠法

知的財産権の譲渡契約および実施契約については，基本的には契約準拠法決定の一般原則が妥当するから，通則法７条以下（通則法改正以前は法例７条）の規定が適用される。

⑴　当事者による明示の指定があるとき　　まず，契約中に明示の準拠法指定約款があるときは，その法による。たとえば，前掲ダリ事件判決では，「本件契約の準拠法は，……第10条（準拠法及び仲裁）第１項の合意によりスペイン法とされている」としてスペイン法が準拠法となるとした。そしてスペイン法によれば，ダリ作品に係る権利を信託譲渡する本件契約は，ダリとＸとの間の内部関係が委任によって規律されるから，ダリの死亡した日に，終了したとした。

⑵　当事者による明示の指定がないとき　　当事者による明示の指定がないときはどうか。改正前は，当事者の黙示の意思によるとする立場が有力であった。たとえば先述のキューピー人形事件判決は，著作権の譲渡契約について，当事者の明示の合意がない場合に，米国ミズーリ州法に基づいて設立された遺産財団が日本人に対して，日本国内において効力を有する著作権を譲渡する契約につき，日本法を準拠法とする黙示の合意があると推認した。現行の通則法下でも黙示の準拠法指定は７条で認められるが，それもない場合，準拠法は８条に従って決定される。たとえば知財高判令和３・９・29（判例集等未登載。準拠法判断は原判決である東京地判令和３・２・18（判例集等未登載）を引用）では，８条２項に従い，著作権の共有持分権の譲渡契約についてはその譲渡が特徴的な給付であるとして，譲渡人の常居所地法を適用した。

Ⅴ　並行輸入

並行輸入とは，外国で製造された商品の輸入について総代理店等のルートがある場合に，外国の市場に置かれた商品を現地で購入した上で，総代理店等を通さずに輸入することをいう。並行輸入とその後の国内での販売が輸入国における知的財産権を侵害するかどうかが問題となる。これに関して，２つの最高裁判決（BBS 事件判決（特許権）およびフレッドペリー事件判決（商標権））が重要である。

BBS 事件　ドイツ会社である BBS は，自動車用アルミホイールについてドイツおよび日本の双方で特許権を有している。ドイツにおいて

BBSから正規に特許製品を購入した並行輸入業者が，これをわが国に輸入し，わが国において販売していた。この並行輸入業者の輸入行為につき，BBSは，日本国特許権の侵害であると主張して提訴した。第一審判決では，特許権者BBSの主張通り差止請求が認められたが，その控訴審判決では，並行輸入業者に対する差止請求が否定された。その後事件は，最高裁に上告された。

最高裁は，「我が国の特許権者又はこれと同視し得る者が国外において特許製品を譲渡した場合においては，特許権者は，譲受人に対しては，当該製品について販売先ないし使用地域から我が国を除外する旨を譲受人との間で合意した場合を除き，……我が国において特許権を行使することは許されない」として，並行輸入を認めた（最判平成９・７・１民集51巻６号2299頁）。

フレッドペリー事件　問題になっている登録商標のわが国の商標権を有する日本法人が，使用許諾契約に違反して製造された本件標章付きの商品（本件商品）を輸入・販売した日本法人に対して，その行為が商標権を侵害すると主張して，輸入・販売の差止め，損害賠償等を求めた。最高裁は「商標権者以外の者が，我が国における商標権の指定商品と同一の商品につき，その登録商標と同一の商標を付したものを輸入する行為は，許諾を受けない限り，商標権を侵害する……。しかし，そのような商品の輸入であっても，⑴当該商標が外国における商標権者又は当該商標権者から使用許諾を受けた者により適法に付せられたものであり，⑵当該外国における商標権者と我が国の商標権者とが同一人であるか又は法律的若しくは経済的に同一人と同視し得るような関係があることにより，当該商標が我が国の登録商標と同一の出所を表示するものであって，⑶我が国の商標権者が直接的に又は間接的に当該商品の品質管理を行い得る立場にあることから，当該商品と我が国の商標権者が登録商標を付した商品とが当該登録商標の保証する品質において実質的に差異がないと評価される場合には，いわゆる真正商品の並行輸入として，商標権侵害としての実質的違法性を欠く」と判示した。

もっとも本件商品は，シンガポール共和国外３カ国において本件登録商標と同一の商標の使用許諾を受けたシンガポール会社が，商標権者（原告の100パーセント子会社で，わが国以外の商標権を有している）の同意なく，契約地域外である中華人民共和国にある工場に下請製造させたものであり，本件使用許諾契約の許諾条項に定められた許諾の範囲を逸脱して製造され本件標章が付されたものであって，商標の出所表示機能を害するものである。また，本件許諾条項中の製造国の制限および下請の制限は，商標権者が商品に対する品質を管理して品質保証機能を十全ならしめる上できわめて重要である。これらの制限に違反して製造され本件標章が付された本件商品は，商標権者による品質管理が及ばず，本件商品と原告が本件登録商標を付して流通に置いた商品とが，本件登録商標が保証する品質において実質的に差異を生ずる可能性があり，商標の品質保証機能が害されるおそれがある。以上によれば，本件商品の輸入は，いわゆる真正商品の並行輸入と認められないから，実質的違法性を欠くということはできない，と判示された（最判平成15・2・27民集57巻2号125頁）。

まとめ 上の BBS 事件判決とフレッドペリー事件判決は，ともに真正製品の並行輸入は一定の要件を備える限り原則としては適法であり，内国特許権や商標権の侵害とはならないことを最高裁の判例法理として確立したものといえるであろう。外国における行為（正規に真正商品を購入した行為）が内国の特許権の効力に影響を及ぼしたとする点も注目される。

Ⅵ　知的財産法における属地主義の原則

属地主義の原則とは 知的財産権については，属地主義の原則が妥当するといわれる。たとえば，上述のカードリーダー事件の最高裁判決は，「特許権について属地主義の原則を採用する国が多く，それによれば，各国の特許権がその成立，移転，効力等につき，当該国の法律によって定められ，特許権の効力が当該国の領域内においてのみ認められるとされており」と判示する。また，商標権においても「外国商標権は内国における行為によつて，また内国商標権は外国における行為によつてそれぞれ侵害されることはな（い）」（大阪地判昭和45・2・27判時625号75頁）とする判決もある。

カードリーダー事件の同判決においては，「米国特許権の侵害を積極的に誘導する行為については，その行為が我が国においてされ，又は侵害品が我が国内にあるときでも，侵害行為に対する差止め及び侵害品の廃棄請求が認容される余地がある」とした上で，「しかし，我が国は，特許権について……属地主義の原則を採用しており，これによれば，各国の特許権は当該国の領域内においてのみ効力を有するにもかかわらず，本件米国特許権に基づき我が国における行為の差止め等を認めることは，本件米国特許権の効力をその領域外である我が国に及ぼすのと実質的に同一の結果を生ずることになって，我が国の採る属地主義の原則に反するものであり，……本件米国特許権侵害を積極的に誘導する行為を我が国で行ったことに米国特許法を適用した結果我が国内での行為の差止め又は我が国内にある物の廃棄を命ずることは，我が国の特許法秩序の基本理念と相いれないというべきである」と判示し，米国特許法の適用を排除した。この論理は正当といえるであろうか。

カードリーダー事件における属地主義の原則の根拠とその妥当性

同判決は，米国特許法の適用を排除する根拠として，わが国が属地主義の原則を採用することを掲げている。しかしわが国における実定法上の根拠はまったく示されていないし，「特許権について属地主義の原則を採用する国が多く」と述べるものの，具体的にどの国が特許権について属地主義の原則を採用しているかの言及もない。またなぜ属地主義の原則が認められるべきかについての実質的な根拠の説明もなんら加えられていない。その意味でわが国が属地主義の原則を採用するとの最高裁の立場は説得力を欠くものとなっている。

わが国における厳格な属地主義の原則の修正

たとえば，わが刑法１条は，原則としてわが国で行われた犯罪に適用されるとの属地主義の原則を宣言している。ところが，同法３条は，「この法律は，日本国外において次に掲げる罪を犯した日本国民に適用する」と規定し，一定の犯罪については，日本国籍を根拠に日本刑法が適用されるとの属人主義をも採用する。さらに同２条は，「この法律は，日本国外において次に掲げる罪を犯したすべての者に適用する」として，一定の犯罪については，外国人が外国で行った犯罪についても日本刑法の適用を認めている。

また不正競争防止法21条６項は，国内で管理していた企業秘密の国外での詐欺的行為または管理侵害行為に対して，日本の不正競争防止法が適用されることを明文で認めたものであり，不正競争防止法の域外適用を肯定したものと解される。つまり，不正競争防止法においても，ある行為の効果が内国に及ぶ限り，外国での行為にも適用されることのあることが認められ，一国の法律は，その内国で発生した事案に対してのみ適用される，という意味での属地主義の原則が絶対的なものではないことを示している。

ここでは一定の明確な法目的をもって制定される不正競争防止法のような経済立法の適用範囲を確定する問題は，ある行為や事実が内国で発生したか否かという，機械的な基準ですべて解決しうるものではなく，その立法の目的と政策を考慮して，そのような法目的を達成するためには，どのような行為や事実（外国におけるそれをも含めて）に対してそれが適用されるべきかという一層機能的な方法によってなされねばならないことを示唆するものである。

これを特許法に即していえば内国特許法の目的を達成するのに必要な場合に（たとえば内国の特許権者の正当な利益を保護するために），外国での行為や事実に対して内国特許法を適用する可能性を否定すべきではないということになろう。むしろ，たとえば，外国で日本の特許法に違反する行為がなされた場合に，その行為が自国の国民によってなされ，その効果が内国に及び，しかも内国特許法を適用することが外国の利益や政策と抵触しないときにおいては，かりに明文の規定がなくとも日本特許法を適用すべき場合のあることを認めるべきである。その意味で属地主義の原則を絶対視し，日本特許法の適用範囲を厳格に制限したカードリーダー事件の最高裁判決の論理は再考を要するものというべきである。

第11章

国際取引と公法

——貿易・投資・競争——

国際取引から生ずる法律問題は，私法上のものに限られない。各国は，自国の利益のために，国際取引に対する公法的規制を行っている。たとえば，自国の健全な市場経済・競争秩序や消費者を保護するため，外国企業による競争阻害行為に対して自国競争法を適用（域外適用）することがある。また，自国の国内産業を保護するため，外国産品に対する輸入関税の賦課や輸入数量の制限などを行うことがある。また，自国の国内政策目的を実現するために，自国内に所在する外国投資家の財産を収用することもある。このような公法的規制を無制限に認めることは，国際取引の発展に有害な影響を与えることになる。そこで，各国の公法的規制の調整や調和が課題となる。

本章では，貿易・投資・競争について，各国の公法的規制とその調整を検討する。国際取引を行う企業としても，これらの公法的規制に関連する諸問題を理解する必要があろう。

Ⅰ 貿　易

【設例11－1】 日本企業Ｘは，Ｓ国の市場向けに物品Ｇを輸出していた。Ｘの売上げの大半は，Ｓ国への輸出によるものであった。ところが，Ｓ国政府は，Ｇと競合する物品を製造するＳ国内の事業者を保護するため，日本からのＧの輸入に対してきわめて高い関税を賦課する政令を公布した。Ｘは，Ｓ国政府に対して，どのような措置をとることができるか。

1 貿易に関する公法的規制とWTO

「貿易（trade）」とは，最広義では，外国企業との間の取引（国際取引）全般を意味するが，外国企業との間の物品売買（輸出入取引）を意味することが多い。また，輸出入取引のほか，サービス取引を含むこともある（サービス取引については，輸出入取引と区別して，サービス貿易と呼ぶこともある）。本節では，主に輸出入取引（国際物品売買）を念頭におく。

輸出入取引を行うことは，取引の当事者である企業に利益をもたらすだけでなく，各国の経済や世界全体にとっても有益である。たとえば，自国より安価な物品や自国で生産できない物品（日本との関係でいえば，機械部品やエネルギー資源など）を輸入することで，国内消費者の生活水準の向上をはかることができる。また，自国で効率的に生産できる物品（日本でいえば精密工業製品など）を輸出することで，国内企業の当該物品の生産にかかわる労働力が必要となることから国内労働者の所得水準の向上をもたらすことになろう。そもそも，各経済主体が最も優位な物品の生産に注力し，相互に交換（貿易）することにより，資源の効率的な利用が可能となる。それゆえ，世界的な観点から，貿易自由の促進が正当化される。

他方で，輸出入取引が各国の利益に反する場合も生じ得る。たとえば，安価な物品の輸入は，当該物品に関連する自国産業の衰退を招き，国内労働市場に負の影響を与えることにもなる。また，軍事転用可能な精密工業製品の輸出は，自国の安全保障に負の影響を与えることもある。そこで，各国は，輸出入取引に対する許可制，輸入品に対する関税賦課や輸入数量の制限などの公法上の規制を行っている。

輸出入取引に対する各国の公法規制は，領域主権に基づくものであり，一般国際法上も認められるものである。しかし，各国が，自国利益のみを追求し，行き過ぎた公法規制を行うことは，資源の効率的な利用という世界全体の利益に反するとともに国際紛争の原因にもなる。たとえば，関税賦課や数量制限等の措置による輸入の減少は，貿易相手国からみれば輸出の減少となるため，貿易相手国の雇用水準の低下を招き，失業の増加につながることになる（このような政策を，失業の輸出や近隣窮乏化政策とよぶ）。貿易相手国も，報復措置として同様の政策をとれば，双方の国で失業が増加し社会不安をもたらす。

世界恐慌の後，1930年代に主要国が植民地の域内で関税等の障壁を作り（ブロック経済），相互に対立したことが第二次世界大戦の一因となったといわれている。そこで，1944年のブレトン・ウッズ会議で，世界平和のためにも貿易の自由化がきわめて重要であることが認識され，その後，関税を相互に引き下げる多数国間条約の交渉を行うとともに，貿易のための国際機関を設立することが計画された。最終的に，当時の米国の国内事情等もあり，国際機関の設立はできなかったものの，多数国間条約である1947年の「関税及び貿易に関する一般協定（General Agreement on Tariffs and Trade）」（1947年 GATT）は成立した。

その後，1947年 GATT を中心に，時代の要請に応じて多角的貿易交渉がなされ，貿易自由化を促進するためにさまざまな決定がなされてきた。たとえば，1979年に妥結した東京ラウンドでは，アンチダンピング協定，補助金・相殺措置協定等の各種協定が策定された。しかし，これらの各種協定は，1947年 GATT とは別個のものであるため，各種協定上の義務も，各種協定の受諾国のみが負い，GATT の全加盟国に及ぶわけではなかった。また，GATT に関する貿易紛争が生じた場合の解決手続についても，GATT 自体の手続のほか，各種協定に手続が定められていたことから，紛争当事国が自国に有利な手続を選択するという問題があった。さらに IMF などの他の国際機関との関係強化を図るためにも，GATT 自体が国際機関として明確に位置づけられる必要がある点が指摘されていた。

そこで，1994年に妥結したウルグアイ・ラウンドにおいて，新たな国際機関の設立が合意された。これが「世界貿易機関（World Trade Organization）」（WTO）である。1995年1月1日に発効した「WTO を設立するためのマラケシュ協定」（WTO 協定）は，WTO の設立を定めるだけでなく，その附属書において多数の協定を定めており，さらなる多角的貿易体制の強化が図られている。具体的には，第1に，特定の物品（農業，繊維）の貿易に関する協定の作成やアンチダンピング，セーフガード等に関する既存の協定の改正により，既存の貿易ルールを強化した。第2に，サービスの貿易に関する協定や貿易に関連する知的所有権や投資措置に関する協定の作成により，新しい分野のルールを策定した。第3に，統一された WTO 紛争解決手続を採用するとともに，この手続によらない一方的措置の発動を禁止することにより，紛争解決手続を強化した。第4に，附属書1A「物品の貿易に関する多角的協定」，附属書1B「サービスの貿易に関する一般協定」（GATS），附属書1C「知的所有権の貿易関連の側面に関する協定」（TRIPS），附属書2「紛争解決に係る規則及び手続に関する了解」（DSU）等の協定を一括受諾の対象とすることにより，加盟国の権利義務関係を明確化した。

以下では，貿易自由化を実現するためのWTOの実体的ルールと貿易紛争を解決するための手続を簡単にみていく。

2 WTOの実体的ルール——物品の貿易に関する協定（附属書1A）

物品貿易の自由化を実現するためのWTOの実体的ルールは，附属書1A「物品の貿易に関する多角的協定」に定められている。附属書1Aは，次の諸協定から構成されている。すなわち，①1994年の関税及び貿易に関する一般協定［1994年GATT］，②農業に関する協定，③衛生植物検疫措置［SPS］の適用に関する協定，④繊維及び繊維製品（衣類を含む）に関する協定，⑤貿易の技術的障害［TBT］に関する協定，⑥貿易に関連する投資措置に関する協定［TRIMs］，⑦1994年の関税及び貿易に関する一般協定第6条の実施に関する協定［アンチダンピング協定］，⑧1994年の関税及び貿易に関する一般協定第7条の実施に関する協定［関税評価協定］，⑨船積み前検査に関する協定，⑩原産地規則に関する協定，⑪輸入許可手続に関する協定，⑫補助金及び相殺措置に関する協定［補助金相殺協定］，⑬セーフガードに関する協定［セーフガード協定］，⑭貿易の円滑化に関する協定，である。

このうち，貿易自由化のために中心的な役割を果たすのが1994年GATTである。1994年GATTは，1947年GATTと法的には別個のものであるが（WTO設立協定2条4項），1947年GATTが1994年GATTの一部となっている（1994年GATT1(a)）ことから，1947年GATTは，1994年GATTに組み込まれて生きているといえよう。

GATT/WTO協定は，貿易自由化を実現するため，貿易障壁の削減（市場アクセス改善）と差別の除去（無差別原則）を定める。

貿易障壁の削減

貿易障壁には，「関税障壁」のほかに，数量制限や補助金等の「非関税障壁」がある。

(1)　関税障壁の削減：譲許税率を超える関税賦課の禁止　GATT/WTO協定は，貿易に関して，数量制限を原則として禁止し，関税の賦課を認めた上で，加盟国による関税交渉を通じて品目ごとに関税率の上限を約束（譲許）し，かつ，漸進的にその上限税率（譲許税率）を引き下げることによって，関税障壁を削減することを目指している。

まず，GATT 2条1項は，各加盟国が，他の加盟国の通商に対し，「譲許表」に定める待遇より不利でない待遇を与えることを義務づけている。譲許表は，関税引き下げ交渉の結果として合意した，特定産品に対する一定の関税率を国ごとにまとめた一覧表である。また，GATT28条1項は，加盟国が譲許税率の引き上げや撤回を行うためには，譲許について直接交渉した加盟国や主要供給国などとの交渉・合意等を要する旨を規定し，譲許税率を超える関税の賦課や譲許税率の一方的な引き上げなどの措置を禁止している。

(2)　非関税障壁の削減――数量制限の禁止　GATT11条1項は，加盟国が，他の加盟国の産品の輸入などについて，割当や輸入許可その他の措置によるとを問わず，「関税その他の課徴金以外のいかなる禁止又は制限も新設し，又は維持してはならない」と規定する。すなわち，数量制限を一般的に禁止している。数量制限措置は，関税と比べて国内産業保護の度合いが強く，直接的に自由貿易を歪曲する効果が大きい措置と考えられるからである。

GATT上，例外的に数量制限を認める規定もある。たとえば，食糧等の危機的不足（11条2項(a)）や国際収支の擁護（18条）の場合などである。しかし，これらの例外は，GATT上も正当とされている政策根拠に基づく措置であって，限定的な条件の下で許容するものである。

無差別原則　差別の除去のために，外国産品間の差別を禁止する「最恵国待遇」と，外国産品と内国産品の間の差別を禁止する「内国民待遇」が規定されている。

(1)　最恵国待遇　GATT 1条1項は，関税，輸出入規則，輸入品に対する内国税及び内国規則について，他国の産品に対して与える利益，特典，特権又は免除を，他のすべての加盟国の同種の産品に対しても，即時かつ無条件に与えなければならない旨を定めている。これが，一般的最恵国待遇の義務である。たとえば，A国とB国がそれぞれA国の産品αとB国の産品βに対して相互に関税の引き下げを行った場合に，加盟国であるA国は，他の加盟国がA国の産品αに対する関税の引き下げを行わないときであっても，即時かつ無条件に，他のすべての加盟国の同種の産品（β）に対して関税の引き下げを行わなければならないことになる。

実務上，「同種」の認定について争われることが多いが，①産品の物理的特性・性質，②用途，③消費者の嗜好，④関税分類の4要素によって判断すべきであると解されている。

また，他国の産品に「利益，特典，特権又は免除」（有利な待遇）を与えたか否かも問題となるが，輸入相手国によって異なった関税率を定めていれば，差別的な待遇と認定されよう。特定国を明示しない場合でも，同種の産品と考えられる産品の間で異なった扱いをすることで，事実上，特定の加盟国の産品が差別される結果となれば，最恵国待遇義務に違反するとされよう。

なお，GATTでは，このほか，数量制限や関税割当を行う場合にも，すべての国の同種の産品に対して無差別に行わなければならないこと等を定めている（GATT13条など）。

他方で，最恵国待遇原則の例外として，関税同盟・自由貿易地域について，厳格な条件の下で，これを1つの国のように扱うことを認めている（GATT24条）。また，開発途上国産品に対して最恵国待遇に基づく関税率より低い税率が適用される仕組み（一般特恵制度）が，1994年GATTで認められている。

(2) 内国民待遇　GATT3条1項は，輸入品に対して適用される内国税や国内法令について，同種の国内産品に対して与える待遇より不利でない待遇を与えなければならない旨を義務づけている。また，同条4項は，他の加盟国からの輸入産品については，すべての法令および要件に関し，同種の国内産品に与えられる待遇より不利でない待遇を与えなければならない旨を定める。このように，外国産品と国内産品との間で待遇を差別しない義務が，内国民待遇の義務である。

この内国民待遇の義務違反が問題となることが多い。各国は，自国の国内政策目標を実現するために多種多様な国内法を制定するが，一見すると中立的にみえる国内法上の規則・規制が外国産品に対して差別的な効果を伴うことがあるためである。たとえば，国内の衛生・安全のための技術的な規則や標準が，外国産品にとって不利となる場合がありうる。

「不利でない待遇」は，形式的に同等な待遇を意味するのではない。異なる取扱い自体は可能であるが，その取扱いが不利な結果をもたらすかどうかである。この判断にあたっては，その取扱いが競争機会の実効的な平等性に影響を与えたか否かが基準になるとされている。また，ある措置が「不利でない待遇」であるか否かの認定する際に，規制目的を考慮すべきか否かも争われている。規制目的は，GATT20条の文脈で考慮すべきで，3条4項では考慮しないとの判断もあるが，当該措置の政策目的・規制目的を考慮すべきであると主張する加盟国も多い。

内国民待遇の例外として，政府調達については国内産品を優先的に購入することが認められている（GATT3条8項(a)）。もっとも政府調達協定の加盟国については，同協定上で内国民待遇原則が規定されているため，同原則が適用される。このほか，国内生産者のみに対する補助金（同条項(b)）などの例外がある。

一般的例外と安全保障例外　上記の通り，GATT/WTO協定は，貿易自由化を促進し，多角的貿易体制を発展させるために，譲許税率を超える関税賦課の禁止，数量制限の禁止，最恵国待遇，内国民待遇などの原則を定めている。しかし，各加盟国は，自国の正当な政策を実現するため，種々の国内措置を採る必要が出てくる。他方で，各加盟国の国内政策措置を無制限に許容すれば，正当な政策を名目とした保護主義的措置が濫用される危険もある。そのため，貿易自由化の原則と国内政策措置との調整が必要となる。

そのための調整として，GATTは，一般的例外と安全保障例外を定める。第1に，一般的例外について，GATT20条は，公衆道徳の保護や人の生命・健康の保護のために必要な措置，有限天然資源の保全に関する措置など，一定の正当だと考えられる国内措置について，義務違反からの免責を認める。ただし，免責が認められるためには，これらの措置が，恣意的もしくは不当な差別の手段となるような態様でまたは貿易に対する偽装した制限となるような態様で措置を適用していないことを示す必要がある（同条柱書）。

第2に，GATT21条は，安全保障に関する措置についての例外を定める。20条柱書のような濫用防止の定めがおかれていないことから，措置の適用については国家の裁量が広く認められると解されている。

貿易救済ルール

貿易救済措置とは，一定の原因により輸入が輸入国に被害を与える場合に，その輸入を制限し，一時的に国内産業を保護できる措置をいう。一時的に国内産業を保護する措置をとることができるという仕組みを組み込むことで，加盟国が安心して自由化交渉を進められるように考えられたものである。貿易救済措置として，「相殺関税措置」，「アンチダンピング措置」，および「セーフガード措置」の3つが認められている。

第1に，相殺関税措置は，輸出国において補助金が交付されて製造された産品が，低い価格で輸出され，輸入国の（輸入品と競合する）国内産業に損害が発生した場合に発動ができる措置である。GATT 6条，16条および補助金協定が定める要件の下に，補助金を相殺するために関税を課す措置をとることができる。

第2に，アンチダンピング措置は，私企業がダンピング（輸出価格が輸出国内の国内価格を下回ること）をして産品を低い価格で輸出し，輸入国の国内産業に損害が発生した場合にとることができる措置である。GATT 6条およびアンチダンピング協定の定める要件の下に，ダンピングを防止するために関税を課す措置をとることができる。

第3に，セーフガード措置は，輸入の急な「増加」という事実により，輸入国の国内産業に損害が発生した場合にとることができる措置である。GATT19条およびセーフガード協定が定める一定の要件の下に，輸入の急増を制限するために，輸入制限あるいは関税の引き上げ措置をとることができる。

3 WTOにおける貿易紛争の解決手続

WTO体制の特徴は，強力で統一的な紛争解決手続の存在である。WTO紛争解決手続は，附属書2「紛争解決に係る規則及び手続に関する了解」（DSU）に定められている。

WTO紛争解決手続の特徴は，「強制管轄」と「手続の自動化」の2点にある。本来であれば，国家間の紛争に関して裁判を行うためには，紛争当事国の同意が必要である。通常は，紛争発生後に当事国の間で裁判に関する合意を行うことになる（任意管轄）。これに対して，DSU 1条1項および23条1項は，WTO 協定に関して生じた紛争を DSU に定める規則・手続（WTO 紛争解決手続）に付託することの事前合意を定めている。その結果，申立国は，被申立国の同意がなくとも，WTO 紛争解決手続を利用することができる。これが強制管轄である。

また，DSU によれば，いったん手続が開始されると，それはほぼ自動的に進行することになっている（手続の自動化）。1947年 GATT の下では，手続の進行に全締約国のコンセンサスが必要とされたため，手続の停止・遅延が生じていた。しかし，DSU の下では，全 WTO 加盟国によって構成される「紛争解決機関（Dispute Settlement Body）」（DSB）が，手続上の，ある行動をとらないことをコンセンサスで決定（ネガティブ・コンセンサス）しない限り手続は進行する。手続の進行について，申立国は必ず賛成するはずであるから，ネガティブ・コンセンサスの成立は考えられず，したがって「手続の自動化」が確保されていることになる。

WTO 紛争解決手続は，①協議，②パネル（小委員会），③上級委員会，④実施（履行），の4段階に分けられる。第1に，WTO 紛争解決手続では，協議前置主義がとられている（DSU 4条）。申立国は，パネル・上級委員会という裁判手続に進む前に，協議要請しなければならない。

第2に，申立国がパネル設置要請を行うと，パネルの設置がほぼ自動的に決定されることになる（前述の通り，ネガティブ・コンセンサスで決定されるため，パネル設置を行わないとの決定がされることは考えられない）。パネルの構成は，紛争ごとにアドホックに3名が選任される（DSU 6条以下）。

第3に，パネルの判断に不服のある場合には，上級委員会への上訴の機会が与えられている（DSU17条以下）。上級委員会は，パネルとは異なって常設の制度であり，7名の委員が4年の任期で務める。3名の委員がローテーションで上訴案件について審理する。なお，パネルで審理された件数のうち約6割が上訴されている。

第4に，パネルあるいは上級委員会の判断は「報告」としてまとめられ，この報告が DSB においてほぼ自動的に採択される。DSB の採択によって「勧告又は裁定」が出される（これが「判決」に相当する）（DSU21条）。そして，判決の実施（履行）の段階に移る。被申立国がまったく履行しない場合には，「対抗措置」として，申立国は，被申立国からの輸出品に対して関税の引き上げを行うことができる（22条2項）。

なお，WTO紛争解決手続は，国家対国家の紛争解決手続であり，私人や企業に提訴権が与えられていない。したがって，**【設例11－1】**では，日本政府が申立国として，S国政府を相手にDSUに基づく協議要請を行うことは可能であるが，XがWTO紛争解決手続を利用することはできない。ただし，現実のWTO紛争解決手続では，国家が他国をWTOに提訴する場合に，当該外国の措置について輸出業者である国内企業から情報を得ることも多い。また，履行の段階でも，被申立国の国内企業からのプレッシャーが被申立国による判決遵守の原動力となっているとの指摘がある（被申立国には，申立国の対抗措置によって輸出ができなくなる輸出業者だけでなく，判決の履行によって従来の保護を奪われる国内生産者も存在することにも留意を要する）。このように，WTO紛争解決手続においても国際取引に関係する企業の利益が密接に関係している。

4 自由貿易協定（FTA）

近時，上級委員会の委員の選任ができずに上級委員会が審理するための定足数を満たせなくなるなど，WTOの機能不全が指摘されている。他方で，「自由貿易協定（Free Trade Agreement）」（FTA）の役割も増大している。自由貿易協定は，2カ国以上の国家間で相互に貿易上の特別な待遇を与えるために締結されるもので，WTOの下でも一定の条件を具備する限りにおいて例外として許容されている（GATT24条）。

近年は，広域の多数国間で締結される「メガFTA」または「広域EPA」とよばれる交渉も注目を集めており，日本も積極的に交渉に参加している。たとえば，2018年2月に発効した「環太平洋パートナーシップに関する包括的及び先進的な協定」（CPTPPないしTPP11），2019年2月に発効した「日EU経済連携協定」，2022年1月に発効した「地域的な包括的経済連携協定」（RCEP）などである。

Ⅱ 投　　資

【設例11－2】 A国の企業Xは，B国政府との間で資源開発協定を締結し，B国政府から許可を得た上でB国内に石油掘削施設を設置した。その後，B国で政変があり，B国の新政府はXの施設および当該施設内にあった石油を収用（国有化）した上でB国の国営企業Yにそれらを売却した。Xは，B国が資源開発協定に違反したと主張し，被った損害の賠償を求めてICSID仲裁を申し立てた。

1　投資に関する公法的規制とBIT

「投資（investment）」とは，一般に，収益獲得を目的として資金（元本）を投下することをいう。そのうち国境を越える資金投下（資本の国際的移動）を伴うものを国際投資という。具体的には，①A国の企業がB国において支店の開設，現地法人の設立，あるいは工場の建設を行う場合や，②C国人が利息や配当金を得るためにD国の企業の社債や株式の購入を行う場合などである。①のように，企業の支配をもっぱら目的とする場合を直接投資といい，②のように，資金の効率的な運用を主たる目的とする場合を間接投資という。本節では国際的な直接投資を主対象とする。

貿易と投資　国際投資は，貿易とならんで国際取引上もきわめて重要な位置を占める領域である。とくに近年の経済・市場のグローバル化に伴う企業経営の国際化の進展により，国際投資の総額は大きく伸びている。各国も，自国の経済成長のために外資導入を積極的に図り，投資の受入環境を整備する傾向にある。その意味で，国際的な資本移動は，かつてと比べると安全かつ自由になりつつある。企業としても，投資環境や市場の状況によっては，自国で生産した物品を輸出する方法よりも市場国で工場等を設置して生産する方が効率的な場合もある。

しかし，貿易と比較すれば，国際投資の制限および危険は依然として少なからず存在する。第1に，貿易についてはGATT /WTOのような包括的な国際体制・国際規範が存在するが，国際投資については，包括的な多数国間の国際規範が存在していない。1990年代に投資自由化等を目的とする多数国間投資協定（MAI）の締結交渉が開始されたが，途上国の環境基準・労働基準の引き下げにつながるおそれがあることや，予定された紛争解決方法や自由化・保護の水準の高さを受け入れられない国があったことなどから，最終的に交渉は失敗に終わった。第2に，投資は投資受入国の国内法の多様な事項と関連することから投資受入国によるさまざまな規制が存在し，また投資は長期にわたることが多いことから投資受入国の法規制・政策の変更による不測の影響を受けやすい。とくに直接投資の場合には，実物資産自体が外国に所在していること，資金だけでなく投資とともに人・物・権利なども移転していること，投資額も通常巨大であること，および長期継続的観点から策定されている企業の事業計画の根本に影響する場合が多いことなどから，貿易の場合と比べ，不測の危険の度合いはきわめて大きいと考えられる。

投資保険　このような危険を軽減する1つの方法が保険である。多くの先進国では，自国企業の途上国への国際投資を促進する目的で，投資に伴う危険を低減するための投資保険が準備されている。わが国においては，「貿易保険法」によって海外投資保険が制度化されており，株式会社日本貿易保険が海外投資保険を引き受けている。海外投資保険により，戦争危険，収用危険，送金危険などの非常危険について回収不能な損失の大部分が填補されうる。

また，国際的な平面では，1988年に「多数国間投資保証機関（Multilateral Investment Guarantee Agency）」（MIGA）が設立されている。MIGAは，加盟国である途上国向けの一定の国際投資について，戦争危険，収用危険，送金危険および投資受入国による契約違反の危険から生ずる損害の保証（保険）を提供している。このような国際投資に伴う非商業的危険（非常リスク）につき保証（保険）を与えることにより，投資の保護を図るものである。これにより，加盟国間（開発途上国向け）の投資の拡大が図られることになる。MIGAによって，各国の投資保険の不統一の補完が可能となり，また投資保険制度を有しない国の投資家もMIGAによる投資保険によって投資リスクの低減が可能となる。さらに，MIGAが世界銀行グループに属することから，投資受入国に対する世界銀行の力（交渉力，心理的効果，情報と危険分析など）も利用することができるという利点を，この仕組みは有している。

2022年5月末時点で，MIGAには，日本を含む先進国28カ国と途上国154カ国が加盟している。先進国の多くでは政府等による国際投資保険が整備されているため，実務では，多数の投資家による大規模投資であっても，原則として各々が自国の保険当局に付保し，分割が非効率な部分についてのみMIGAに付保することが多いようである。

企業による事前調査　保険による危険の軽減策があるとしても，投資に伴う危険を軽減するための基本的な方法は，やはり投資受入国（ホスト国）の投資環境の調査である。企業が投資を行う際には，ホスト国のさまざまな事情を慎重に調査をするのが通常である。具体的には，①地勢，気候，風土，人口，文化，宗教，生活水準，インフラストラクチャーの整備状況などの一般的環境，②国有化の可能性，政権・政策の安定性，政治紛争の可能性などの政治的環境，③経済成長の動向，国際収支の動向，金利や物価の動向などの経済的環境，および，④外国資本に対する法規制，会社に対する法規制，税制，労働法制，環境法制，紛争処理法制などの法律的環境に分類することができる。法律的環境の中で特に重要なのが，ホスト国の「二国間投資協定（Bilateral Investment Treaty）」（BIT）の有無である（実質的には投資協定を含むFTAがあることにも留意を要する）。後述する通り，BITでは，投資財産の保護，投資自由化のほか，投資家である企業が利用できる投資紛争の解決手続としての仲裁を定めることが多いからである。

以上のような諸事項の調査検討に基づき事業性の有無を判断した上で，投資先国としての適切性，投資予定額，最適な投資形態（単独か共同か，支店か現地法人か，法人かパートナーシップかジョイント・ベンチャーか，設立か買収か，など）や投資スケジュールなどを決定することになる。

2　BITの実体的ルール――投資保護と投資自由化

一般国際法上，国家は外国人の入国を認める義務を負っていないし，入国を認める場合にも在留条件を付する広範な裁量権を有する。また，自国領域内における外国人の経済的諸活動に対して制限を課することも認められてきた。結局，国家は，外国企業に自国市場への参入を認める義務も，自由な事業活動を保障する義務も負っていないのである。実際に，鉱業，運輸業，通信業，金融業などの分野では，外国企業の参入を規制する国が多い。また，外国企業の参入を認める場合でも，その条件として一定の要件（履行要求ないしパフォーマンス要求：performance requirements）を課すことが多い。履行要求の具体例としては，現地産品の使用義務，製造品の輸出義務，現地人の出資義務，現地人の雇用義務，役員等の国籍制限，為替制限，技術移転要求などがあげられる。投資家（多くは先進国の大企業）の視点から，このようなホスト国による履行要求を制限し，投資の自由を確保するためには，国家間の条約（BIT など）によって投資受入国に国際法上の義務を課すことが必要となる。

投資保護の問題についても，一般国際法上，国家に広範な裁量権が認められている。たとえば自国所在の外国人財産に対して国有化を行うことも，国家の権利と認められているといえよう。ただし，一般国際法上，外国人財産を保護する義務が認められていることから，国家がまったく自由に国有化措置をとることができるわけではない。国有化の適法化要件につき，「十分な，実効的な，迅速な」補償が要求されるか，それとも適当な補償で足りるかという点が，先進国と途上国との間で激しく争われている。いずれにせよ投資家からみれば，一般国際法の内容は，不明確ないし不十分なものである。そこで，ホスト国との契約に基づき資源開発事業を行う企業などは，当該契約中に投資保護の条項をおく。しかし，このような投資受入国の約束は，所詮，投資受入国対企業の間の「契約」でしかなく，実際上，十分な拘束力をもつものではない。また，多数の企業はホスト国と直接の契約に基づくことなく投資を行うのが通常である。このような企業の見地からすれば，投資保護の問題についても，BIT などによってホスト国に明確な投資保護についての国際法上の義務を負わすことが望ましい。

このような背景もあり，経済のグローバル化に伴い，多数の BIT が締結されてきた。BIT は，投資家が安定的かつ予見性をもって投資活動を行うための法的枠組みを定める国家間（通常は二国間）の協定である。BIT には，投資参入後の投資財産の保護（最恵国待遇，内国民待遇，公正かつ衡平な待遇，不当な収用の禁止，紛争解決手続など）についてのみ定める「保護型 BIT」と，これに加えて投資参入段階における内外無差別等の投資自由化についても規定する「自由化型 BIT」がある（保護型と自由化型の双方の性質を有する BIT も多い）。以下では，実務上も重要な，1989年発効の「投資の奨励及び相互保護に関する日本国と中華人民共和国との間の協定」（日中投資協定）および2002年発効の「新たな時代における経済上の連携に関する日本国とシンガポール共和国との間の協定」（日星 EPA）を題材として BIT の実体的ルールの概要をみていく。

第１に，日中投資協定は，その適用範囲に関係する「投資財産」や「国民・会社」という用語を定義する（１条）。国民とは当該国の国籍を有する自然人であり，締約国の会社とは当該国の法に基づき設立され，かつ，当該国の領域内に住所を有する会社である。日星 EPA は，適用範囲を一方の締約国の領域内にある他方の締約国の投資家もしくはその投資財産に関する措置を対象とすることを明らかにした上で，他方の締約国の「投資家」，「投資財産」などの意義を詳細に定める（71条・72条）。

第２に，投資許可について，日中投資協定は，日中両国は相互に最恵国待遇（第三国の国民・会社よりも不利でない待遇）を与える（２条）。投資財産，収益および投資に関連する事業活動（事業施設の維持，会社の経営，労働者の雇用，契約の締結など）については，最恵国待遇だけでなく，内国民待遇（自国の国民・会社よりも不利でない待遇）も与えられる（３条）。もっとも，公の秩序，国の安全または国民経済の健全な発展のため真に必要な場合においては，内国民待遇を与えなくともよい（議定書３）。日星 EPA は，内国民待遇（73条）に加えて，裁判を受ける権利（74条），履行要求の禁止（75条）などを規定する。

第３に，BIT の中には，ホスト国の公正・衡平待遇義務を定めるものもある。日星 EPA77条は，「投資財産に対し，公正かつ衡平な待遇並びに十分な保護及び保障を与える」と規定する（なお日墨 EPA60条も参照）。ただし，公正・衡平待遇の意義・内容については，国際慣習上の最低基準を確認するものにすぎないという考え方とそれ以上の待遇を与える趣旨と解する見解が対立している。最終的には個々の BIT の文言や目的に照らして解釈されることになろう。

第４に，収用・国有化を行う条件について，日中投資協定は，公共のため，法令に従い，差別的なものでなく，補償を伴うという条件を定める。しかも，この補償は，収用・国有化措置がなかった場合と同一の財産状況におくものでなければならず，遅滞なく，実際に換価可能なものでなければならない（５条）。日星 EPA77条も，収用・国有化を行う条件をさらに詳細に規定する。

第５に，企業と国家の間の協議で解決できなかった投資紛争については，双方の仲裁合意に基づく仲裁によって解決することになろう。日中投資協定によれば，収用・国有化措置の際の補償の価額に関する紛争については，個別の仲裁合意がなくとも，仲裁に付されうる（11条）。日星 EPA では，ICSID 仲裁への付託も可能である（82条）。

3 ICSID を利用した投資紛争の解決手続

国際投資紛争の解決は，裁判ではなく仲裁によって解決されることが多い。というのは，裁判での解決が現実的ではないからである。すなわち，ホスト国での裁判ではホスト国の公法が直接に適用されるため，投資家の請求・救済が認められる可能性が低く，ホスト国以外の国での裁判ではホスト国に裁判権免除が認められる可能性が高く，裁判自体ができない可能性が高いからである。

ICSID 仲裁による投資紛争の解決については，「投資紛争解決国際センター（International Center for Settlement of Investment Disputes）」（ICSID）が重要な役割を果たしている。ICSID は，1966年発効の「国家と他の国家の国民との間の投資紛争の解決に関する条約」（ICSID 条約）に基づき設置されたものである。2022年５月末時点で，日本を含む157カ国がこの条約の締約国となっており，伝統的に自国裁判所による解決を主張してきたラテン・アメリカ諸国の多くもこの条約の締約国となっている。2021年末時点までに ICSID に付託された事件数は，計869件である。

ICSID 仲裁は，原則として ICSID 条約（国際法）に規律されるという特徴をもつ。ICSID 付託同意は文書で行わなければならないが，その形式は自由である。当事者が ICSID 付託の同意を行った場合には，事後になって一方的に付託同意を撤回することはできない。また，ICSID 仲裁付託の同意は，別段の意思表示がない限り，他の紛争解決手続への依拠を排除する趣旨とみなされる。ICSID が下した仲裁判断については，すべての締約国が承認・執行義務を原則的に負う。ICSID は独立の機関ではあるが，途上国に対する強い影響力をもつ世界銀行グループに属することを考慮すれば，ICSID 仲裁は，かなり実効的な投資紛争解決手続であると評価することができよう。

ICSID仲裁の対象　ICSIDは，原則として，①締約国と他の締約国の国民（自然人および法人を含む）との間で，②投資から直接生ずる法律上の紛争であって，③両紛争当事者がICSIDに付託することにつき文書により同意したものにつき管轄を有する。ただし，1978年の規則により，ICSIDへの付託同意があれば，紛争当事国（ホスト国）または紛争当事者の所属国（ホーム国）が締約国でなくとも，あるいは，投資から直接生じない紛争であっても，ICSIDの施設の利用が可能となった（1978年追加制度利用規則2条）。

前述の通り，当事者がICSID付託同意を行った場合には，事後になって一方的にこれを撤回するはできず，ICSIDが下した仲裁判断については，すべての締約国が承認・執行義務を原則的に負う。ICSID仲裁は，実効的な投資紛争解決手続であり，実務上も，投資契約中にICSID仲裁付託条項をおくことが多い。**【設例11－2】**で，A国もB国もICSID加盟国である場合であって，XB間の資源開発協定（投資契約）中にICSID仲裁付託条項が定められていたときには，XはB国政府を相手として，ICSID仲裁の申立を行うことができよう（25条）。

しかし，投資家とホスト国との間の投資契約中にICSID仲裁付託条項を定めることは，両者の交渉力の差を考えると，必ずしも容易ではない。投資契約中にICSID仲裁付託合意がない限り，XによるICSID仲裁付託は認められないのであろうか。この点につき，A国とB国の間にBITが締結されており，当該BITで，ICSID仲裁による解決が規定されていたときには，B国政府の措置がBIT上の義務違反となる限り，XによるICSID仲裁の申立てが認められるとの見解が有力に主張されている。この見解によれば，BITの当事国であるB国は当該BITの締結によってICSID仲裁に事前に同意しており，XのICSID仲裁の申立によって，ICSID仲裁付託の「合意」が成立すると解するのである。

なお，ホスト国の措置が，投資家とホスト国との間の投資契約違反やホスト国の国内法には違反するが，収用や衡平待遇に関するBIT上の義務には違反しないという場合もありうる。しかし，このような場合であっても，ホスト国による契約上または国内法上の義務違反をBIT上の義務違反とする内容の条項（義務遵守条項やアンブレラ条項とよばれる）が当該BITに定められているときには，BIT上の義務違反であるとして，投資家としてはホスト国を相手としてBIT上のICSID仲裁付託条項に基づいてICSID仲裁の申立てができるとも考えられる。もっとも，BIT上の条項が義務遵守条項に該当するか否かの認定も，BITの文言によって異なりうる。

ICSID仲裁における適用法規　ICSID仲裁においては，第1に，当事者が適用法規を決定することができ，第2に，当事者間に適用法規に関する合意がない場合，仲裁法廷はホスト国法（国際私法を含む）と国際法を適用する（42条(1)）。当事者が選択する適用法規も国家法に限定されず，国際法や法の一般原則を選択することもできる。したがって，非国家法選択条項は有効とされよう。また，当事者が準拠法を選択していない場合には，ホスト国法と国際法が適用されることになるが，ホスト国となることが多い途上国の国内法の整備が進む一方で，契約関係における権利義務を判断する際に利用可能な精緻な国際法ルールが未だ存在していない現状では，実際には，ホスト国の国内法が適用されることが多い。

なお，国際法上，安定化条項の効力が認められるか否かについて，合意は遵守しなければならないとの原則を重視して効力を認める見解と，国家主権を尊重して効力を認めないとの見解が対立する。そこで，最近は，安定化条項ではなく，一定の事情変更があった場合には経済的な均衡を維持するための再交渉義務を当事者に課すという条項（再交渉条項）をおくことも多い。ただし，再交渉条項も，再交渉義務が生ずる条件を事前に詳細に定めることが困難であり，また，再交渉自体が実際上は当事者の善意に依存するものであることから，必ずしも実務上の必要性に十分対応できているわけではない。

Ⅲ　競　　争

【設例11－3】　競争関係にあるA国の複数の事業者は，B国向け輸出品に関し，一斉に価格引き上げを行うことを申し合わせ，実際に値上げを行った。この場合に，B国の当局は，B国法を適用して，A国の事業者を取り締まることができるか。

1　競争に関する公法的規制と競争法

「競争（competition）」とは，物品やサービスの購入者を求めて，価格や品質などについて企業が他の企業と競い合うことをいう。

各国は，自国市場における自由かつ公正な競争を確保するため，競争法を制定し，競争制限行為や不公正な競争行為に対する公法規制（や私法上の規制）を行っている。たとえば，米国ではシャーマン法（1890年），クレイトン法（1914年），連邦取引委員会法（FTC法：1914年）およびこれらの修正法をあわせた反トラスト法，EUでは「欧州連合の機能に関する条約」（EU機能条約）101条から106条と企業結合に関する理事会規則，日本では「私的独占の禁止及び公正取引の確保に関する法律」（独禁法）が，これ（競争法）に該当する。

競争法による具体的な規制内容は国によって異なるが，通常は，①競争関係にある企業間による競争制限的行為（水平的制限），②取引関係にある企業間による競争制限的行為（垂直的制限），③支配的地位にある企業等による市場の支配・排除行為，④M＆Aに対する規制を行うことが多い。

第１に，水平的制限行為としては，カルテルが代表的なものである。カルテルとは，競争関係にある企業が話し合いで価格引き上げや生産数量の調整，市場分割などを行うことで利潤を増大させようとする行為をいう。カルテルは，価格メカニズムの機能を妨げるものであって，市場経済体制に対する直接的な侵害行為であることから，各国の競争法でも厳格な規制を行っている。

第２に，垂直的制限行為には，再販売価格維持行為や抱き合わせ，地域・顧客の制限，排他的取引契約など多様な類型がある。

第３に，支配・排除行為とは，市場で十分な市場シェアを有する企業や，価格をコントロールできる状態にある企業などが，その地位を不当に利用してその市場や他の市場を支配・制圧しようとする行為である。このような行為は，本来の市場メカニズムをゆがめる効果を有するため，各国の競争法でも規制されている。

第４に，M＆Aとは，合併（Merger）により，複数の会社が法的に１社になること，および，買収（Acquisition）により，複数の会社が法的には別会社として存続するものの，株式保有等によりある会社の支配下に入ることをいう。M＆Aにより，単純に競争者が減って協調的行動が起こりやすくなったりするため，競争法の規制の対象とされることが多い。

競争法の執行については，政府の中の独立した機関（競争当局）が担当するのが通常である。また，私人による損害賠償請求や差止請求などの私訴を積極的に認める国もある。

2 各国競争法の域外適用

企業活動のグローバル化に伴い，自国領域外で行われた競争制限行為であっても，自国市場に影響を与える場合には，自国競争法の適用が必要とされる。これが，競争法の域外適用であり，実際に自国競争法の域外適用を認める国も増えている。というのは，競争制限行為が行われた国で競争制限の効果が出ない場合などには，行為地国の当局が当該行為に対して関心をもたないということがありうるからである。この場合に，行為地国の競争法による規制は期待できない。むしろ一番関心を有するのは，競争制限行為の効果が生ずる国であり，その国の競争法による規制が求められるのである。このような考え方を前提にすれば，**【設例11－3】**でも，B国の当局は，B国法を適用してA国の事業者を取り締まることができると解すべきであろう。

我が国の実務も域外適用を肯定しており，外国企業を排除措置命令や警告の名宛人とすることなどが行われている。また，ブラウン管国際カルテル事件（2009年）では国際的な価格カルテルを行っていた日韓のメーカーに排除措置命令が行われるとともに，マレーシア・インドネシア・韓国・タイに所在する子会社等に対して課徴金納付命令が行われた（最判平成29・12・12も，本件における独禁法の適用を肯定した）。

このように，競争法の域外適用は，主として自国市場における自由かつ公正な競争を維持するためのものである。また，競争政策の名の下に，GATT/WTO協定などの国際ルールに違反するような自国産業保護措置がとられるおそれがあることにも留意すべきであろう。

3 競争政策の国際的協調

国際的な視点からは，GATT/WTO協定などによる貿易の自由化が進むにつれ，国際的な競争政策による競争制限行為の規制が一層必要となる。というのは，国際的な経済活動を行う企業が国際的に結合して市場を支配し，国際市場を分割するカルテルその他の競争制限的な行為を行えば，せっかく実現した貿易障壁の削減による自由化効果が相殺されてしまうからである。

しかし，現実には，国際的な競争政策を策定する組織も，国際的な競争法も存在していない。緩やかな形で，競争政策の国際的協調が図られている。たとえば，市場経済体制をとる先進国30カ国によって構成されている「経済開発協力機構」（OECD）は，競争委員会において，競争政策の国際的調和や加盟国における競争法執行の協力促進を行っている。1998年「ハードコア・カルテルに対する効果的な措置に関する理事会勧告」では，加盟国が積極的礼譲によって相互に協力することを勧告し，2005年には企業結合審査に関する理事会勧告を採択するとともに，ハードコア・カルテル審査における競争当局間の情報交換のためのベスト・プラクティスを取りまとめた。

また，各国競争当局による競争法執行や競争政策の収斂を目的として，2001年に「国際競争ネットワーク」（ICN）が設立された。ICN は国際法人格を有する国際機関ではなく，各国競争当局の代表者によって構成された運営委員会によって運営されている。ICN は，ワークショップなどを開催し，報告書やベスト・プラクティスの作成・公表，途上国への技術支援などを行っている。

このほか，競争法運用に関する二国間協力協定は，国際カルテル等の摘発において重要な役割を果たしている。

第12章 国際取引紛争の解決手続

I 裁　判

1 裁判権と国際裁判管轄権

裁判権と国際裁判管轄権

裁判権とは，自らの司法機関によって紛争処理を行う国家の権能のことである。裁判権は，国家主権に由来するため，主権の及ぶ範囲内，すなわち自国の領域内では，原則すべての物，人に対して及ぶことになる。それに対して，国際裁判管轄権とは，裁判権の行使が許される場合に，当該裁判権を行使して実際の裁判を行うことが許されるのはどの国かを決定するための概念である。両者の違いは制約の面から説明するとわかりやすい。裁判権が制約される場面は，国家の主権が抵触する場合である。原則として，国家は平等であるため，ある国が他国の主権に服することはない。したがって，原則としては，ある国が他国の裁判権に服することはないのである。これを外在的制約ということがある。一方，国際裁判管轄権の問題は，裁判権の行使は許されているものの，当事者の衡平や裁判の適正などの観点から，ある国家が，自発的に，自らの裁判権の行使をひかえるべきか否かが問われる問題である。これを内在的制約ということがある。

国際取引紛争において，裁判権の行使が外在的制約から認められない場面は，国家ないしはそれに準ずる人が関係する事件であるために，裁判権の免除が認められる場合に限られる。したがって，私人間の国際取引紛争において主として問題となるのは国際裁判管轄権の局面であり，裁判権免除の局面で問題が発生する場面は限定的である。

裁判権（主権）免除

上で述べたように，裁判権の行使は主権の行使の一態様であり，原則として，他の国家や国家に準ずる法人・自然人に対して裁判権を行使することは，国際法上認められず，裁判権が免除される。他方，国家や国家に準ずる法人・自然人であっても，国際取引の当事者となることに何らかの制限があるわけではない。それでは，国際取引の一方当事者が国家あるいは国家に準ずる主体である場合に，当該取引に関連して紛争が生じたとき，相手方当事者は当該国に行かなければ権利の救済を受けることができないのであろうか。

たしかに，かつては，原則としての裁判権免除を広く認め，国家が自発的に裁判権に服するなどきわめて例外的な場合にのみ，他国の裁判権に服することを認める見解が主流であった（絶対免除主義）。しかし，国家が商取引の当事者となっているなど，私人と同じような行為を行っている場合にあえて裁判権を免除するのは，取引の安全や相手方の権利保護の観点から許されるべきではないだろう。現在では，このような観点から，非主権的行為（業務管理的行為や私法的行為，商業的行為ともよばれる）については，裁判権の免除を認めないとする見解が主流である（制限免除主義）。最高裁も平成18・7・21判決（民集60巻6号2542頁）で制限免除主義に立つことを明らかにし，その後平成22年に「外国等に対する我が国の民事裁判権に関する法律（以下，裁判権免除法）」が施行され，日本における制限免除主義は揺るぎないものとなった。

裁判権免除法では，原則として外国国家の裁判権免除を認めつつ（4条），①外国等の明示の合意がある場合（5条1項），②当該外国以外の国の国民や法人等とした商業的取引に関する裁判手続（8条1項），③当該外国等と個人との労働契約であって，日本国内において労務の全部または一部が提供されたか，されるべきものに関する裁判手続（9条1項），④当該外国等が責任を負うべきものと主張される行為によって生じた人の死亡，傷害，または有体物の滅失・毀損の全部または一部が日本国内で行われ，かつ行為者が行為の当時日本にいた場合，これによって生じた損害等の金銭による填補に関する裁判手続（10条），⑤日本に所在する不動産に係る一定の裁判手続（11条）などについて裁判権が免除されない旨規定する。また，同法は，2004年に国連で採択された「国及びその財産の裁判権からの免除に関する国際連合条約」（2022年3月時点で未発効）をふまえたものであり，内容をほぼ一にする。

2 国際裁判管轄

【設例12－1】 日本人ビジネスマンＡ（名古屋に住所）は，出張先のマレーシア国内で，ペナンからクアラルンプールまで，Ｙ航空（マレーシア法人，クアラルンプールに本店，東京に営業所あり）の運行する国内便の航空券を購入し，搭乗した。ところが，Ａの乗った飛行機はマレーシア領海で墜落してしまい，Ａは死亡した。Ａの遺族Ｘ（名古屋に住所）がＹに対してＡの死亡に基づく損害賠償を請求する場合，日本の裁判所に国際裁判管轄は認められるか。

国際裁判管轄一般

平成23（2011）年の民事訴訟法改正以前は，マレーシア航空事件最高裁判決（最判昭和56・10・16民集35巻７号1224頁）や，ファミリー事件最高裁判決（最判平成９・11・11民集51巻10号4055頁）に基づき，①わが国には国際裁判管轄に関する制定法，条約等は存在していない，②したがって，当事者間の公平や裁判の適正・迅速を考慮し条理に基づいて国際裁判管轄を決定する，③そのためには民事訴訟法の国内の土地管轄の規定を参照することができるが，④それを適用した結果が当事者間の公平や裁判の適正・迅速を害する場合には，日本の国際裁判管轄権を認めないとする特段の事情があると判断する，というロジックで，国際裁判管轄権の問題を処理していた。

平成23年の民事訴訟法改正により，基本的には上記特段の事情枠組みを組み入れつつ（民訴法３条の９），新たな国際裁判管轄権の基準が定められている。以下個別の管轄原因について概観する。

被告の住所等による管轄

(1) 自然人の住所　　民事訴訟法３条の２は，被告の住所に基づく管轄権の規定をおく。そのうち，１項は自然人の住所に基づく国際裁判管轄権について定める。同項によると，①住所が日本国内にあるとき，②住所が（世界のいずれの場所にも）ない，または，住所がわからない場合には，居所が日本国内にあるとき，③住所も居所もないか，わからない場合には，訴えの提起前の最後の住所が日本国内にあるとき，のいずれかの場合に，日本に管轄権が認められる。

(2) 法人の営業所　　法人に対して，住所に基づく国際裁判管轄権が日本に認められるのは，①法人の主たる事務所または営業所が日本国内にあるとき，または②事務所または営業所がないか，わからないときに代表者その他の主たる業務担当者の住所が日本国内にあるとき（民訴法３条の２第３項）のいずれかに該当する場合である。したがって，**【設例12－１】**におけるＸの訴えについて，法人の住所に基づく国際裁判管轄権は認められない。この点，国内土地管轄については，４条５項で，外国に本拠を有する法人について，わが国に所在する支店，営業所あるいはわが国において定められた代表者の住所に普通裁判籍を認める規定をおいており，それを根拠として，前述したマレーシア航空事件判決では，日本に国際裁判管轄権が認められた。しかし，この規定を国際裁判管轄の局面で適用することについては当時から批判も多く，国際裁判管轄の管轄原因としては採用されていない。

債務履行地管轄　民訴法３条の３は被告の住所に基づく管轄以外の管轄原因を定める。そのうち第１号は契約上の債務の履行地に管轄を認める，いわゆる債務履行地管轄を定める。この債務履行地管轄については，①債務履行地管轄の対象となる債務，②どのように決定される履行地について管轄が認められるのか，の２点から制限がかけられている。

⑴　債務履行地管轄の対象となる債務　　民訴法３条の３第１号は，①契約上の債務の履行の請求を目的とする訴え，②契約上の債務に関して行われた事務管理もしくは生じた不当利得にかかる請求を目的とする訴え，③契約上の債務の不履行による損害賠償の請求を目的とする訴え，④その他契約上の債務に関する請求を目的とする訴え，について，義務履行地管轄を認めると明文で規定する。また，これらの訴えについて，履行地管轄が認められる対象の債務に注意が必要である。たとえば，債務の履行の請求を目的とする訴えの場合には，履行地を考えるべき債務は請求の対象となっている債務であるが，損害賠償が請求されている場合には，損害賠償債務の履行地ではなく，損害賠償債務が生じる原因となった契約上の債務，すなわち，その不履行や不完全履行により損害賠償債務が発生したとされる契約上の本来の債務の履行地について債務履行地管轄を検討することになる。

⑵　履行地の決定基準について　　民訴法３条の３第１号は①契約上当該債務の履行地が日本国内と決定されているとき，または②契約で合意された準拠

法によれば当該債務の履行地が日本国内にあるとき，のいずれかの場合に，日本に債務履行地管轄に基づく国際裁判管轄権が認められると規定する。ここで，当事者により準拠法が選択されている場合にのみ，その法に従って定められる履行地の管轄を認めている点はとくに注意が必要である。つまり，民訴法3条の3第1号は，法の適用に関する通則法（以下「通則法」という）7条あるいは9条により準拠法が定まる場合にのみ，その準拠法によって定まる履行地に管轄を認める。結果として，客観的連結の通則法8条に従い定まる契約準拠法によって履行地管轄が発生することはない。なお，ここで準拠法として指定される法は，日本法である必要がないことも注意を要するであろう。さらに，CISG が適用される場合であっても，その適用が当事者の意思に基づかない限りは，CISG により定められる履行地に管轄が発生する余地はないと考えられる。他方，FOB 契約や CIF 契約の場合には，少なくとも物の引渡しについては履行地が合意されているとの判断になろう。

消費者契約／労働契約に関する管轄　一般契約にかかる債務履行地管轄に加えて，消費者契約と労働契約については，民訴法3条の4が特別な管轄規定をおいている。

⑴　消費者契約　　特別管轄の対象となる消費者契約は，通則法11条の消費者契約と同じ要件で，①消費者と事業者との間で締結される契約，で，かつ②労働契約以外の契約である。この場合に消費者から事業者を訴える際には，3条の2および3条の3に規定される管轄原因を利用できるほか，「訴えの提起時の消費者の住所」あるいは「契約締結時の消費者の住所」のいずれかが日本にある場合には日本の国際裁判管轄が認められる（3条の4第1項）。

それに対して，事業者が消費者を訴える場合には，3条の3の規定は利用できず，3条の2により消費者が日本に住所を有する場合に日本の国際裁判管轄が認められることになる（3条の4第3項）。それ以外では，後述のように一定の条件が満たされている場合に，合意管轄が認められる余地がある（3条の7第5項）。

⑵　労働契約　　3条の4の対象となるのは，労働契約の存否その他の労働関係に関する事項について個々の労働者と事業主との間に生じた民事に関する紛争である。労働者が事業主を訴える場合には，当該労働契約の労務提供地が

日本にあれば，日本の国際裁判管轄が認められる（3条の4第2項）。また，当該契約における労務提供地が定まっていない場合には，労働者を雇い入れた事業所の所在地が日本にあれば，日本の国際裁判管轄が認められる。当該労働契約において労務提供地が複数ある場合には，そのうちの1つが日本にあればよいとされる。複数ある場合には労務提供地が特定できない場合とする通則法12条の規定とは異なることに注意が必要である。また，消費者契約における消費者と同様に，3条の4で認められる管轄以外に，3条の3に基づく管轄も労働者は利用可能である。

他方，事業主が労働者を訴える場合には，3条の3に基づく管轄は認められず，3条の2の被告の住所地管轄によることとなる（3条の4第3項）。一定の条件の下で管轄合意が認められる場合があることも消費者契約の場合と同じである（3条の7第6項）。

財産所在地管轄　民訴法3条の3第3号は，①請求の目的が日本国内にあるとき，②金銭の支払を請求する場合に，著しく低額ではない差押え可能な被告の財産が日本国内にあるときに管轄を認める。国内土地管轄にかかる5条4号と比較すると，「担保の目的が日本国内にあるとき」が外れている。これをそのまま国際裁判管轄の基準としてしまうと，人的担保の際に保証人が日本にいるというだけで日本に管轄を認めてしまう可能性があるため，とくに排除されたとされる。また，単に「差押え可能な被告の財産」とされていた後段は，(a)金銭の支払が請求されていること，(b)財産の価額が著しく低額ではないこと，の2つの要件が加えられた。著しく低額ではないとの要件につき，その具体的な基準については今後の解釈に委ねられている。

営業所所在地管轄・事業活動管轄　民訴法3条の3第4号は，①日本に事務所または営業所を有する者に対する訴えが，②その営業所等における業務に関する場合に，日本に国際裁判管轄権を認める。いわゆる営業所所在地管轄である。この規定に関して，とくに，「訴え」と「業務」との関連性の意義が問題となる。すなわち，ここでいう営業所等の「業務」と当該営業所等に対する訴えとの関連性につき，具体的な関連性を必要とするか（具体的業務関連性説），抽象的に当該営業所等の業務内容に含まれる可能性があれば足りるとするか（抽象的業務関連性説）のいずれが適切であるのか，との問題である。

たとえば，具体的業務関連性説に立てば，**【設例12－1】**では，当該航空券の売買自体が被告航空会社の日本事務所で行われたことが必要となるため，日本の国際裁判管轄は認められないこととなろう。一方，抽象的業務関連性説に立てば，**【設例12－1】**での被告航空会社の日本事務所で，一般的にマレーシアの国内便の航空券の売買が行われているのであれば，日本の国際裁判管轄が認められることとなる。

他方，3条の3第5号に定められた事業活動に基づく管轄は，4号所定の営業所所在地管轄とは異なり，日本に被告の事務所や営業所などの拠点がない場合でも，①当該被告が日本において継続して業務活動を行っている場合，②その者の日本における業務に関する訴えについて，日本に国際裁判管轄を認めるものである。この規定に関しても，4号の営業所所在地管轄におけるのと同様，業務と訴えとの関連性につき，抽象的業務関連性で足りるのか，具体的業務関連性が必要なのかにつき議論がある。

4号と5号については，営業所等が日本に所在していなければならないかどうか，問題となる訴えと関連している業務が日本で行われていなければならないかどうか，の2点に違いがある。

不法行為地管轄　民訴法3条の3第8号は不法行為に関する訴えにつき，原則として不法行為があった地が日本国内にあるときに国際裁判管轄を認めるとする。なお，不法行為の一種ではあるが，海上の事故に基づく損害賠償請求については，損害を受けた船舶が最初に到達した地が日本国内にあるときに管轄を認める（3条の3第9号)。

(1)「不法行為があった地」　ここでいう「不法行為があった地」とは，条文からも明らかであるように，加害行為が行われた地，結果の発生した地のいずれも含む概念である。なお，加害行為の行為地が外国で，結果発生地のみが日本である場合，結果発生地たる日本に国際裁判管轄権を認めるためには，日本での結果の発生について通常予見可能性が要求される。また，この予見可能性は，不法行為の結果についてではなく，日本での結果発生について問題とされる。ただし，ここでいう結果発生地には派生的損害や二次的損害の発生地は含まれないとするのが通説的見解である。

(2)　管轄原因事実と請求原因事実の符合　不法行為に基づいて損害賠償が

請求されている場合，往々にして被告は不法行為そのものの存在を否定する。このように請求原因事実として存在が争われている不法行為に基づいて，その行為地の管轄を認めるのは一見すると矛盾しているようにも思われる。他方，不法行為が争われている場合につねに不法行為地管轄を否定するのでは，そもそも不法行為地管轄を認める意義自体が薄れてしまう。そこで，最高裁はいわゆる円谷プロ事件判決で，管轄原因事実と請求原因事実とが符合している場合には，不法行為にかかる客観的事実関係が証明されれば，不法行為地管轄を認めるとの判断を下し（最判平成13・6・8民集55巻4号727頁：客観的事実関係証明説），その後の下級審判例は原則としてこの見解に従っている。具体的には，原則として①原告の被侵害利益の存在，②被侵害利益に対する被告の行為，③損害の発生，④②と③との因果関係，が証明されれば足りる。ただし，これらの事実については，本案審理におけるのと同程度の証明が要求される。これに対して，学説からは批判もあり，一応の証明で足りるとする見解（一応の証明説：ただしどの要件についてどの程度の証明が必要とされるかについて学説は分かれる），原則として管轄レベルでの証明は不要とする見解（有理性説）なども主張されている。

なお，管轄原因事実と請求原因事実との符合の問題は，契約の存否が争われる場合の債務履行地管轄においても生じうる。判例は，いずれも下級審ではあるが，不法行為事件におけるのと同じく客観的事実関係の証明を必要とする。学説の多くはこのような判例の立場に批判的である。

知的財産権に関する管轄　民事訴訟法は，知的財産権一般について国際裁判管轄権に関する規定は設けていない。しかし，設定の登録により発生するものの存否または効力に関する訴えについて，日本で登録されたものについては日本の裁判所の専属管轄となる（3条の5第3項）。設定の登録により発生する知的財産権としては，特許権，商標権，実用新案権，意匠権，育成者権などがある。これらの権利に関する請求であっても，権利の帰属，侵害が問題とされている場合には専属管轄ではなく，通常の管轄原因に応じて管轄権が決定される。たとえ，登録を要する知的財産権の侵害に基づく損害賠償請求訴訟において，当該知的財産権の無効が抗弁として主張された場合であっても，同様である。これまでの判例や学説によると，権利の侵害が問題とされている場合には，損害賠償を求めていようと，差止めを求めていようと，不法行為地管轄として処理されるとする見解が有力である。

知的財産権以外の専属管轄　民訴法３条の５には，登録を要する知的財産権以外に，①法人の組織に関する訴えについて，日本で設立された法人についての管轄権は日本の裁判所が，②登記，登録に関する訴えについて，登記または登録すべき地が日本にあるときは日本の裁判所が，それぞれ専属的国際裁判管轄権を有すると規定する。

上記以外の管轄　これまで述べた管轄原因以外に，民訴法上認められる国際裁判管轄権のうち，国際取引に関するものは，以下の通りである。まず，手形または小切手による金銭の支払の請求を目的とする訴えについては，手形または小切手の支払地が日本にあれば日本に管轄が認められる（３条の３第２号）。船舶債権など船舶を担保とする債権に基づく訴えについては，当該船舶が日本国内にあるときに日本に管轄が認められる（３条の３第６号）。海難救助に関しては，海難救助があった地，または救助された船舶が最初に到達した地が日本である場合に日本に管轄が認められる（３条の３第10号）。さらに不動産に関する訴えについては，不動産が日本に所在する場合に日本の国際裁判管轄権を認める（３条の３第11号）。

併合請求管轄　民訴法３条の６は，複数の請求が併合されており，そのうち１つについて日本の国際裁判管轄権が認められる場合に他の請求についての管轄も認めるとする併合請求についての管轄を定める。併合請求には，同じ当事者間で複数の請求が併合されている場合（客観的併合）と，複数の当事者間で請求が併合されている場合（主観的併合）との２種類がある。

客観的併合について，民訴法３条の６は，日本に管轄が認められる１つの請求と他の併合される請求との間に密接な関連性がある場合にのみ併合を認める。一方，主観的併合については，客観的併合についてと同じく請求相互間の密接関連性を要求するのに加えて，38条前段に定める場合に限るとする。

合意管轄・応訴管轄　民訴法３条の７は以下の要件の下で国際裁判管轄の合意を認める。すなわち，①一定の法律関係に基づく訴えに関してされた合意であること（２項），②書面でされた合意であること（同項），③外国の裁判所への専属管轄合意をする場合には，当該裁判所が法律上あるいは事実上裁判権を行うことができること（4項），④日本の裁判所に専属管轄が認められる場合でないこと（3条の10）である。さらに，明文上の規定はないが，チサダネ号事件最高裁判決（最判昭和50・11・28民集29巻10号1554頁）で求められた，⑤当該合意が公序に反しないこと，との要件も引き続き求められるとするのが通説である。ただし，日本の裁判所への専属管轄合意がされている場合，後述の特別の事情の判断は行わない。

国際裁判管轄の合意の有効性を判断する準拠法については，解釈に委ねられる。この点，手続は法廷地法によるとの原則から，法廷地法に従い管轄合意の有効性を判断すべきとする見解と，通則法7条以下の規定に従い準拠法を決定すべきとする見解とに分かれている。後者が通説である。

また，消費者契約および労働契約については，管轄合意についてさらに要件が加重されている。

紛争前の消費者契約における管轄合意については，①消費者契約締結時の消費者の住所地国に管轄合意をするか（3条の7第5項1号），②消費者が当該合意に基づき合意された国の裁判所に訴えを提起するか（3条の7第5項2号），あるいは③事業者が合意された国とは異なる国で訴えを提起したときに消費者が管轄合意を援用するか（同号）のいずれかに該当しなければ当該管轄合意は有効性を欠くことになる。

労働契約における管轄合意については，①労働契約終了時に合意され，かつ，その時点での労務提供地がある国の裁判所に管轄合意をするか（3条の7第6項1号），②労働者が当該合意に基づき合意された国の裁判所に訴えを提起するか（3条の7第6項2号），あるいは③事業主が合意された国とは異なる国で訴えを提起したときに労働者が管轄合意を援用するか（同号）のいずれかに該当しなければ管轄合意の有効性は認められない。

被告が無管轄の抗弁を提出することなく応訴した場合に認められる応訴管轄について，改正法は3条の8で規定する。従前から，国際裁判管轄においても応訴管轄を認めることについては異論がなかった。認められる要件についても，国内土地管轄規定の12条を基準とすることでほぼ異論はなかったところである。改正法3条の8はこの流れを受け，12条とほぼ同じ内容で，被告が無管轄の抗弁を提出しないで本案についての弁論をするか，弁論準備手続において申述をした場合には，応訴管轄が発生する旨規定する。

特別の事情による訴えの却下

平成23年民訴法改正前の判例は，前述の通り，①日本には国際裁判管轄に関する制定法，条約等は存在せず，②当事者間の公平や裁判の適正・迅速を考慮し条理に基づいて国際裁判管轄を決定する，③そのためには民事訴訟法の国内の土地管轄規定を参照できるが，④その適用結果が当事者間の公平や裁判の適正・迅速を害する場合には，特段の事情ありとして日本の国際裁判管轄権を否定する，という見解に立っていた（マレーシア航空事件，ファミリー事件）。現行法では，この判例理論を踏襲し，3条の9で，日本の裁判所の国際裁判管轄が認められる場合であっても，「事案の性質，応訴による被告の負担の程度，証拠の所在地その他の事情を考慮して，日本の裁判所が審理及び裁判をすることが当事者間の衡平を害し，又は適正かつ迅速な審理の実現を妨げることとなる特別の事情」があれば，日本の国際裁判管轄を否定することができるとする。

しかし，特段の事情論の形成過程を考慮すると，改正法が国際裁判管轄規定を整備しながら，調整弁である特別の事情（特段の事情と同じ）により日本の国際裁判管轄権を否定できる場合がありうる，というのは，原告に対する司法拒絶にもつながりかねず，若干違和感を覚えないわけではない。このような観点からすれば，3条の9における「特別の事情」は，従前の判例における「特段の事情」よりも狭く解釈されるべきといえる。この点，最判平成28・3・10民集70巻3号846頁は，民訴法改正後はじめて特別の事情の存在を理由として日本での訴えの却下を認めた最高裁判例であるが，同一当事者間での関連する事件にかかる外国訴訟係属を特別の事情判断の一要素とするものであった。この判例のみをもって，従前の「特段の事情」と現行法での「特別の事情」の判断の相違を説くのは難しく，今後の判例の蓄積が待たれるところである。

特別の事情の判断をしなければならないのは，専属的合意管轄および専属管轄を除くすべての管轄原因についてである（3条の9かっこ書，3条の10）。したがって，被告の住所地に基づく管轄が日本に認められる場合でも3条の9に基づく特別の事情の考慮はしなければならず，消費者契約の場合に消費者の住所地管轄により日本に管轄が認められる場合や，労働契約の場合に労務提供地に基づき日本に管轄が認められる場合でも同様である。

3 国際的訴訟競合

国際的訴訟競合とは，外国の裁判所と日本の裁判所に同一の事件について訴訟が提起され，その結果外国訴訟と日本の訴訟とが競合している状況にあることをいう。国内裁判所間での訴訟の競合は，民事訴訟法142条により禁じられている。しかし，142条にいう「裁判所」には外国裁判所は入らないとされており，国際的訴訟競合をそもそも制限すべきか，また制限するとすればいかに制限すべきかが議論されてきた。

改正法の立法段階では，当初国際的訴訟競合について規律をおく方向で議論が進められていたが，議論の対立が激しく，最終的に今回の立法化は見送られることとなった。したがって，これまでの判例・学説がそのまま妥当することになると思われる。

かつては，学説・判例ともに，国際的訴訟競合について一切規制をする必要がないとする規制消極説がみられたが，現在では，この見解に立つ判例・学説はおそらく存在しない。現在，最も有力な見解とされるのが，いわゆる承認予測説である。この見解は，国際的訴訟競合によってもたらされる問題は，判決の重複を防ぐことによって避けられるとの前提に立ち，外国訴訟で下されるであろう判決が日本において承認される予測が立つ場合には，日本での訴えを却下（または中止）すべきとする。しかし，当該外国判決が下される前にその判決が日本において承認されるか否かを予測することは実際上きわめて難しく，実務の大半はこの見解によっていない。

つぎに，訴訟が係属している外国裁判所と日本の裁判所のいずれがより適切な法廷地であるかを検討し，より適切な法廷地で係属している裁判を優先させるべきとする，プロパー・フォーラム説がある。この見解に対しては，そもそも国際裁判管轄の問題ではない訴訟競合の問題を管轄レベルで処理することや，より適切な法廷地という概念の不明確性が批判されている。

また，訴訟競合の問題を，訴えの利益の問題として処理するべきとする訴えの利益説もある。すなわち，外国で係属する訴訟について，日本での訴訟と等価性が認められる場合に，日本における訴えの利益を欠くとするものである。この見解についても，基準の不明確性が問題とされる。

以上のような学説の状況に対して，近時の判例では，外国での訴訟係属を日本の国際裁判管轄を否定する特段の事情（特別の事情）の一要素とする傾向がみられる。前掲最判平成28年も，事案としては国際的訴訟競合ではなかったものの，外国での同一当事者を含む訴訟の係属を特別の事情の判断の中に組み込んでいる。

4　外国判決の承認執行

ある国の裁判所が下した判決は，その国においてのみ既判力，執行力，形成力を有するのが原則である。しかし，ある国で審理が尽くされ裁判所の判断が下されているにもかかわらず，たとえば他国で執行しようとするときに，もう一度はじめから裁判をするように当事者に求めるのは，国際取引上の法的安定性の確保の点からみて，妥当とはいえない。このため，外国判決の承認・執行という制度が広く認められている。

外国判決の承認について規定する民事訴訟法118条は，①外国裁判所の確定判決であること，②当該外国に国際裁判管轄権が認められていること，③訴訟開始の文書が敗訴被告に適切に送達されたこと，あるいは適切な送達はなかったが応訴したこと，④判決が日本の公序に反しないこと，⑤判決国と日本との間に相互の保証があること，の各要件が充足されている場合に，外国判決が承認されるとする。日本では，この承認自体には，特別な手続は必要ない（自動承認制度）。

①の要件については，判決国法上認められている通常の不服審査申立の手段が尽きていることで満たされる。

②の要件については，判決国法ではなく，承認国たる日本法上の国際裁判管轄の基準に照らして，当該判決国裁判所が管轄権を有していたかを判断することになる。これを，日本の裁判所が管轄権を行使するか否かの問題（直接管轄）と区別し，間接管轄の問題という。この直接管轄と間接管轄の基準が同じか否かについては，議論が分かれている。国際裁判管轄規定立法時の議論などを見ると，現在の学説上の通説は，間接管轄と直接管轄の基準は同じであるとする見解である。これに対して，アナスタシア事件最高裁判決（最判平成26・4・24民集68巻4号329頁）は，「人事に関する訴え以外の訴えにおける間接管轄の有無については，基本的に我が国の民訴法の定める国際裁判管轄に関する規定に準

拠しつつ，個々の事案における具体的事情に即して，外国裁判所の判決を我が国が承認するのが適当か否かという観点から，条理に照らして判断すべきものと解するのが相当である」と述べた。すなわち，間接管轄は原則として日本の国際裁判管轄規定によって検討されるべきとした上で，当該外国判決を日本で承認することが条理にかなうかとの観点から判断すべき，としており，間接管轄と直接管轄とでは基準が異なる可能性を示唆したといえる。このような立場を支持する見解も存在する。

③の要件については，学説上，送達の適式性と送達の適時性（被告の了解可能性）が必要とされる。適式性に関しては，日本が批准している送達条約など判決国との間に何らかの送達に関する条約がある場合には，その条約に則っていることを必要とするのが通説である。また，適時性については，翻訳文の添付のない直接郵便送達を適切な送達とみるか否かがとくに問題となる。この場合一律に翻訳文の添付を要求する判例に対して，学説では，被告の了解可能性の問題ととらえ，時間的余裕や被告の言語能力などを総合的に勘案すべきとする見解も有力である。

④の要件については，判決の内容が日本の公序に反しないこと（実体的公序）および訴訟手続が日本の公序に反しないこと（手続的公序）のいずれもが満たされる必要がある。公序の審査においては，この審査が外国判決の内容の当否を判断するものであってはならない。実質的再審査の禁止にふれるからである。公序の判断の基準は，当該外国判決を承認・執行した場合の結果の異常性と，当該事案と日本との牽連性，とされる。いずれか一方がきわめて強ければ，もう一方は弱くても公序違反が認定される。これまでの日本の判例には，米国の裁判所が下した懲罰的損害賠償を認める判決の，懲罰的損害賠償を認めた部分につき，実体的公序に違反するとして承認しなかったものがある（最判平成9・7・11民集51巻6号2573頁）。また，手続的公序については，外国判決の判決書が送達されていないというだけで直ちに公序違反になるとはいえないが，当事者に外国判決の内容が知らされず，知る機会も実質的に与えられなかったことにより外国判決が確定した場合には，その外国訴訟手続は公序違反になると判示したものもある（最判平成31・1・18民集73巻1号1頁。差戻控訴審は公序に違反しないと認定）。

⑤の要件については，判決国において日本の判決承認ルールと重要な点で異ならない基準に基づき判決の承認がなされている場合に満たされるとされる。現在この要件を欠くとされているのが中国である。

なお，外国判決の執行については，民事執行法24条に規定されている。そこで求められる要件は民事訴訟法118条の要件と同一である。

Ⅱ　仲　　裁

> **【設例12－2】**　米国に本拠を有するサーカス団Ｒは，日本に本拠を有する法人Ｘとの間で興行契約を締結した。この興行契約には「本件興行契約の条項の解釈又は適用を含む紛争」は，国際商業会議所（ICC）の規則および手続に従って，それぞれ相手国側を仲裁地とする仲裁に付する旨の条項があった。Ｘは，日本でのＲのサーカス興行が契約で約束した内容と異なるとして，Ｒの代表者Ｙの契約締結段階の詐欺を理由に，不法行為に基づく損害賠償請求訴訟を東京地方裁判所に提起した。

1　総　説

国際取引紛争において，仲裁の果たす役割は大きくなってきている。通常の裁判手続と違い，仲裁は，①当事者が仲裁人を選任することができる，②非公開であるため，営業上の秘密や知的財産権にかかる情報の漏洩を防ぐことができる，③一審制であることが普通で，迅速な判断を得ることができる，④仲裁判断の承認執行に関する条約があり，判決よりも，容易に外国で承認執行可能である，などの長所があるといわれるからである。日本においては，平成15年の仲裁法制定から，仲裁を含む裁判外紛争処理（Alternative Dispute Resolution：ADR）をめぐる法整備は近年格段に進歩した。しかし，実際に日本で行われる仲裁案件の数はそれほど伸びているわけではなく，今後よりいっそうの推進が期待されているところである。

国際仲裁について，日本にはいくつかの法源が存在している。まず，平成15年制定の仲裁法である。この仲裁法は，UNCITRAL が1985年に作成した国際商事仲裁モデル法をベースに起草されたものではあるが，UNCITRAL モデル法が国際商事仲裁のみを対象としているのに対して，日本の仲裁法は国内仲裁をも規律対象としている点が大きく異なる。その後，UNCITRAL モデル法の2016年改正を受け，現在法制審議会仲裁法制部会において仲裁法の改正作業が行われており，2021年10月に要綱案が示されている。また，仲裁判断の承認執行に関して重要な法源として，「外国仲裁判断の承認及び執行に関する条約」（以下「ニューヨーク条約」という）がある。この条約には2022年３月現在169カ国が加盟しており，非常に成功した条約の１つである。さらに「外国仲裁判断の執行に関する条約」（以下「ジュネーブ条約」という）もわが国は批准しているが，ニューヨーク条約の締約国との間ではニューヨーク条約が優先して適用されるため，ジュネーブ条約が適用される場合は限定的である。

2　国際仲裁の諸問題

日本の仲裁法においては，国際仲裁と国内仲裁を区別せずに規律しているが，ここでは，国際仲裁に特徴的な諸問題を取り上げることとする。

仲裁合意の準拠法

仲裁は当事者が仲裁付託に合意してはじめて手続を進めることのできる紛争処理手続である。したがって，仲裁手続が開始されるときには，当事者間で仲裁合意ないしは仲裁契約が存在していなければならない。この仲裁合意ないし契約の有効性についていずれの国の法律によって判断すべきか，問題となる。

仲裁合意ないし契約の準拠法は，仲裁合意ないし契約がそもそも成立しているのか，成立しているとすればその効力はどの範囲まで及ぶのか，などの点を規律する。仲裁法には，仲裁契約の準拠法全般を規律する規定がなく解釈に委ねられている。

まず，仲裁法制定以前から仲裁契約を訴訟契約とみて当事者自治を認めなかった見解においては，仲裁法下でも当事者自治を認めず，仲裁地法によるべきとする。

これに対して，従前有力であった，実体契約とみて当事者自治を認める見解は，仲裁法下でも有力説である。この見解は，さらに(i)通則法７条，８条を適用する見解と(ii)仲裁法44条１項２号，45条２項２号を類推適用する見解に分かれる。まず，(i)によると，仲裁契約の準拠法について，当事者の合意があれば通則法7条に基づいてそれにより，当事者の合意がなければ，通則法8条に基づいて最密接関係地法を探求する。この場合，特徴的給付による推定はできないが，仲裁地が合意されていれば，その地を最密接関係地と考えることになろう。仲裁地が合意されていない場合には，個別事案ごとに最密接関係地を探求することになるのであろう。それに対して，(ii)は，仲裁合意の効力が問題となる場面においては，44条，45条の規定を類推適用すべきとする。この見解によると，仲裁契約の準拠法について，44条1項2号，45条2項2号を類推適用して，第1段階として当事者による合意を認め，第2段階として仲裁地法によるとする。仲裁地すら合意されていない場合についてはこれらの規定では処理できないため，問題となるが，主契約の準拠法によるべきとの見解が主張されている。このようにみると，根拠とする法文は異なっているものの，現行通則法と仲裁法の下では，当事者自治を認める見解では，いずれの見解においても結果にほとんど差がないといえる。

この点について，仲裁法制定前であるが，最高裁は，**【設例12－2】**の事案について，法例7条（通則法7条）に基づき第一次的に仲裁合意の準拠法につき当事者自治を認め，当事者の合意がない場合は仲裁地の合意など諸般の事情に照らして黙示の合意を探求するとした（最判平成9・9・4民集51巻8号3657頁：リングリングサーカス事件判決）。

仲裁手続の準拠法　平成15年仲裁法においては，UNCITRAL モデル法に倣い，属地主義を採用，すなわち，日本を仲裁地とする仲裁の手続は日本の仲裁法によるとの規定をおいた（仲裁法1条，3条）。したがって，現在では，少なくとも日本を仲裁地とする仲裁において，手続準拠法を当事者の意思に従って外国法とすることは許されない。その一方，外国が仲裁地となっている場合には，仲裁法の適用は及ばないため，依然として解釈に委ねられている。問題となりうるのは，仲裁地が外国で，手続準拠法が日本法とされた仲裁で下された仲裁判断の承認執行が日本で求められる場合である。この場合，仲裁法45条2項6号・7号が厳格な属地主義をとっておらず，当事者自治を一定の制限下で認めていることから，仲裁地の強行規定に違反しない限りにおいて，当事者の合意した手続準拠法によることが認められていると考えるべきであろう。

仲裁可能性の準拠法　仲裁法は，仲裁可能性の準拠法についても特段の規定をおいておらず，ここでも解釈に委ねられる。主張されている見解としては，①仲裁法45条2項8号の規定および仲裁と仲裁地の法制度との結びつきの強さから，仲裁手続において問題となる場合には仲裁地法，仲裁判断承認・執行の際には承認国法によるべきとする見解，②仲裁判断承認・執行については，少なくとも日本で執行が求められている場合には，仲裁法45条2項8号から，承認国法廷地法たる日本法と仲裁地法の累積的適用を主張し，妨訴抗弁の場面でも同号の趣旨を汲み取り日本法によるべきとする見解，③仲裁法13条1項が日本を仲裁地とするものについては日本の仲裁法で判断すると規定することから，仲裁判断承認・執行の場面でも妨訴抗弁の場面でも，仲裁地法によるべきとする見解，④承認・執行の場面でも妨訴抗弁の場面でも主たる基準を執行地とし，重畳的に仲裁地法を適用すべきとする見解などがある。見解の分かれめは，仲裁法45条2項8号の趣旨の理解と，妨訴抗弁の局面で執行地法の考慮が必要か否かの2点である。すなわち，前者については，45条2項8号を，対象となる紛争の仲裁可能性について，承認国である日本法に基づき，いわば再審査すべきととらえるのか，あるいは一種の公序判断と考えるのかという点，また，後者については，妨訴抗弁で仲裁可能性が問題とされている場合には執行まで考慮する必要がないのか，そこでも考慮すべきなのかという点で上記の見解は分かれている。

仲裁判断の準拠法　仲裁法では，仲裁判断の準拠法について36条で規定する。まず，当事者が仲裁判断の準拠法について指定している場合には，それによる（36条1項）。ここで指定される「法」は，特定の国家の法である必要はなく，非国家法，統一規則やUNIDROIT国際商事契約原則のようなものであってもかまわないとするのが通説である。当事者による指定がない場合には，最も密接な関係のある国の法を仲裁人が決定する（36条2項）。

3　仲裁判断の承認執行

上にみたように，外国仲裁判断の承認・執行については，ニューヨーク条約，ジュネーブ条約が存在するほか，仲裁法にも規定がある。しかし，ジュネーブ条約が適用される場合はきわめて少ないこと，およびニューヨーク条約の承認執行規定の内容は，ほぼ仲裁法の内容と同一であることから，仲裁法の規定を中心に以下みていく。

仲裁法の規定上，「外国」仲裁判断の承認とはされておらず，むしろ，内外での区別をしない旨規定がおかれている（45条１項)。これは，外国仲裁判断の承認執行拒絶事由も，内国仲裁判断の承認執行拒絶事由も，さらにいえば，内国仲裁判断の取消事由も本質的な違いがないとされることによるものである。

仲裁法45条によれば，①仲裁合意が，当事者の行為能力の制限により，その効力を有しない場合（同２項１号)，②仲裁合意が，当事者が合意した仲裁合意の準拠法（指定がないときは，仲裁地国法）によれば，当事者の行為能力の制限以外の事由により，その効力を有しない場合（２号)，③当事者が，仲裁人の選任手続または仲裁手続において，仲裁地国法（その法令の公の秩序に関しない規定に関する事項について当事者間に合意があるときは，当該合意）により必要とされる通知を受けなかった場合（３号)，④当事者が，仲裁手続において防御することが不可能であった場合（４号)，⑤仲裁判断が，仲裁合意または仲裁手続における申立の範囲を超える事項に関する判断を含むものである場合（５号)，⑥仲裁廷の構成または仲裁手続が，仲裁地国法（その法令の公の秩序に関しない規定に関する事項について当事者間に合意があるときは，当該合意）に違反するものであった場合（６号)，⑦仲裁地国（仲裁手続の準拠法が仲裁地国法と異なる場合には準拠法所属国）法によれば，仲裁判断が確定していない，または仲裁判断がその国の裁判機関により取り消され，もしくは効力を停止された場合（７号）には，当事者がそのことを証明した場合に限って，仲裁判断の承認・執行は拒絶される。また，①日本法によると，仲裁手続における申立が仲裁合意の対象とすることができない紛争に関するものであること（８号)，および②仲裁判断の内容が，日本における公の秩序または善良の風俗に反すること（９号）については，当事者の立証を要せず，承認執行裁判所が職権で調査する。

Ⅲ　国際倒産

総　説　国際倒産も，企業活動の国際化が進むにつれ，対応の必要が増大してきた分野である。他方で，国際倒産に関する法整備は近年まであまり進められてはこなかった。近年，ようやく国際倒産手続に関して，管轄規定，手続規定の法整備がされ，外国倒産処理手続の承認援助に関する法律（以下「承認援助法」という）が成立し，完全とはいえないまでも一応のところは立法での手当がなされたといえる。

国際倒産管轄　破産法および民事再生法は，それぞれ，国際倒産管轄を，①債務者が個人である場合には，日本国内に営業所，住所，居所または財産を有する場合，②法人その他の社団または財団である場合には，日本国内に営業所，事務所または財産を有する場合に，認めるとする（破法4条，民再法4条）。それに対して，会社更生法は，株式会社が日本国内に営業所を有するときに限り日本の裁判所に管轄を認める（4条）。

倒産能力にかかる内外人の平等　改正前の破産法には，外国人の破産能力について，その外国人の本国法が日本人に破産能力を認めている場合に，当該外国人の破産能力を認めるとする規定があった（相互主義）。それに対して，会社更生法や民事再生法には完全な内外人平等の規定がおかれており，法律間のアンバランス，およびそれによってもたらされかねない取引の不安定性に対する懸念が示されていた。平成12年の破産法改正は，この点につき，相互主義を廃止し，現在では，日本の倒産法制上，内外人は平等に取り扱われることとなった。

倒産手続の準拠法　倒産手続においても，「手続は法廷地法による」との原則は当然に妥当する。したがって，手続的側面で問題となる，たとえば倒産手続の開始や進行などの問題は手続が行われる国の法によればよい。しかし，実体的な問題については，準拠法を決定する必要が出てくる。この点，倒産法規が特別な法的規律を設けている問題については，法廷地法＝倒産手続開始地法により，前提となる債権や担保権などの成立に関しては，国際私法の規律に従い，それぞれの権利関係の準拠法によるとするのが通説的見解である。

日本の倒産手続の対外的効力　かつては，日本の倒産法制においては，属地主義がとられていたが，現行の倒産法制では，普及主義を採用し，破産者等対象となる人・法人の有する財産については，国内財産のみならず在外財産にも倒産手続の効力が及ぶ旨の規定がおかれている（破法34条1項，民再法38条1項および89条，会更法72条1項）。

外国の倒産手続の対内的効力　(1)　並行倒産　　外国で倒産手続が開始された場合，日本でも並行して倒産手続を開始する場合がある。この場合，外国における倒産処理手続と日本における倒産処理手続とが連携して行われる必要がある。そのためには，外国管財人との協力が重要である。この点，日本の倒産法制は，日本の破産管財人等に，外国管財人に対して必要な協力や情報の提供を求めることを認めつつ（破法245条1項），逆に外国管財人に対する協力や情報提供をするよう求めている（破法245条2項）。

また，並行倒産の場合，すでに外国で倒産処理手続が開始されている場合には，倒産原因があると推定するものとし（破法17条，民再法208条，会更法243条），国内手続の開始を容易にしている。

また，並行倒産手続について，たとえば日本の破産管財人が国内債権者を代表して外国倒産手続において債権の届出をすることができるというような，手続への相互参加が認められる（クロス・ファイリング――破法247条，民再法210条，会更法245条）。

複数国で並行して倒産手続が進行している場合，債権者が複数国に所在する債務者の財産から平等に弁済を受けることを確保する必要がある。そこで，日本の倒産法制は，ホッチポットルールを採用している。ホッチポットルールとは，外国にある財産から弁済を受けた債権者は，自己の受けた弁済と同一の割合の配当を他の債権者が受けるまで，国内の財産から満足を受けられないという制度である（破法201条4項，民再法89条2項，会更法137条2項）。

(2)　外国倒産の承認　　外国倒産処理手続の債務者が日本に有している財産について，債権者はどのように権利行使をすることが許されるのだろうか。これは外国倒産処理手続の承認の問題であり，承認援助法に要件が定められている。同法では，①外国倒産処理手続が申し立てられている国に債務者の住所，居所，営業所または事務所があること（17条），②申立棄却事由が存在しないこと（21条），③外国倒産手続が開始したこと（22条），のいずれも満たされている場合に，当該外国倒産処理手続を承認すると規定する。

外国倒産処理手続承認の申立権者は，外国管財人ないしは債務者であり（17条1項，2条1項8号），当該承認は東京地方裁判所の専属管轄である（4条）。

第13章

国際取引法務

I　企業における国際取引法務

1　はじめに――国際化に伴う法務の拡充

本章では,「企業内業務としての国際法務」を概説する。

法務部門の任務としてはまず, CSR（企業の社会的責任）の観点からコンプライアンス（法遵守）を推進し, 企業が悪徳の汚名を着ないようにすることが重要な点としてあげられる。その一方で, 企業は利益追求を目的とする存在であるということを忘れてはならない。つまり, 法務スタッフは, 企業経営の中核にあって, リスク低減や商機拡大の方策を提言することによって, 企業の利益（売上アップとコストダウン）に貢献することが求められる。法遵守と利益追求とは矛盾するようにみえて必ずしも矛盾するものではない。うまくバランスをとることによってCSRや法遵守の要請に応えつつ利益を拡大することも可能である。法務部門はそのような舵取りを担っている。事業の国際化という点で考えてみよう。

国内のみで事業を展開していた企業もやがては国際化していく。それは, 国際化が売上拡大の有効策だからである。国内市場の今後の拡大があまり見込まれず, むしろ縮小が予想される中, より大きな海外の市場, とくに発展が見込まれる新興国市場に向けて事業を展開することは企業の存続にとっても避けては通れない。たとえば, メーカーでは, 物品の輸出, その継続化, 商社経由の輸出入から独自の販売店網・調達網の拡充, 販売・生産拠点の設立のための海外における合弁事業や企業買収といった具合に国際化が進行する。

しかし, 国内事業に比べて国際事業は法的なリスクも大きい。たとえば, 外国法の遵守や国際的な民事訴訟に備えなければならない。対応を怠れば罰金の支払や損害賠償金請求に遭う。事業を国際化することは，リスクというコストが増えることも意味する。国際法務を拡充することはリスクへの対策でもあり，コスト上昇を抑止する努力をも意味する。

2　法務部門の機能

法務部門は，企業内でつぎの機能を果たしている。

⑴　事件処理機能（社内部門と社外弁護士との間のパイプ役）　争訟（訴訟・国際商事仲裁等）が発生した場合に，社外の弁護士は企業内事情に通じていないため，社内に争訟対応を担当する裏方が必要となる。法務部門は，関係事業部門と社外の弁護士との間のパイプ役を果たし，社内で証拠集めに奔走する。また，経営陣に争訟の状況を報告し，解決策を提言する。さらに，取引先とのトラブルで争訟にまで至らないものにおいても同様に，法務部門は，必要に応じて社外の弁護士とも連携し，その解決に当たる。

⑵　審査・承認機能　企業の意思決定にあたり，稟議のプロセスにおいて，法務部門は蓄積した知識や経験に照らし，案件の妥当性をチェックし，必要に応じ助言を与える。国際法務におけるその典型は英文契約書ドラフトの審査にみられる。問題が見つかれば案件をストップして，自らまたは事業部門に指示し，契約条件を再交渉するなど，リスクの除去に努め，最終的に企業としてリスクを受け入れるかどうかの判断においては，そのリスクの大きさや発生頻度などを明示し，経営者の意思決定に必要な情報を提供する。

⑶　法遵守推進機能　法務部門は，社内各事業部門の法遵守の推進を担う。企業は利益追求を目的とするが，手段を選ばないということでは，存在自体が危うくなる。法務トラブルの未然防止のためには，社内ルールの策定，経営トップによる法遵守に関するメッセージの発信，社内ルールに基づく法遵守活動の推進（たとえば，競争法の遵守においては，競合企業との接触のあった部門からその内容をレポートさせる，など），並びに監査や内部通報制度の整備（各部門の活動のチェック）を行う必要がある。しかし，必要以上に事業にブレーキをかけないということも重要である。法律に違反する企業というレッテルを貼られると，消費者や取引先による購買活動に加えて，投資家による投資行動などに

おいても悪影響が及ぶため，法遵守の推進は，CSRの観点から今日最も注目が集まる機能といえるだろう。

(4) 情報収集分析機能・啓蒙機能　法改正，新判決，外国法の内容など，事業活動に影響がありそうな事柄につき調査・分析し，その情報を必要とする部門に伝達する。関係者に法務研修（たとえば，外国赴任者に当該国の重要法令を概説する等）を実施することでトラブルの予防が可能となる。国内外の新法令・判決の重要性を早く正しく理解するためには，関連事項を理解しつつ情報網を駆使する必要がある。

(5) 企画提案機能　上述(1)〜(4)の機能は，企業が事業拡大を果たすにつれ順々に充実する。さらに知識・経験が蓄積されると，国際法務部門は，関連部門に法務面でのアイデアを示し，積極的に事業遂行に携わるようになる。海外関係会社の新設や外国企業買収の方策に関する提言などがその例である。

3 国際契約法務

国際法務部門は，他の事業部門からの依頼に沿って，国際取引の契約ドラフトを起草・審査する。国際取引とは「国境を越えた物品・資金・技術の移転，役務の提供をめぐる取引」である。国際取引が国内取引と違う点としては，当事者が異国民同士で，言語，伝統，価値観，習慣，母国法の内容などが異なるため，理解を一致させるのが難しいという点があげられる。相互理解が十分でないと取引は成約に至らないし，まとまったとしても履行に際してトラブルが生じやすい。だから国際取引の契約書は，当事者の「理解の不一致」を抑える手段として重要であると理解できる。

国際契約法務としては，①自社の契約書式・標準形の制定・改廃，②相手方から送付された契約ドラフトの審査，③自社から提示する契約ドラフトの起草などがある。業務量としては②が多い。人件費コストを節約するのであれば，③は重要プロジェクトに限られるだろう。しかし，自社の利益を確保するためには契約交渉の主導権をとるべきだろうから，①を拡充し，さらに理想をいえば，スタッフを充実して③の比重を増すのが望ましい。

締結済みの契約書を大事に保管することも重要な仕事である。企業の規模が大きくなると相当な量の契約書が締結されるため，単に保管するだけでなく，必要な時に必要な契約にアクセスできるようにするためには，契約書の管理のためのデータベースを構築したり，また，保管場所のコストも考えると電子契約の利用を推進したりということの検討も必要となってくる。

4　国際争訟法務――外国訴訟・国際商事仲裁等への対応

法務部門は争訟対応業務を行う。知的財産権侵害や債権回収などの契約不履行等の問題であれば企業が原告となる場合もあるが，PL（生産物責任），保証違反，雇用問題等，多くは被告としての対応である。訴状の送達を受けて顧問弁護士との協議を開始し，社内における事情聴取・証拠集めを行い，概要と見込みを経営陣に報告する。国際訴訟では，外国の子会社・関係会社や提携先企業が共同被告として加わる場合，先に訴状の送達を受けた子会社等から事前に要約された情報が伝えられることもある。他方，突然英文の訴状が日本の本社に届けられることもある。国際訴訟の場合，言語の問題と外国の訴訟手続や民商事法の理解という問題が加わるため，専門職として法務部門の役割は非常に大きい。

5　経営のための戦略法務

企業経営には法がかかわる。法は遵守しないといけないものであるが，遵守の仕方によっては競争上の優位を生む場合もある。

企業は人の集まりである。企業が法令（たとえば，独占禁止法，雇用機会均等法，個人情報保護法など）を遵守するためには，職員全体に及ぶシステム（コンプライアンス・プログラム）を作らねばならない。法務部門はその中心的役割を果たすものと期待される。プログラムには諸施策（たとえば，法務研修の実施など）が含まれる。遵守対象が外国法や条約の場合もある。プログラムは，企業風土や事業環境に応じ異なりうるため，旗振り役として，法務スタッフは企業組織に通じていることも求められる。

関連法規は，ときに解釈の余地や国による制度の違いが大きいこともある。他国事例を参考に，事業展開に有利な方法を考案し提言することができれば，法務部門は戦略部門として利益に貢献でき，存在価値が高まる。たとえば，日本においても企業買収の防衛時にみられるようになった，ポイズンピル，ホワイトナイト，焦土作戦（クラウン・ジュエル）といった手法も，元は米国ウォール街でM&Aを得意とする弁護士によって提案された戦術であり，戦略法務が生み出した工夫である。また，個人情報保護の取扱いに関しては欧州などにおいては日本以上の厳格な管理が法律で求められているが，ITサービスなどの個人情報を多く扱う事業においては，日本の法律で定められたレベル以上の管理を行うことにより，顧客に安心感を与え，自社の強みとして事業の拡大にもつなげることができる。

Ⅱ　国際契約ドラフティング入門

1　国際契約書の役割

ドラフティングに際し契約書の役割を考えよう。取引の約束が法的拘束力を有するために，契約の成立要件として，書面で作成することが要求される場合がある。英米法にみられる“Statute of Frauds”（詐欺防止法）という法制や後述のニューヨーク条約が要求する仲裁契約の書面性要件がその例である。しかし，日本の民商法も「国際物品売買契約に関する国際連合条約（CISG）」も契約成立に書面性を要求しないので，それだけが契約書作成の目的というわけではない。契約書作成の目的としてつぎの4点をあげておきたい。

① 当方が履行しないとならないことを明確にすることによって，当方の契約履行を確実にすること。

② 相手方が履行しないとならないことを明確にすることによって，相手方に合意通りの履行を促すこと。

③ 取引をめぐって当事者間に紛争が生じた場合に，その紛争を解決するための基準・手続を予め定めておくこと。

④ 紛争の解決を裁判所や仲裁人に委ねる場合に備え，当事者の当初の合意内容を予め証拠として記録しておくこと。

契約書は法的な文書として④の面が強く意識されることが多い。実際に紛争が生じた場合契約書は重要な書証となる。だからこそドラフトの審査は法務部門の仕事と考えられている。そのような面も確かにあるが，④の面で（関連して③の面でも）用いられること，つまり，取引につき紛争が生じそれが裁判や仲裁に付されるケースは現実にはごくまれである。一方，企業は，取引遂行にあたり契約書を上記①②の面で「日常的に」用いている。

各当事者は，（契約書が表す）取引関係に入るにあたって，自社にとり何らかの利益があるという判断をしているはずである。一方が詐欺的な意図をもっているとか，経済環境が短期間で変化するとか特殊な事情がある場合は別として，各当事者が契約を誠実に履行したならば，取引は両当事者に（程度の差はあれ）きっと利益をもたらすはずである。しかし，取引内容に対する当事者の理解に齟齬があり，一方当事者の履行内容が相手方の予想と違ったものとなるならこの計算は狂うことになる。契約書とは，当事者の「取引についての理解の不一致」を最小限に抑えるためのものであり，各当事者の履行を，契約締結時の合意内容に沿ったものへと導くナビゲーターとしての役割をもつ。

ドラフティングに際し，契約書を争訟時の証拠だとか，その基準・手続を示すものだと意識することは重要である。だが，その意識が強すぎると，信頼関係の構築という意味で，肝心の取引交渉に悪影響を及ぼしかねない。これでは本末転倒である。法務スタッフは，取引を大事にする企業人として，自社の事業に精通し，事業部門と協力して，これから行おうとしている取引が自社の意図通りに進むように導く姿勢をもたなければならない。

2　国際契約の英文フォーム

日本企業が国際契約のドラフティングをする場合，その多くが英文契約書となる（ただし，中国企業との契約では，日本語，中国語または両国語で契約書が作られることもある）。

理由として，英語が国際的言語であり多くの国で通用することがあげられる。ならば別に英語でなく，仏語，独語，西語などであってもよいはずである。ところが，日本企業が締結する国際契約書において英語以外の言語による契約書はまれである。１つの理由には，国際取引の法的インフラとして，契約書フォームとそのドラフティングのノウハウを蓄えてきたのが英米の法律家であったという事情もある。英国には国際取引に君臨した歴史があるし，米国は現代の取引の中心である。その証拠に，いまなお，国際的に活躍する巨大法律事務所は英国と米国に集中して存在する。

また，日本の外国語教育にも理由はあるだろう。契約の履行者として，日本企業は取引内容を理解しなければならない。履行者というのは，現実には，法務部門でなく各関連事業部門が主となる。企業の中の関係者すべてが一様に取引内容を理解できないと困る。理解のためには日本語が最善であるが，そうすると今度は相手方が理解できない。相手方が日本語の契約書を受け入れることはまれだろう。必然的に，日本人が一定の基礎教育を受けている「英語」が契約書の言語となるわけである。

英文契約書式には，学校教育で学ぶ英語とは違って特有の用語や言い回しがみられる（詳しくは渉外弁護士や企業法務経験者が執筆した参考書を購読されたい）。たとえば，つぎのような用語である。

① 義務・責任・法的拘束力を示すために助動詞の “shall” が多用される。“must” や “should” はほとんど用いられない。中学・高校で学ぶ “Shall we dance?”（踊りませんか）といった用法と異なり，「……するものとする」「……しなければならない」と訳す。なお，権利を示す意味では助動詞 “may” が用いられる。

② “hereto”，“hereby”，“hereunder” といった単語が，語幹の “here-” に「本契約書・本書」の意味をもたせて，一貫して用いられる。“hereto” は “to this agreement” という意味をもつ。

③ 動詞の “provide … with …” は「付与する・供給する」，“provide for …” は「規定する」の意味をもつが，“provided, however, that …” は「ただし，……」とただし書条件を示す。

英文契約書をはじめて扱う人は特殊な用語・言い回しに違和感をもつだろうが，契約書を読むにつれて慣れる。早くマスターしたい人には単語帳を作って都度確認することをお勧めする。

国際契約書の英文フォームを示すと〈資料〉のようになる。

ア 契約のタイトル　冒頭に示される。取引類型を端的に表すわかりやすいタイトルを付けるべきである。相手方のドラフトを読む場合はタイトルに惑わされぬよう注意すべきである。「MEMORANDUM」などの「AGREEMENT」以外の標題となることもあるが，標題によって契約書の内容に影響が出るものではない。

〈資料〉　国際契約書の英文フォーム

JOINT DEVELOPMENT AGREEMENT（ア）

THIS AGREEMENT made and entered into this first day of April, 2022（イ）by and between:（ウ）
Machikaneyama Electronics Corporation, a Japanese corporation, having its principal place of business at XX-XX ZZZ-cho, YYY-shi, Osaka 5xx-xxxx, Japan（"Machikaneyama"）, and
Shut-up Phone Corporation, a New York corporation, having its principal place of business at xxxx ZZZ Avenue, New York, New York 100xx-xxxx, U.S.A.（"Shut-up Phone"）

WITNESSETH:（エ）

WHEREAS（オ）, Machikaneyama is a leading manufacturer in the field of home appliance and office equipment and its brand name "Machikaneyama" is famous in the world; and

WHEREAS, Shut-up Phone is a leading manufacturer in the field of communication device and its brand name "Shut-up" is famous in the world; and

WHEREAS, Shut-up Phone desires that Machikaneyama develop certain computer software products for use on certain Shut-up Phone mobile computer products …; and

WHEREAS, …

NOW, THEREFORE, in consideration of the mutual covenants and agreements herein contained the parties hereto agree as follows:
（カ）
Article 1. sssss
……
Article X. wwwww
……
IN WITNESS WHEREOF（キ）, the parties have executed this Agreement through the signatures of their duly authorized representatives in duplicate as of the day and year first above written.

Machikaneyama Electronics Corporation	Shut-up Phone Corporation
______________________（ク）	______________________
Name:	Name:
Title :	Title:
Date:	Date:（ケ）

（当事者の社名・所在地等の設定はフィクションである。）

イ　契約の締結日　　履行が契約書作成日より先行している場合は実際の締結日からバックデートさせることもありうる。その場合契約書の外見上，過去の行為に契約の効力が及ぶことになるので注意する必要がある。

ウ　“by and between”の後ろに，契約当事者2者を特定する記述が続く。“by and between”は英文法の教科書では不適切とされる冗長（重複）表現だが，英文契約書では同義語を重ねる表現が多くみられる。当事者の特定は通常，商号，設立準拠法（どこの国の会社か），本店（主たる営業所）所在地を示して行う。契約書に当事者名を記載するのは当然であり，一見，形式的な部分のようにも思えるが，たとえば売買契約の売主にとっては相手方の企業の信用力に応じて代金の回収方法（前払か後払か，など）を決めることになるし，契約の相手が大企業と思っていても実際はその子会社であるというケースも考えられ，実務上は非常に重要なポイントとなる。

エ　“WITNESSETH”は「証する」という意味の古語で，冒頭の（主語にあたる）“THIS AGREEMENT”に呼応する動詞である。このような古風な表現を嫌ってより自然な表現（Plain English）で記載しようという動きもあり，“WITNESSETH”を用いない契約書もみられるが，いずれのスタイルの契約にも対応できるようにしておきたい。

オ　“WHEREAS”の書き出しで始まる節を“WHEREAS clause”（ウェアラーズ・クローズ）や“recital”とよぶ。契約締結に至った経緯・動機・目的などを記載する。直接，権利義務に関し規定するものではないが，契約書諸条項の解釈を助ける。

カ　以下，本文となる諸条項が続く。大部な契約書では，全体の理解を容易にするために第1条に定義条項がおかれることもある。契約書本文は，取引固有の当事者の権利義務・履行内容を記述する条項（→後述**3**）と，どの契約類型にも共通してみられる一般条項（→後述**4**）とに大きく分けられる。

キ　結びの一文では，本契約書の作成が確認される。この契約書では，冒頭記載の日に当事者の代表者によって2部署名されたことが示されている。

ク　署名欄につき，国内取引の契約書では，社名と代表者役職・氏名を記名の上社印・代表者印を押印するが，英文契約書では，日本の企業についても代表者がサインをするのが通例である。署名者が当事者の会社を代表できることを確認する必要がある。

ケ　署名日欄は設けられないことも多い。日本の印紙税法上，収入印紙貼付の対象となる類型の契約書の場合でも，海外で作成された契約書（たとえば，日本で先に署名され，外国に送付後その地で相手方に署名されて両当事者の署名が揃った場合）は課税対象外となるので，その事実を示す意図もある。

3　国際契約類型ごとの特徴

契約書は，両当事者の権利義務を規定するものだが，具体的には，当事者が取引のプロセスでやるべき事柄を記述するものでもある。取引にはさまざまなものがあり，その目的に応じて，大きくはいくつかの類型に分けられうる。そこで類型ごとに，契約書中記載すべき事項を認識しておくことは重要である。なお，取引には複数の類型を兼ねるものや中間的なものもあり，契約書の内容は取引ごとに多様でありうる（事業上の必要に応じて自社の契約書式・標準形から離れて変化する）ということにも留意しなければならない。

【設例13－1】　国際契約書はその類型によって取り決められる事項が異なるが，つぎのようなタイトルの条項を含む契約書はどのような取引類型の契約書だろうか。

SPECIFICATIONS（仕様）/ QUANTITY（数量）/ PAYMENT（支払）/ PACKING AND MARKING（梱包およびマーキング）/ BANKING CHARGES（銀行手数料）/ SHIPMENT（船積）/ TITLE AND RISK OF LOSS（所有権および危険負担）/ EXPORT CONTROL（輸出管理）/ INSURANCE（保険）/ INTELLECTUAL PROPERTY（知的財産権）/ WARRANTY（保証）/ CLAIMS（クレーム）/ LIMITATION OF LIABILITY（責任の制限）

契約類型に応じて記載すべき重要な事項は異なる。たとえば，**【設例13－1】**は商品の個別売買契約であり，列挙されている項目のほかに，価格と貿易条件，納期，検品方法などが規定される。

他の一般的な類型についてはつぎのような事柄を記載する。

① 秘密保持契約（Non-disclosure Agreement/ Secrecy Agreement/ Confidentiality Agreement）の場合　　秘密情報の定義や範囲，秘密情報の授受の方

法・期間，秘密性の表示，秘密情報の管理，秘密情報にアクセスできる者の範囲，秘密保持期間，秘密保持義務の及ばない事項（例外事項），有償の場合は対価とその支払方法など。

② 合弁契約（Joint Venture Agreement/ Shareholders Agreement）の場合 合弁事業の目的，出資額（比率）および株式の譲渡性，合弁会社の機関，株主が決すべき事項（事前協議事項・特別決議事項），各株主が派遣する取締役（directors）／役員（officers），配当方針，技術援助・商標ライセンス・競業避止等の株主による合弁会社への支援，合弁解消手続など。

③ 特許ライセンス契約（Patent License Agreement）の場合　ライセンス（使用許諾）の対象となる特許権の特定，ライセンスの範囲（地域・用途の指定），ライセンスの対価（一括金および／またはランニングロイヤルティ），改良発明の取扱い（グラントバック条項など），侵害に対する補償など。

④ 共同開発契約（Joint Development Agreement）の場合　共同開発契約の目的，当事者の開発分担（タスク），タスク達成の期限・途中のステップ（マイルストーン），タスク達成の判断基準，費用負担，成果物（主に知的財産権）の帰属，中途で頓挫した場合の処置（共同開発解消手続）など。

⑤ 生産委託契約（Manufacturing Agreement）の場合　生産する製品の仕様，生産量と生産日程（随時生産をオーダーする場合はその手続），材料の調達，生産手数料，引渡条件，検品手続，品質保証，第三者の特許を侵害した場合の補償など。

契約にとって重要な事項とは，当事者の事業のコスト計算に影響を及ぼす事項であり，曖昧にするとやがて紛争となり，結局，裁判沙汰にしても決着をつけなくてはならなくなる事項である。たとえば，売買契約上の製品価格を明示しないでおいても契約は必ずしも無効とはならないから（CISG55条やUCC〔米国統一商事法典〕2-305条参照），法理論上は「価格を明示しない契約」を締結してもよいはずである。しかし，価格を不明確にしておくことは紛争の種であり，訴訟コストをかけて裁判所で争うくらいなら当事者間で予め合意して契約書に明記すべきであろう。

4　契約書の一般条項

契約書の本文は，取引固有の条項と，どの類型にも共通してみられる一般条項とに分けられる。一般条項の例としては以下の①～⑭が主なものとしてあげられる。一般条項は，パターン化する傾向があるが，それでもバリエーションがあって，力関係・交渉によって有利にも不利にも変化しうる。

① 契約期間（Term）・契約終結（Termination）　期間更新につき自動延長なのか，交渉による延長なのかという検討が必要。契約不履行など契約解除が可能な理由を明記することも重要。

② 不可抗力（Force Majeure）条項　当事者が制御不能な事象（地震・台風等天災，戦争，労働争議など）を理由とする不履行につき免責を規定。英米法が不履行について無過失でも責任を問うことを契約条項により緩和するもの。CISG79条参照。

③ 分離性（Severability）条項　契約の一部が万一無効となった場合にも残部をできるだけ有効に取り扱おうという合意を示す。

④ 譲渡禁止（Assignment）条項　当事者の地位譲渡を禁じる。

⑤ 権利不放棄（Waiver）条項　権利の不行使が権利放棄を意味するものではない旨を規定。

⑥ 秘密保持（Confidentiality）条項　情報の交換を伴う場合に秘密保持義務を規定。

⑦ 完全合意（Entire Agreement）条項　当該契約書が従前の合意に代わるものであって，当事者に契約書内容と矛盾する主張を許さないというもの。英米法上の「口頭証拠排除原則（Parol Evidence Rule）」を背景とする。

⑧ 契約修正（Amendment）条項　契約内容を変更する場合，あらためて当事者代表者の書面合意を必要とする旨を規定。⑦同様，書面性を重視。

⑨ 準拠法（Governing Law）条項　いずれの国の法が準拠法（解釈の基準となる法）となるかを規定。「（国際私法上の）当事者自治」を前提として有効（後述）。

⑩ 紛争解決（Settlement of Disputes）条項　紛争の解決をどの機関に委ねるかを規定。どこかの国の裁判所を指定する裁判管轄（Forum-selection）条項と，仲裁機関および仲裁手続を指定する仲裁（Arbitration）条項のい

ずれかが選択される（後述）。

⑪　法令遵守（Compliance with Laws）条項　　輸出入規制，環境規制，労働者保護などの関連する法令を遵守することを規定。自社の法令遵守はもとより，サプライチェーン全体での法令遵守を求める社会からの要求にこたえるもの。

⑫　通知（Notice）条項　　当事者間の交信につき法的に有効な通知手続を明記する。

⑬　言語（Language）条項　　正文となる言語を明示する。

⑭　見出し（Headings）条項　　各条項の表題と契約書の解釈との関係を規定。通常，見出しは契約解釈に影響しない旨を規定。

5　準拠法条項 / 紛争解決条項ドラフティングの実務的ポイント

契約書の規定の多くは，当事者の履行すべき事柄を記述するため，主に事業部門が内容の決定に関し主導権をもつことになる。しかし，純粋に法技術的であり法務スタッフだけで検討しなければならない規定もある。とくに，準拠法条項と紛争解決条項（→前述**4**⑨と⑩）は，取引の個別の内容とあまり関係ない一般条項であるが，意外に契約締結の障害となる（相手方法務部門も抵抗するので交渉が膠着する）ことが多い。

準拠法条項と紛争解決条項とは，契約書中で同一の条項に合併される場合もあり，混同して理解されることが少なくないが，両条項は明らかに異なる。準拠法条項が，契約の解釈や契約紛争の解決にあたっての「基準となる法」の選定を問題とするのに対して，紛争解決条項は，紛争処理を委ねる「機関」（結果としてその「手続」も）の選定を問題とする。両者は相互に関係するが，理論上必ずしも一致しない。たとえば，日本の裁判所が日本の民事訴訟手続に沿って訴訟を進めながら，実体判断にあたってニューヨーク州の契約法を適用する場合がありうる（→**第12章**）。

準拠法条項については，「準拠法は，当事者が合意すれば，その指定通りに決まる」という理解では不十分である。多くの国の国際私法が，当事者自治を認めていることが背景にあることを理解しなければならない（日本について「法の適用に関する通則法７条」や「仲裁法36条１項」を参照）。したがって国や地域

（指定された準拠法の法域や紛争が持ち込まれた国・地域）によっては準拠法指定のあり方に制限が加わる場合がありうる。

なお，日本が「国際物品売買契約に関する国際連合条約」（CISG）の締約国となったこと（2009年8月発効）は，物品売買契約や製造委託契約の準拠法条項のドラフティングに影響する。CISGによれば，第1条第1項a号（当事者双方の営業所所在国がいずれも締約国である場合）に該当すればCISGが適用されるし，そうでなくてもb号（国際私法の準則による場合）に該当すれば，CISGが適用される。b号の適用によりCISGを適用したいという場合は逆に準拠法条項で，たとえば日本法などCISGの締約国の法律を指定することによってそれが実現できる。また，CISGは当事者による適用排除（オプト・アウト）を認めるので，CISGを適用したくない場合は，準拠法条項においてCISGが適用されないことを規定することによってそれも実現できる（この場合，CISG排除後に何を準拠法とするかをも示す必要がある）。また，CISG排除の意思が無いことを明示するためやCISG射程外の事項に関する基準を示すためにも，準拠法条項の検討は必要である。CISGの適用の有無を検討しないままに，これまでのように，単に「日本法を準拠法とする」という規定を用いていると（おそらくCISGが適用されることになるが），紛争時に混乱を生じるおそれがある。

一方の紛争解決条項であるが，大きく分けて，裁判管轄条項と仲裁条項とがある。裁判管轄条項については，法廷地が合意管轄（合意による管轄指定）を容認することが前提にある。日本ではチサダネ号事件判決（最判昭和50・11・28民集29巻10号1554頁）が専属管轄の合意すらも一定条件下で有効だと認めていたが，さらに平成23年の民事訴訟法改正で合意管轄について明文化され，一部の例外を除き，専属管轄の合意も認められている（民訴法3条の7参照）。

仲裁条項は，それ自体独立した仲裁契約と理解され，大半が「外国仲裁判断の承認及び執行に関する条約」（ニューヨーク条約）2条を背景とする仲裁付託合意である（→**第12章**）。民間の仲裁人（機関）の裁定に法的効力が認められるのはニューヨーク条約あってのことである。契約中に仲裁条項を挿入するなら，契約相手の本拠がニューヨーク条約締約国に所在するかどうかに留意したい。

紛争解決条項として裁判管轄条項と仲裁条項とのいずれを用いるかについて

は，長短を比較しながらケースバイケースで決めるよりほかないが，筆者の経験では仲裁条項を用いる場合のほうが多い。仲裁のメリットとしては，①秘密保護が図れる，②紛争に応じた仲裁人が選べる，③国家の枠を超えて両当事者に公平である，④裁定の執行可能性が見込める，⑤一審で決するので簡便・経済的である，という点が一般に指摘される。だが，実務的には，仲裁運営コストは紛争当事者が負担するため，必ずしも経済的ではない。価額が小さい契約に考えなく仲裁条項を挿入すると，仲裁に付託しては算盤があわないという事態に陥りかねない。

他方，仲裁条項の実務上の長所として，⑥契約交渉がデッドロックに陥りにくいという点を指摘したい。裁判管轄条項を契約交渉で扱うと，各当事者が自国裁判所の管轄を主張して交渉が暗礁に乗り上げやすい。被告地主義を提案するなど緩和策もあるが，それでも他国で裁判することを極端に嫌う企業がある（訴訟手続が法廷地のルールに支配されることを憂慮する等の理由による）。また，新興国の一部など，国や地域によっては裁判制度の信頼性が必ずしも高くない場合もあり，そのことも相手企業からすれば裁判管轄条項の交渉において容易に譲歩できない要因となる。仲裁の場合は，仲裁地を柔軟に設定できると同時に，仲裁手続は仲裁地によってあまり左右されないので，仲裁条項の方が契約交渉において双方に受け入れられやすい面がある。しかし，なかには仲裁を嫌悪する企業もなくはない（米国企業にはその傾向がある）。

準拠法条項にしても，紛争解決条項にしても，自国法・自国裁判所にこだわると契約全体の交渉が立ち行かない。たとえば，国際案件を扱った経験の少ない顧問弁護士にドラフティングを委ねると，準拠法を日本法とし管轄を日本の裁判所とすることに拘泥するかもしれない。一方，相手方は，日本の実体法や裁判手続を「極東の何か得体の知れないルール」としかとらえないかもしれない。相手方が頑強に抵抗しているにもかかわらず譲歩しないならば，成約寸前のビジネスがご破算となるだろう。このような場合は，国際経験豊富な弁護士や外国顧問弁護士と相談し，万が一当該契約について紛争が生じても対応が可能な国（たとえば，欧州では英国，米国ではニューヨーク州やカリフォルニア州なら日本企業にとって信頼のおける弁護士事務所があるだろう）を，準拠法所属国や法廷地（または仲裁地）として指定することを検討すべきである。準拠法条項も紛争解決条項も重要ではあるが柔軟に代替策を講じうるから，自論に執着し商談を壊すのは惜しいことである。

6　契約書の管理

契約書は，紛争時に証拠となるので，その保管に注意をしなければならない。契約には，履行を担う担当事業部門があり，そこが契約書を保管すべきだとも考えられるが，複数の事業部門が同一の相手方と契約を結ぶ場合や交渉にあたって過去の契約例を参考にする場合がある点を考慮すると，法務部門で集中管理することで，そこに経験と記録を残すほうが有意義であろう。さらに，各種契約類型に慣れた法務スタッフであれば，契約書をすばやく読んで更新時期や文書類型・内容を把握できるため，契約更改時期の不注意による渡過，印紙税法上の収入印紙（契約類型で税額が異なる）の貼付漏れ，官庁への届出漏れ（たとえば，外為法上の技術導入契約の日本銀行経由財務大臣への届出や租税条約上の税減免の税務署長への届出の遺漏）などを予防できる。

Ⅲ　国際訴訟対応（米国を例に）

1　米国訴訟と日本企業

法務部門の仕事として民事訴訟対応がある。とくに訴訟社会とよばれる米国については，他国と比較して，件数（頻度）は多いし，賠償金額も大きい。日本企業の米国子会社が被告である場合には，原告の訴訟戦術上，親会社と関係のない事件であっても，親会社が共同被告として訴えられることもある。一方，企業としては，訴訟をおそれて米国という巨大市場を放棄するわけにはいかない。米国訴訟制度の特徴につき理解し訴訟への対応を考えよう。

2　米国の民事訴訟制度

米国は州によって連邦が構成されているが，連邦も州も三権をもつ。司法については，州裁判所と連邦裁判所の2種類が並立する。どの州にも州裁判所だけでなく，連邦裁判所が所在している。いずれも三審制をとる。州裁判所の上訴は，州地裁から州控訴裁，州最高裁へと進むが，合衆国憲法にかかわる事項に限っては，さらに連邦最高裁に上訴することが可能である。連邦裁では，地裁から上訴する場合，複数の州を１つのブロック（Circuit：巡回区）として管轄する第１～第11巡回区控訴裁判所に，D.C. 巡回区と知的財産権を扱う連邦巡回区を加えた13の控訴裁が用意されている。控訴裁から連邦最高裁への上告は，９名の裁判官のうち４名の賛成があれば裁量上訴受理が認められるが，まれである。

原告は，連邦裁と州裁のいずれかに訴訟を持ち込むわけであるが，連邦裁に持ち込めるのは連邦裁の事物管轄権（subject matter jurisdiction）の範囲にある事件に限られる。大きく分けて２つの場合――①当事者の州籍が異なる場合（訴額は７万5000ドル超に限る）の州籍相違（diversity）管轄権か，②事件が連邦法に基づく場合の連邦問題（federal question）管轄権のいずれか――が根拠となる。

米国には独特の諸制度があり，それらがあいまって訴訟社会を形成している。たとえば，ディスカバリー，陪審，懲罰賠償，クラスアクションである。これら諸制度への対応には困難を伴う。

おおまかな流れとして，被告に対する訴状と召喚令状の送達によって民事訴訟は開始される。後述の対人管轄権をめぐる却下申立が争われた後は，被告から答弁書が出される。この後すぐに事実審理に入るのではなく，ディスカバリーが行われる。

ディスカバリー（discovery）は証拠開示手続と訳されることが多いが，事実審理で用いる証拠を見つけるための包括的な手段であり，対象は広い。両当事者には法律上，関係者の証言を録取することや質問をすること，文書・電子データ等の提出を求めることなどが許されていて，手続は当事者の代理人弁護士主導で進められていく。裁判官が立ち会うことは稀有だが，理由なく応じないと，裁判所から制裁を受けることになる。米国の訴訟は，罰則付召喚令状（subpoena）や裁判所侮辱（contempt of court）の制度など，裁判官の強制的手段が大きな影響力をもつ。相手方から要求される事柄は多いのでそれに従うのは苦痛である。たとえば，重役が米国へ出張し丸１日尋問に耐えねばならない（防御のため予行演習も別に必要）ということや膨大な書類のコピー（控えとして自陣の分も必要）をとって英訳要旨を付す作業も発生する。

事実をめぐる争点がなく法律論だけで決着する場合はサマリージャッジメント（summary judgment）の申立が可能であるが，さもなければ事実審理（trial）に入る。一般市民から選ばれた陪審による審理と裁判官による審理があるが，当事者のいずれかが要求すれば陪審審理（jury trial）に付されねばならない。市民が地元民や弱者の味方をしそうだということを考慮すれば，日本企業を被告とする訴訟は，原告の要求によって必然的に陪審裁判となるだろう。

米国では，不法行為類型訴訟において，実損額を埋め合わせる填補的損害賠償（compensatory damages）に加え，悪性の高い行為に対し，加害者に対する懲罰としての，実損額の何倍もの懲罰的損害賠償（punitive damages）が認められる（懲罰賠償部分は，公序に反するとして日本では執行が認められない）。

クラスアクションとは，たとえば，「A 社製品 B の購入者」や「C 社 D 工場に勤務する女性従業員」といった共通性のある人々をクラスとして，そのクラスを代表してある人が，クラス全員のために原告として訴訟を起こす等の形態の訴訟である。製品の一部部品の品質不良といった，1人ひとりでは請求額が小さく訴訟を維持できない事案でも，購入者が数百万人といった規模の製品であれば，莫大な訴額の訴訟となりうる。原告の代理人を務める弁護士にはクラス全体に対する賠償額の10％前後の報酬が認められるため，それを専門とする弁護士もいるので油断ならない。

3　米国訴訟の訴状構成

訴状（complaint）には召喚令状（summons）が付されて被告に送達される。召喚令状は，裁判所名，原告名・被告名のほか，“YOU ARE HEREBY SUMMONED to answer …….”（「答弁を行うべく貴殿は本書によって召喚される」）等の文言を含む，カバーレターのような体裁であり，原告代理人の署名と裁判所の受理印がある。

訴状の第1頁には，裁判所名，原告名・被告名があり，「原告 X が代理人弁護士 XX を通じて，被告 Y を本訴状のとおり以下を内容として訴える」という趣旨の文で始まる。

つぎに当事者（“THE PARTIES” 等の表題が付される）として，原告と被告の身元に関する記述がある。後述する対人管轄権との関連で，住所や事業活動内容等に重点を置いて記述される（なお，長い訴状の場合は，“THE PARTIES”の項目に先立って，事案の要約が挿入されていることがある）。

つぎに裁判管轄権（“JURISDICTION AND VENUE”等の表題が付される）として，提訴先裁判所が事件を扱うための管轄権を有すること（係属先裁判所として適切であること）を示す記述がある。

さらに関連事実（“FACTS RELEVANT TO ALL CLAIMS”等の表題が付される）として請求の根拠となる関連事実が描写される。

その後に訴因・請求原因（“CAUSE OF ACTION”, “COUNT”等の表題が付される）として，事実に法律を当てはめ請求の根拠が示される。通常，複数の訴因が累積的にまたは予備的に述べられる。

訴因の陳述の後に，救済（“PRAYER FOR RELIEF”等の表題が付される）として，原告が求める救済の内容（填補的および懲罰的賠償，宣言的判決，利息，弁護士費用，その他）が示される。

最後に，陪審裁判を求める旨（“JURY DEMAND”等の表題が付される）が示され，原告代理人弁護士の署名が施される。

4　初期の防御――訴状送達方法と対人管轄権欠如を争う

訴訟の初期の防御戦術としてつぎの２つの方法がある。

⑴　訴状送達方法を争う方法　　米国の民事訴訟手続では訴状は裁判所によってではなく当事者によって送達される。その際，郵便・宅配便を用いることも直接手渡しということもありうる。しかし，日本では，当事者による送達は有効視されず，条約がある場合には当該条約に従うべきであると理解される。米国訴訟に関する送達の場合は，ハーグ送達条約に従った形（外交ルート経由や翻訳添付が必要）で行わなければ，日本では有効な送達と理解されない（民訴法118条の２号要件に抵触し，米国判決は日本で承認されない）。

それでも日本の被告に対し原告が郵便で訴状を送達する例はある。米国判決が日本で有効視されなくとも，被告が米国内に財産を有していれば米国内で判決執行ができるから，原告としては米国内で勝訴すればそれで十分だからである。一方，条約に従わない送達が行われた場合，被告としては，その不適法を主張し訴えの却下を求めることが可能である。ただし，戦術の効果は限られる。1つには，条約に従っていなくても米国訴訟手続として有効だとして，訴えの却下を認めない判例もあること，もう1つには，条約に従うべきだとして訴えの却下を命じる判決が示されたとしても，この場合完全な却下ではなく，送達のやり直しを原告が行えば，瑕疵が治癒するという点があげられる。しかし，この戦術は無意味ではない。第1に，申立を審理する間，準備期間として時間が稼げる。送達のやり直しが命じられれば，条約に従った送達は時間がかかるので，さらに時間が稼げる。第2に，このような細かな手続で抵抗する姿勢を示すことで，手ごわさを相手に示せる。とくに，原告側弁護士が成功報酬ベースで訴訟代理を引き受けている場合は収入が入る前に疲弊することになるので，こちら側にとって和解交渉がしやすくなる。

(2)　対人管轄権欠如を争う方法　事件が持ち込まれた裁判所において，事実審理前の手続としてディスカバリーが開始される前に，当の裁判所にこの訴訟を扱う権限はないと主張して，訴えの却下を求める戦術が考えられる。

米国における裁判管轄については，特定の財産に対する権利を争う場合に主張可能な対物管轄権や差押えに根拠を置く準対物管轄権という概念などもあるが，通常は，被告をめぐる「対人管轄権」を争うことになる。この場合，裁判所に訴訟を行う権限があるかどうかは，管轄権行使に足る関連が当該州と被告との間にあるかどうかという観点で吟味される。各州には，どのような場合に当該州の裁判所の対人管轄権が認められるかを規定する州法（ロングアーム法）が存在し，州によって射程が異なる。これは州内の連邦裁にも適用される。さらに，対人管轄権が認められるには，合衆国憲法のデュープロセス条項上の要件である「最小限度の関連（minimum contacts）」や「フェアプレイと実質的正義」の要請も満たさなければならない。

そこで被告は，被告と当該州との間に関連がないことを主張して訴え却下の判決を引き出すことが可能である（なお，対人管轄権の欠如を主張するため手続に臨んでも応訴管轄は発生しない）。

たとえば，子会社の米国人従業員である原告が，雇用主の米国子会社とその親会社である日本企業とを共同被告として，雇用差別を理由に訴えた場合，日本の親会社については対人管轄権欠如の主張が通る可能性がある。訴えの却下となるとその影響は絶大で，送達を争う場合のようにやり直し・訴訟再開のおそれはなく，訴訟手続はディスカバリーにすら進まない（対人管轄権の有無を争う範囲に限ってディスカバリーが許されることもある）。上例では，親会社について手続は打ち切られ，親会社の幹部に対する尋問や本社内の決裁書等日本語文書の提出といった事態はほぼ回避されるから，子会社がなおも被告であるとしても，日本企業にとって負担は大違いである。

5　国際訴訟戦術の留意点

対人管轄権戦術や関西鉄工事件（大阪地判昭和52・12・22判タ361号127頁）にみられる二重訴訟戦略が有効であるかどうかは，企業グループの対米事業方針次第である。

前者について米国裁判所による管轄権行使を否定するためには，米国当該州との間に接点をもってはならない訳であるから，日本会社が米国内で不動産を購入したり，米国子会社取締役を日本親会社取締役が兼務する人事をむやみに発令したりしてはならない。

関西鉄工事件のように二重訴訟戦略をとって，米国判決は日本国内で執行不能だと日本裁判所に宣告してもらっても，米国内に財産を保有していれば，日本の判決に関係なく米国裁判所により米国判決を執行されてしまうから二重訴訟戦略は無意味となる。

米国市場で積極的に活動し利益を上げようという方針をとるなら，対人管轄権戦術や二重訴訟戦略は用いづらくなる。日本企業としては，国内外の国際民事訴訟に関する法規・判例と，自社の事業状況・方針とを総合的に考慮して戦略を組む必要がある。

Ⅳ　海外進出のための法務

1　外国への進出と外国法の調査

日本企業が国内で事業を拡大した後，売上伸長を求めて海外に進出する場合も多い。外国企業との間で売買，ライセンス等の取引が増加し，そのうち外国企業に投資し，子会社・関係会社を経営する必要も生じる。国際事業を展開するにあたって，日本の国際取引関係法規や条約のほか，遵守すべき外国法も多い。だが，外国法令の内容は把握するのが容易ではない。

まず日本において，一般的な国際取引関係法令については，書籍・専門誌・インターネットから得られる情報のほか，渉外弁護士（国際弁護士）や業界団体からも情報は得られる。同様の国際取引を行う日本企業は多いので，産学共同の研究会や公開セミナーなども活用できるだろう。各国の会社法や投資規制等は，当該国への進出時に各社必ずチェックするので，求めれば情報が得られる。渉外弁護士事務所・会計事務所，メガバンクなどに情報・ノウハウが蓄積しているのでそれらに照会することも可能だろう。また，日本貿易振興機構（JETRO）がウェブサイトにおいて提供している情報は，各国会社法，会社設立手続の他，各国別の投資に関する注意事項などにも及び有用である。

世界の法体系は大まかに英米法系と大陸法系に二分される。たとえば，会社法に関しては，英米法系の国々では英国会社法と同様の枠組みであるので，英国会社法を理解していれば，その応用の下に理解が容易である。しかし，中国法やイスラム法のような英米法・大陸法両体系に属さないものもあるし，いずれかの法体系に属するとしても，各国の法は，文化，歴史，民族習慣，宗教等を背景として制定され，さまざまな変遷を遂げているので一般論で推測するのは危険である。各国の国内法については，現地の専門家の助言・情報提供を求めなければならない。外国には日本の常識が通用しない法令の陥穽（おとしあな）も多いので要注意である。たとえば，米国の雇用差別禁止法（連邦法の1964年公民権法等）は，奴隷解放・黒人大衆運動・ウーマンリブ運動の歴史，人種のるつぼとよばれる社会を反映する固有の法であり，その運用は，既述の陪審，懲罰賠償，ディスカバリー，クラスアクションの諸制度とあいまって，日本の男女雇用機会均等法に比べ，相当に厳しい。

2　外国法対応

日本の常識が通用しない外国法については，特別の社内対応が必要である。たとえば，日本の個人情報保護法に相当する欧州連合（EU）の規則，General Data Protection Regulation（一般データ保護規則：GDPR）では，保護の対象となる個人情報の範囲，企業が守るべき義務など，日本の個人情報保護法と比べてより厳しいものとなっている（**図表13-1**）。さらにこれらに違反した場合の

図表13-1　GDPRと個人情報保護法の比較表

	GDPR	個人情報保護法
保護の対象となる個人情報の定義	日本の個人情報保護法では個人情報に該当しないIPアドレスやCookie情報など，個人を識別しうるあらゆる情報が対象となる	氏名，住所等の特定の個人を識別できる情報が原則
企業が顧客の個人情報を国外（域外）に持ち出す場合の手続	移転先がGDPRと同レベルの保護基準を備えている国であると欧州委員会が認定していない限り（十分性認定），移転先との間で所定の契約書を締結しなければならず，移転先の国の政府が個人情報にアクセスできる法令があるかどうか等，移転に伴う影響度調査も前もって実施する必要がある	本人の同意があれば可能（移転先国の個人情報保護制度，移転先事業者における保護措置についての情報提供義務あり）
当局への説明責任	GDPRで求められる個人情報の処理状況について説明・証明する義務あり	法律上の規定はなし
漏洩時の対応	原則として漏洩を認識した時点から72時間以内に当局に報告する義務あり	特定の事態において当局（個人情報保護委員会）への報告義務あり
罰則	最高で企業グループの全世界売上の4％または2000万ユーロの高い方	法人の場合最高で1億円

罰則についても，日本では法改正により2022年の4月から法人に対する罰則が最高で1億円に引き上げられたのに対し，GDPRでは子会社も含めた企業グループの全世界売上の4パーセントまたは2000万ユーロの高い方とされており，実際に2021年においてはルクセンブルク当局がAmazonに7億4600万ユーロ（8月），アイルランド当局がWhatsAppに2億2500万ユーロ（9月）の制裁金を科すなど，法令に違反した場合のリスクが日本と比べて正にけた違いに大きい。欧州において事業を行う場合はもちろん，日本国内でネットサービス事業などを手掛ける場合においても欧州の消費者を対象にサービスを行う際には，GDPRに対応した特別の社内体制の整備（欧州の個人情報の取得実態の調査と取扱部署の特定，これの取扱いについてのグループ企業間での契約締結，社内責任者の設置を含めた個人情報の取扱いに関する社内体制・社内ルールの整備，個人情報の取扱いについての対外公表文書やウェブサイトをGDPRに準拠したものとすることなど）が必要であり，これを怠ると多額の制裁金が科される恐れがある。また個人情報の保護については，米国，中国やアジア諸国においてもGDPRと同等

またはそれ以上に厳格な法整備の動きがあり，このような国へ進出する場合においても，欧州へ進出する場合と同様の体制整備の検討が必要となる。

3　弁護士の選定，弁護士との関係

国際的事業の法的問題については，助言を弁護士等の専門家（高度な専門知識と倫理を備える“professional”）に求めることが必要となる。企業内法務スタッフは自社のことしか知らないため経験・知識が偏りがちだが，外部専門家を活用すればそれを是正できる。たとえば，法務スタッフは，過去にAという方法でうまくことが運んだならAという方法を踏襲する傾向がある。それではBという方法がAより優れていてもわからない。外部専門家はその顧客も多様であるのでさまざまな経験をしている。外部専門家と接することで法務スタッフも間接的にさまざまなことを学ぶことができる。

米国の大企業などでは大きな法務部門を備え専門家を抱えるケースも多い。だが日本では，社内弁護士の確保・養成の動きが一部で始まっているものの，国際法務部門の大規模化はまだ先のことか発展途上だろう。日本企業にとっては，目的に応じ，また自社国際法務部門の発達状態に応じ，社外専門家の使い方を変える必要がある。

国際法務の専門家としては，①渉外弁護士事務所，②外国法事務弁護士事務所，③外国の弁護士事務所などが考えられる。これらの専門家と最初どのようにコンタクトをとるかが問題である。通常は，国内法務のための顧問弁護士事務所が設定されているだろうから，その事務所を通じて専門家を紹介してもらうのが手っ取り早い。国際事業の経験を有する取引先（銀行など）を通じて，又はMartindale-Hubbellといった弁護士名鑑・データベースや（『国際商事法務』，『JCAジャーナル』等の）国際法務雑誌からも専門家の名を知ることができる。

①　渉外弁護士事務所は，国際的事案を専門に扱う弁護士が多く所属する法律事務所で，大型化する傾向にある。首都圏のビッグ5（西村あさひ／アンダーソン・毛利・友常／TMI総合／長島・大野・常松／森・濱田松本法律事務所）が著名で，所属弁護士数は500～600人ほどの規模である。所属日本弁護士の多くが英米のロースクールへの留学歴および外国弁護士資格を有する。このような弁護

士事務所は，海外にもオフィスを構えるほか，独自の国際提携ネットワークを海外の弁護士事務所との間に構築している（事業上の提携，法律情報の交換のほか人材交流もみられる）。日本のクライアントの海外進出を支援すると同時に，提携先外国弁護士事務所のクライアントの日本進出も支援する。

② 外国法事務弁護士事務所は，市場開放を求める外圧を受けて「外国弁護士による法律事務の取扱いに関する特別措置法」（外弁法）の下設けられた。「外国法事務弁護士」有資格者である外国の弁護士が日本において当該国法に関して業務を行うものである。多くが大手外国法律事務所の手で設立され，その日本支店の役割も果たす。日本の弁護士事務所との間で共同事業を営む場合もある。母国の弁護士事務所（本店）のクライアントの日本案件処理を支援すると同時に，当該母国の案件につき日本のクライアントを支援する。その他，日本における訴訟で準拠法が当該外国法となる場合などは外国法情報の入手・提供が期待できる。日本文化・日本語を理解する当該国の弁護士が日本駐在となることが多い。

③ 外国に所在する（当該国の）弁護士事務所であっても，日本の渉外弁護士事務所同様，大手事務所は国際案件を扱い，外国企業をクライアントとし代理する。とくに，英米には巨大弁護士事務所が所在し（たとえば，所属弁護士数で世界トップのDentons事務所は1万人を超す弁護士を擁する），国際的なネットワークを構築している。なかには，日本人の（または日本語の堪能な）当該国弁護士を多数抱え，日本企業用窓口を用意する事務所もある。

日本企業において，社内に国際法務スタッフが育っていない段階では，経営陣や事業担当者が国際事業に関して日本語で，基礎的な事項も含めてわかりやすい助言を受ける必要があるので，①日本の渉外弁護士事務所が使いやすい。

さらに，事業が日本に軸足を置いた展開にとどまらない場合，海外における拠点運営や訴訟追行につき現地法が問題となるので，①日本の渉外弁護士事務所または②外国法事務弁護士事務所に介在してもらいつつ，③外国の弁護士事務所と交信することになる。この場合，日本の渉外弁護士が企業に代わって外国の弁護士と交信し，日本語で説明してくれるということも期待できよう。だが，弁護士報酬は高額なので一から十まで日本の渉外弁護士に依存するという訳にはいくまい。自社国際法務スタッフの養成は重要である。

自社内に国際法務スタッフが育ってくると，外国法知識や語学力が備わるので，①や②に頼る比重を下げて，外国の弁護士事務所と直接交信するほうが効率的・経済的となる。日本企業が外国の弁護士事務所と直接交信し，相談をする際も，効率的な利用に注意しなければならない。繰り返すが弁護士報酬は高額である。とくに，欧米の弁護士の報酬はタイムチャージ制で時間当たり単価が高い。米国の一流弁護士事務所のパートナークラスの報酬は時間当たり1500ドル超でもおかしくない。さらにニューヨーク州では他州よりも数百ドル程度相場が高い。一般に弁護士に，弁護士でなくてもできるような仕事（翻訳，情報検索等）を頼んではならない。

弁護士利用のためには，つぎの諸点に注意したい。事態が悪化する前にタイムリーに相談すること，事実・資料の開示を十分にすること，欧米の弁護士は専門化が進んでいるのでミスマッチに気をつけること，利益相反にあたらないか注意すること，こちら（依頼者）側の姿勢（たとえば，紛争時に，スキャンダルを嫌って穏便に解決したいのか，宣伝効果を狙って派手に戦うか）を明らかにし正確に伝えること，弁護士側の報告や計画の意図を正しく理解すること，途中経過の報告を求めること，報酬ルールとサービスの明細を示してもらうことである。依頼人が弁護士のサービスに満足できるためには，情報共有が重要である。外国法用語や外国語を学習し，交信の円滑化を図らねばならない。

弁護士を選任するにあたり，①知識経験が豊富で能力が高く「辣腕」とよばれる弁護士であり，一方で②報酬がリーズナブルであれば，それで良いかというと，実はそうではない。最重要な要素は「信頼関係」の構築の可能性である。依頼人のほうで「この弁護士は，目先の報酬を追わず，真に依頼人のために助言してくれるので信頼して間違いない」と思い，弁護士の方も「依頼人が自分を信頼してくれているので，その良い関係を長く続けるために（依頼人にとっての）最善を尽くそう」と思うような関係が構築できるかどうか。長く信頼関係を積み重ねてきた弁護士と法務スタッフとの間には阿吽の呼吸があるとさえいえる。表面上の報酬単価が多少高くとも，単純な数字の比較では表わせない効用もある。たとえば，頼まなくとも，弁護士の方で依頼人に有用な情報とは何かを考え，随時有用な情報を提供してくれるような場合である。

海外で新たに顧問弁護士を探す場合，とくに，外国に拠点を新設する場合，長い付き合いになる可能性が高いので，慎重に選定したい。合弁・提携の相手方や金融機関に紹介してもらうのが手っ取り早いが，将来，その相手方や金融機関と利害が対立する可能性もあることも考慮すべきである。すでに関係のある国内外の大手弁護士事務所や近隣の自社拠点に相談するなど，自身の法務ネットワークを駆使したい。現地に飛んで，スタッフや設備を実際に見てチェックすることも時には必要である。

参考文献

1　国際取引法

井原宏『国際取引法』（有信堂，2008年）
大塚章男『ケースブック国際取引法』（青林書院，2004年）
大塚章男『事例で解く国際取引訴訟〔第2版〕』（日本評論社，2018年）
大塚章男『国際取引における準拠法・裁判管轄・仲裁の基礎知識』（中央経済社，2019年）
大貫雅晴『国際技術ライセンス契約〔三訂版〕』（同文舘出版，2015年）
大貫雅晴『国際商取引紛争解決の法と実務――交渉，調停，仲裁の戦略的活用』（同文舘出版，2018年）
小倉隆『国際交渉・調停論』（商事法務，2022年）
甲斐道太郎ほか編『注釈国際統一売買法Ⅰ・Ⅱ』（法律文化社，2000年・2003年）
柏木昇＝杉浦保友＝森下哲朗＝平野温郎＝河村寛治＝阿部博友編『国際取引の現代的課題と法――澤田壽夫先生追悼』（信山社，2018年）
菊池武編集『国際取引』（六法出版社，1986年）
北川俊光＝柏木昇『国際取引法〔第2版〕』（有斐閣，2005年）
木棚照一編著『国際取引法〔第2版補訂版〕』（成文堂，2011年）
絹巻康史『国際取引法〔改訂版〕』（同文舘出版，2009年）
絹巻康史＝齋藤彰編著『国際契約ルールの誕生』（同文舘出版，2006年）
久保田隆『国際取引法講義〔第3版〕』（中央経済社，2021年）
国際法学会編『日本と国際法の100年　第7巻　国際取引』（三省堂，2001年）
國生一彦『国際取引法』（有斐閣，2005年）
佐野寛『国際取引法〔第4版〕』（有斐閣，2014年）
澤田壽夫＝柏木昇＝杉浦保友＝高杉直＝森下哲朗＝増田史子編著『マテリアルズ国際取引法〔第3版〕』（有斐閣，2014年）
杉浦保友＝久保田隆編『ウィーン売買条約の実務解説〔第2版〕』（中央経済社，2011年）
曽野和明＝山手正史『国際売買法』（青林書院，1993年）
高桑昭『国際商取引法〔新版〕』（東信堂，2019年）
中村秀雄『国際動産売買契約法入門』（有斐閣，2008年）
新堀聰『ウィーン売買条約と貿易契約』（同文舘出版，2009年）
藤田勝利＝落合誠一＝山下友信編『注釈モントリオール条約』（有斐閣，2020年）
牧野和夫＝河村寛治＝飯田浩司『国際取引法と契約実務〔第3版〕』（中央経済社，2013年）
松岡博『国際取引と国際私法』（晃洋書房，1993年）
松岡博編『現代国際取引法講義』（法律文化社，1996年）
松永詩乃美『国際契約における書式の闘い』（帝塚山大学出版会，2009年）
森下哲朗＝平野温郎＝森口聡＝山本卓『ケースで学ぶ国際企業法務のエッセンス』（有斐閣，2017年）
渡辺惺之＝野村美明編『論点解説　国際取引法』（法律文化社，2002年）

2 国際経済法

井原宏『国際知的財産法』(有信堂，2007年)
木棚照一『国際知的財産法』(日本評論社，2009年)
木棚照一『国際知的財産法入門』(日本評論社，2018年)
木棚照一編著『国際知的財産侵害訴訟の基礎理論』(経済産業調査会，2003年)
小林友彦＝飯野文＝小寺智史＝福永有夏『WTO・FTA 法入門——グローバル経済のルールを学ぶ〔第2版〕』(法律文化社，2020年)
小室程夫『国際経済法』(信山社，2011年)
中川淳司＝清水章雄＝平覚＝間宮勇『国際経済法〔第3版〕』(有斐閣，2019年)
日本国際経済法学会編『国際経済法講座Ｉ　通商・投資・競争』(法律文化社，2012年)
松岡博編『国際知的財産法の潮流』(帝塚山大学出版会，2008年)
松下満雄＝清水章雄＝中川淳司編『ケースブックＷＴＯ法』(有斐閣，2009年)
松下満雄＝米谷三以『国際経済法』(東京大学出版会，2015年)

3 国際私法・国際民事手続法

石黒一憲『国際私法〔第2版〕』(新世社，2007年)
岡野祐子『ブラッセル条約とイングランド裁判所』(大阪大学出版会，2002年)
岡野祐子『EU 国際裁判管轄規則——外なる視点からの検討』(関西学院大学出版会，2021年)
奥田安弘『国際財産法』(明石書店，2019年)
神前禎『解説　法の適用に関する通則法——新しい国際私法』(弘文堂，2006年)
神前禎『プレップ国際私法』(弘文堂，2015年)
神前禎＝早川吉尚＝元永和彦『国際私法〔第4版〕』(有斐閣，2019年)
木棚照一＝松岡博＝渡辺惺之『国際私法概論〔第5版〕』(有斐閣，2007年)
木棚照一＝松岡博編『基本法コンメンタール　国際私法』(日本評論社，1994年)
木棚照一編『演習ノート国際関係法〔私法系〕』(法学書院，2010年)
木棚照一編著『国際私法』(成文堂，2016年)
小出邦夫編著『一問一答新しい国際私法——法の適用に関する通則法の解説』(商事法務，2006年)
小出邦夫編著『逐条解説法の適用に関する通則法〔増補版〕』(商事法務，2014年)
小林秀之『国際取引紛争〔第3版〕』(弘文堂，2003年)
小林秀之＝村上正子『新版国際民事訴訟法』(弘文堂，2020年)
櫻田嘉章『国際私法〔第7版〕』(有斐閣，2020年)
櫻田嘉章＝佐野寛＝神前禎編著『演習国際私法 CASE30』(有斐閣，2016年)
櫻田嘉章＝道垣内正人編『注釈国際私法　第1巻・第2巻』(有斐閣，2011年)
櫻田嘉章＝道垣内正人編『ロースクール国際私法・国際民事手続法〔第3版〕』(有斐閣，2012年)
佐藤達文＝小林康彦編著『一問一答・平成23年民事訴訟法等改正——国際裁判管轄法制の整備』(商事法務，2012年)
澤木敬郎＝道垣内正人『国際私法入門〔第8版〕』(有斐閣，2018年)
嶋拓哉＝高杉直編『国際民事手続法』(勁草書房，2022年)
高桑昭＝道垣内正人編『国際民事訴訟法（財産法関係）』(青林書院，2002年)

多田望『国際民事証拠共助法の研究』（大阪大学出版会，2000年）
多田望＝長田真里＝村上愛＝申美穂『国際私法』（有斐閣，2021年）
田中美穂『多国籍企業の法的規制と責任』（大阪大学出版会，2005年）
溜池良夫『国際私法講義〔第3版〕』（有斐閣，2005年）
出口耕自『基本論点国際私法〔第2版〕』（法学書院，2001年）
出口耕自『論点講義　国際私法』（法学書院，2015年）
道垣内正人『ポイント国際私法　総論〔第2版〕』（有斐閣，2007年）
道垣内正人『ポイント国際私法　各論〔第2版〕』（有斐閣，2014年）
道垣内正人＝中西康編『国際私法判例百選〔第3版〕』（有斐閣，2021年）
中西康＝北澤安紀＝横溝大＝林貴美『国際私法〔第3版〕』（有斐閣，2022年）
日本国際経済法学会編『国際経済法講座Ⅱ　取引・財産・手続』（法律文化社，2012年）
野村美明＝高杉直＝久保田隆編『ケーススタディー国際関係私法』（有斐閣，2015年）
野村美明＝高杉直＝長田真里編著『新・ケースで学ぶ国際私法』（法律文化社，2020年）
法例研究会編『法例の見直しに関する諸問題⑴〜⑷』（商事法務，2003〜2004年）
本間靖規＝中野俊一郎＝酒井一『国際民事手続法〔第2版〕』（有斐閣，2012年）
松岡博『国際私法における法選択規則構造論』（有斐閣，1987年）
松岡博『国際私法・国際取引法判例研究〔新版〕』（大阪大学出版会，2003年）
松岡博『アメリカ国際私法の基礎理論』（大阪大学出版会，2007年）
松岡博著・高杉直補訂『国際関係私法講義〔改題補訂版〕』（法律文化社，2015年）
松岡博編『国際関係私法入門〔第4版補訂〕』（有斐閣，2021年）
山内惟介＝佐藤文彦編『標準国際私法』（信山社，2020年）
山田鐐一『国際私法〔第3版〕』（有斐閣，2004年）
横山潤『国際私法』（三省堂，2012年）

4　条約集・法令集・事典・辞典

小原喜雄＝小室程夫＝山手治之編著『国際経済条約・法令集〔第2版〕』（東信堂，2002年）
絹巻康史編著『国際商取引事典』（中央経済社，2007年）
国際商取引学会編『国際ビジネス用語事典』（中央経済社，2021年）
国際法学会編『国際関係法辞典〔第2版〕』（三省堂，2005年）
澤田壽夫編修代表『解説国際取引法令集』（三省堂，1994年）

5　学 会 誌

国際私法学会編『国際私法年報』（信山社，1999年〜　）
国際商取引学会編『国際商取引学会年報1〜15号』（レクシスネクシス・ジャパン，1999〜2013年）
国際商取引学会編『国際商取引学会年報16号〜』（金融財政事情研究会，2014年〜　）
日本国際経済法学会編『国際経済法1〜3号』（国際商事法研究所，1992〜1994年）
日本国際経済法学会編『日本国際経済法学会年報4号〜』（法律文化社，1995年〜　）

事項索引

あ 行

か 行

さ　行

た　行

な　行

は　行

ま　行

や　行

ら 行

わ 行

欧 文

執筆者紹介

（執筆順，＊は編者）

よみ	氏名	所属	担当
まつおか　ひろし	＊松岡　博	大阪大学名誉教授・元帝塚山大学学長（逝去）	第1章，第10章Ⅲ～Ⅵ
たかすぎ　なおし	高杉　直	同志社大学法学部教授	第1章（補訂），第3章，第11章
こう　じんてい	黄　軔霆	帝塚山大学法学部教授	第2章
こいけ　みく	小池　未来	関西学院大学法学部講師	第3章
おかの　ゆうこ	岡野　祐子	関西学院大学名誉教授	第4章
やまぐち　あつこ	山口　敦子	名城大学法学部准教授	第4章，第10章Ⅲ～Ⅵ（補訂）
いいだ　かつと	飯田　勝人	帝塚山大学名誉教授	第5章
まつながしのみ	松永詩乃美	熊本大学人文社会科学研究部准教授	第5章
のむら　よしあき	野村　美明	大阪大学名誉教授	第6章
ふじさわ　なおえ	藤澤　尚江	筑波大学大学院ビジネス科学研究群准教授	第6章
ただ　のぞみ	多田　望	西南学院大学法学部教授	第7章
たなか　みほ	田中　美穂	近畿大学法学部教授	第8章
きたさか　なおひろ	北坂　尚洋	福岡大学法学部教授	第9章
まつおか　なおゆき	松岡　直之	松岡特許事務所所長	第10章Ⅰ・Ⅱ
おのぎ　ひさし	小野木　尚	明治学院大学法学部准教授	第11章
ながた　まり	長田　真里	大阪大学大学院法学研究科教授	第12章
うしろ　ゆか	後　友香	神戸市外国語大学外国語学部講師	第12章
よしかわえいいちろう	吉川英一郎	同志社大学商学部教授	第13章
やまさき　さとし	山崎　理志	シャープ株式会社 CEO オフィス法務担当統轄部長	第13章

αブックス

レクチャー国際取引法〔第3版〕

2012年6月15日　初　版第1刷発行
2018年5月1日　第2版第1刷発行
2022年10月15日　第3版第1刷発行

編　者　松岡(まつおか)　博(ひろし)

発行者　畑　　光

発行所　株式会社　法律文化社

〒603-8053
京都市北区上賀茂岩ヶ垣内町71
電話 075(791)7131　FAX 075(721)8400
https://www.hou-bun.com/

印刷：中村印刷㈱／製本：㈲坂井製本所
装幀：アトリエ・デコ

ISBN 978-4-589-04230-9